edition suhrkamp 2736

Europa gleicht einem Kontinent, der sich selbst zerreißt. Nach zehn Jahren der Krise durchziehen vielfältige Brüche und Konflikte die EU: Norden gegen Süden, Osten gegen Westen, Bürger gegen Institutionen. Zugleich hat diese Dekade jedoch gezeigt, was Europäerinnen und soziale Bewegungen erreichen können, wenn sie über Grenzen hinweg zusammenarbeiten.

Lorenzo Marsili und Niccolò Milanese stellen Aktivistinnen und Aktivisten vor, in deren Handeln Alternativen zum Status quo aufscheinen. Sie analysieren, wie Neoliberalismus und Globalisierung die Menschen zu ohnmächtigen Bürgern machen, in denen das Gefühl wächst, nirgendwo mehr zu Hause zu sein, und die sich daher verstärkt nationalistischen Positionen zuwenden. Nur eine transnationale Partei, so die Autoren in ihrem Manifest, kann diese Zwickmühle auflösen und das utopische Potenzial Europas einlösen.

Lorenzo Marsili und Niccolò Milanese, beide geboren 1984, sind die Gründer der Organisation European Alternatives, die sich für ein demokratischeres, gerechteres und kulturell offenes Europa einsetzt. Neben Yanis Varoufakis gehörte Marsili 2016 zu den Initiatoren der paneuropäischen Bewegung DiEM25.

Ulrike Guérot, geboren 1964, lehrt Europapolitik an der Donau-Universität Krems. Sie ist die Gründerin des Berliner European Democracy Lab. Robert Menasse, geboren 1954, ist Romancier und politischer Essayist. Sein im Suhrkamp Verlag erschienener Roman *Die Hauptstadt* wurde 2017 mit dem Deutschen Buchpreis ausgezeichnet.

Lorenzo Marsili/Niccolò Milanese

Wir heimatlosen Weltbürger

Aus dem Englischen von Yasemin Dinçer

Mit einem Vorwort von
Ulrike Guérot und Robert Menasse

Suhrkamp

Die Originalausgabe dieses Buches erschien 2018 unter dem Titel *Citizens of Nowhere. How Europe Can Be Saved from Itself* bei Zed Books (London). Für die deutsche Ausgabe haben die Autoren das Buch leicht überarbeitet und aktualisiert. Vor- und Nachwort des Originals sind in der deutschen Ausgabe nicht enthalten; das Vorwort von Ulrike Guérot und Robert Menasse wurde speziell für diese Ausgabe verfasst.

Erste Auflage 2019
edition suhrkamp 2736

Satz: Satz-Offizin Hümmer GmbH, Waldbüttelbrunn
Druck: Druckhaus Nomos, Sinzheim
Umschlag: Umschlag gestaltet nach einem Konzept von Willy Fleckhaus: Rolf Staudt
Printed in Germany
ISBN 978-3-518-12736-0

Inhalt

Vorwort zur deutschen Ausgabe

Ulrike Guérot/Robert Menasse

Vor mehr als zehn Jahren haben Lorenzo Marsili und Niccolò Milanese die transnationale Bewegung European Alternatives gegründet, die seither stetig gewachsen ist. In ihrem Buch *Citizens of Nowhere*, das nun auch auf Deutsch vorliegt, ziehen sie Bilanz über die erste Dekade ihrer unermüdlichen Arbeit an einem *anderen*, einem demokratischen und sozialen Europa. Sie rekapitulieren die Bankenkrise, die sich zu einer Staatsschuldenkrise entwickeln sollte, und zeichnen nach, wie seit 2011 in der EU eine horizontal vernetzte Zivilgesellschaft entstand, die auf dem Syntagma-Platz in Athen, vor der St. Paul's Cathedral in London oder auf der Puerta del Sol in Madrid ihr Recht einforderte, nicht länger Bürgerinnen und Bürger »von nirgendwo zu sein«, wie Theresa May einst verächtlich schnaubte, sondern Bürgerinnen und Bürger Europas.

Die europäischen Bürger spielen die zentrale Rolle im Buch von Marsili und Milanese: Wie können sie in Zukunft so an der transnationalen Demokratie mitwirken, dass Europa nicht länger über die Köpfe der Menschen hinweg gemacht wird? Marsili und Milanese plädieren für eine europäische Politik jenseits des Nationalstaats, und dies wirft die Frage auf, ob eine gemeinsame Demokratie ebenso möglich ist wie ein gemeinsamer europäischer Markt und eine gemeinsame Währung. Das Motto von European Alternatives lautet »Democracy, equality and culture beyond the nation state«. Bedeutet das »beyond the *nation* state«, aber nicht »beyond the state«?

Implizit legen Marsili und Milanese damit die Frage nach einer europäischen Staatlichkeit auf den Tisch. Für ein deutschsprachiges Publikum dürfte dieses Buch besonders interessant sein, da die europäische Krise mitsamt ihrer Spar- und Austeritätspolitik, die vor allem in Südeuropa einen großen sozialen und politischen Flurschaden hinterlassen hat, an Deutschland und Österreich weitgehend unbemerkt vorbeigezogen ist. Wie sehr die Menschen im deutschsprachigen Raum dabei oft auf einer Insel der Seligen leben, zeigt exemplarisch Jean-Claude Junckers zwischen Absurdität und Populismus changierender Vorstoß zur Sommerzeit. Der Kommissionspräsident ließ eine Umfrage dazu veranstalten, ob die bislang zweimal jährlich erfolgende Zeitumstellung abgeschafft werden soll. Die Beteiligungsraten zeigen, dass dieses Thema vor allem Deutsche und Österreicher interessierte. Insgesamt votierten 84 Prozent der Teilnehmer für die Abschaffung der Zeitumstellung. Von den 4,6 Millionen Teilnehmerinnen stammten jedoch etwa drei Millionen aus Deutschland. Hier lag die Beteiligung bei 3,8 Prozent der Bevölkerung, in Österreich bei 2,9, in Luxemburg immerhin noch bei 1,8. Im übrigen Europa war sie jedoch verschwindend gering: 0,6 Prozent in Frankreich, 0,3 in Polen, 0,04 in Italien usw. Der Kommissionspräsident gab sich dennoch bürgernah und handlungsfähig: »Die Menschen wollen das, wir machen das.« Dass es im Wesentlichen nur die Deutschen wollten, focht ihn nicht an.

Europa, das heißt vor allem, europäische Mitte und Peripherie in Einklang zu bringen. Wenn die europäische Mitte keine zentripetalen Kräfte aufbringt, erliegen die peripheren Regionen zentrifugalen Fliehkräften. Am Ende steht die »Mitte« allein da. Das absurde Beispiel der Sommerzeit-Umfrage unterstreicht, dass es in Europa nicht immer nur um die deutsche Befindlichkeit gehen kann. Europäisch denken heißt die anderen Europäerinnen und Europäer *mit*denken. Helmut Kohl hat das immer getan. Doch mittlerweile ist dieses *Mit*denken Europas Deutschland weitgehend abhandengekommen.

Was mit Blick auf die Sommerzeit wie eine Posse anmutet, ist bitterer Ernst, wenn wir auf die komplizierten sozioökonomischen Zusammenhänge blicken, auf die Wirren der Eurokrise, die sich zu einer handfesten Populismuskrise ausgewachsen hat, die fast alle europäischen Parteiensysteme sprengt. Der Unterschied zwischen der Selbst- und der Fremdwahrnehmung Deutschlands war und ist dabei dramatisch: *Nein*, Deutschland hat zu keinem Zeitpunkt der europäischen Krise »für die anderen bezahlt«, sondern an Binnenmarkt, Euro und auch an der Eurokrise verdient. *Nein*, die europäischen Institutionen sind nicht *alternativlos*, sondern müssen dringend reformiert werden, vor allem die Eurozonen-Governance – wogegen sich vor allem Deutschland stets gewehrt hat; *ja*, Europa ist immer noch in einer tiefen politischen, institutionellen und ökonomischen Krise, *auch wenn* die deutsche Wirtschaft lange Zeit boomte! Und *ja*, auch wenn es für weite Teile der deutschen Öffentlichkeit das bestgehütete Geheimnis ist: Es gibt eine deutsche *Mit*verantwortung am derzeitigen Zustand Europas, weil Deutschland (und die Länder in seinem Speckgürtel, also Österreich, die Niederlande oder auch Finnland) während der Krisenjahre penetrant nur sogenannte nationale Interessen verteidigt, wirtschaftspolitische Diskussionen nationalökonomisch ideologisch überhöht (»schwarze Null«), institutionelle Reformen verschleppt und die ökonomischen Effekte der eigenen Politik auf die Nachbarstaaten in innenpolitischen Diskussionen stets ausgeblendet hat. Das vielzitierte »europäische Demokratiedefizit« lässt an dieser Stelle grüßen: Die Bürgerinnen und Bürger anderer Länder Europas können eben in Deutschland nicht wählen, von wo aus Politiker in ihr Leben hineinregieren. Wo Deutschland sich jahrelang in der Rolle des europäischen Paulus wähnte, war es in den Augen vieler Europäer längst wieder der europäische Saulus.

Dass es inzwischen gemeinhin als *links* gilt, Derartiges zu schreiben, ist frappierend und macht deutlich, wie weit zum Beispiel die CDU in Sachen Europa nach rechts gerückt ist. Thomas Mann sprach einmal davon, wir bräuchten kein deutsches Europa, sondern ein europäisches Deutschland. Doch wo das europäische Deutschland in den letzten Jahren nicht im Angebot war, haben sich viele europäische Länder bei der Frage »deutsches Europa« (so auch der Titel eines kleinen Büchleins des verstorbenen Soziologen Ulrich Beck aus dem Jahr 2012) oder »kein Europa« für »kein Europa« entschieden. Deutschland zahlt längst einen Preis dafür, auch wenn die meisten deutschen Bürgerinnen und Bürger sich dessen nicht bewusst sind. Ein Blick auf die derzeitigen deutsch-griechischen, deutsch-polnischen oder auch die deutsch-französischen Beziehungen reicht: Völker haben Gedächtnisse, und Deutschland wird sich dieser Mitverantwortung für den Zustand Europas irgendwann stellen müssen. In den Geschichtsbüchern über die europäische Krise der letzten Dekade wird jedenfalls nicht stehen, dass Europa an fehlenden griechischen Katasterämtern gescheitert ist. Die anstehenden europäischen Wahlen könnten also ein guter Moment dafür sein, diese Diskussion endlich auch in Deutschland zu führen, denn inzwischen fängt Deutschland seinerseits an, unter seiner »Ent-Europäisierung« zu leiden. Vielleicht kann dieses Buch einen Beitrag dazu leisten, in die Köpfe und Herzen anderer Europäer zu schauen.

Das neue, andere, demokratische und soziale Europa wird nicht ohne, geschweige denn gegen Deutschland (und seinen europäischen Speckgürtel) entstehen. Vor allem die bundesdeutsche Bevölkerung muss wieder für die Perspektive eines politischen Europa gewonnen werden, und die deutsche Politik muss aus ihrer Abwehrhaltung, die in öffentlichen Debatten gerne mit dem Totschlagargument, eine »Transferunion« sei deutschen Steuerzahlern nicht zumutbar, geführt wird, befreit werden. Es geht nicht um eine »Transferunion«, sondern perspektivisch darum, den gemeinsamen Markt und die gemeinsame Währung, auf die niemand verzichten möchte, in demokratische und soziale Strukturen einzubetten. Mit dem deutschen Ansatz, der an George Orwells *Animal Farm* erinnert (einige sind immer ein bisschen »gleicher«), wird kein demokratisches Europa entstehen.

Aber: Wenn es also einen gemeinsamen Blick auf die europäische Krise und ihre Auslöser gibt, die in den vergangenen Jahren eine bis dato in Europa unvorstellbare gesellschaftspolitische Regression, einen gefährlichen Rückbau der Rechtsstaatlichkeit und eine spürbare Re-Nationalisierung hervorgebracht hat, dann gibt es auch einen gemeinsamen Weg aus der Krise. Nur so hat Europa eine Chance, gemeinsam als soziale und gesellschaftlich akzeptierte Demokratie sowie politische Einheit ins 21. Jahrhundert zu gelangen, anstatt wieder in den Nationalismus abzugleiten. Erst der gemeinsame europäische Blick auf die Krisendekade kann gemeinsame europäische Alternativen hervorbringen. Und damit sind wir mitten im vorliegenden Buch von Lorenzo Marsili und Niccolò Milanese.

Differenziert, feinsinnig und vor allem gespeist aus eigenen Erfahrungen beschreiben Marsili und Milanese die Wechselwirkung zwischen dem Anschwellen des europäischen Populismus und der fehlenden bzw. mangelhaften Demokratie in Europa. Sie beschreiben die Auswirkungen der Politik der Troika auf Südeuropa, vor allem aber, wie sich der europäische Populismus durch das institutionelle System der EU – das Trio Rat, Kommission und Parlament – gegenseitig hochschaukelt, der nordeuropäische Populismus den südeuropäischen, der westeuropäische den osteuropäischen bedingt und umgekehrt. In den Auseinandersetzungen über den italienischen Staatshaushalt tauchte das chauvinistische Grundmuster jüngst wieder auf: In Nordeuropa wurde das »Transferunion«-Argument reaktiviert, und AfD und FPÖ rieben sich lachend die Hände; in Italien wird auf Brüssel geschimpft, das es Italien mit »dummen Regeln« (Salvini) verbiete, das Richtige für das eigene Land zu tun, und die Lega freut sich. Kaum jemand – außer ein paar Sozialwissenschaftlerinnen und Sozialwissenschaftler – diskutiert öffentlich darüber, dass die Eurozonen-Governance nicht dauerhaft funktionieren kann, dass sie dringend um eine Haushalts-, Fiskal-, Budget- und letztlich politische Union ergänzt werden müsste (wie es übrigens im Vertrag von Maastricht von 1992 ursprünglich auch vorgesehen war). Es gab bereits mehrere Anläufe hierzu, zum Beispiel den sogenannten »Fünf-Präsidenten-Report« vom Dezember 2012, die aber jedes Mal politisch gescheitert sind – vor allem deshalb, weil Deutschland nicht wollte. Wer also wie Marsili und Milanese das politische Europa einfordert, zurückfordert, ist weder Spinner noch Häretiker, sondern nur Artikel 23 Grundgesetz und dem Ziel einer »ever closer union« verpflichtet.

Entscheidend an der Analyse von Marsili und Milanese ist, dass hier kein Land ungeschoren davonkommt, dass die Konfrontation und das Aufstacheln der über Kreuz liegenden Populismen in Süd-, West-, Ost- und Nordeuropa immer nur zu mehr Populismus, zur kompletten Handlungsunfähigkeit der EU und letztlich zur Spaltung fast aller europäischen Gesellschaften führt. Hier setzen Marsili und Milanese an, indem sie vorschlagen, die europäische Politik in die Hände der europäischen Bürgerinnen und Bürger zu legen und dem Europäischen Rat zu entziehen. In der Tat zementiert das derzeitige politische System mit dem Rat als maßgeblichem Entscheidungsgremium die Handlungsunfähigkeit der EU und befördert zudem den Populismus; ein europäischer Teufelskreis, der in diesem Buch nur zu gut beschrieben wird. Das liegt daran, dass die europäischen Bevölkerungen im Rat jeweils nur »aggregiert«, also nur durch die eine Stimme ihres jeweiligen Regierungsvertreters, repräsentiert werden. Die europäischen Gesellschaften sind aber mit Blick auf Europa inzwischen völlig gespalten. Eine Bundesregierung, die unter dem Druck der AfD im Rat gegen eine europäische Arbeitslosenversicherung votiert (so geschehen 2014), repräsentiert nicht *alle* Deutschen. Empirischen Untersuchungen zufolge könnte sich rund die Hälfte aller Deutschen eine solche Versicherung durchaus vorstellen. Olaf Scholz hat jüngst neue Vorschläge dazu auf den Tisch gelegt. Die vollständige Parlamentarisierung des europäischen Systems, die Marsili und Milanese perspektivisch anstreben, könnte für diese Fragen also durchaus der Ausweg sein: Alle europäischen Bürgerinnen und Bürger kommen vielleicht zu anderen Abstimmungsergebnissen als der Europäische Rat. Die De-Homogenisierung der Abstimmungen in Europa und die Durchbrechung der Dominanz des Rates wäre mithin ein wichtiger Schritt.

Dies könnte vor allem deutlich machen, dass man sich in Europa vor der populistischen Gefahr gar nicht so sehr sorgen muss, wie es im Moment scheint. Derzeit erweckt es ja den

Eindruck, einzelne Länder würden wie Dominosteine in den Populismus kippen: erst Ungarn, dann Polen, Österreich, Italien usw. Dabei sind diese Länder nicht durch die Bank populistisch, sondern in sich zutiefst gespalten. Würde man die Stimmen zusammenrechnen, die europaskeptische Populisten in den einzelnen Ländern bei nationalen Wahlen erhalten, und sie dann ins Verhältnis zu den insgesamt 510 Millionen europäischen Bürgerinnen und Bürgern setzen, kämen die Orbáns, Le Pens, Salvinis, Straches usw. vielleicht auf einen Wert von 25 oder knapp 30 Prozent. Das heißt im Umkehrschluss, dass es noch eine satte proeuropäische Zweidrittelmehrheit gibt, die das derzeitige politische System allerdings nicht angemessen abbilden kann. Das Trio Rat/Kommission/Parlament ist mithin geradezu ein Geschenk für den europäischen Populismus, und darum ist es an der Zeit, dieses Modell zu überwinden.

Die europäischen Bürgerinnen und Bürger sind bislang die vergessenen politischen Subjekte des europäischen Einigungsprojektes, das bekanntlich vier Freiheiten garantiert: Freizügigkeit von Personen, Gütern, Kapital und Dienstleistungen. Im Grunde aber sind heute lediglich die Güter, das Kapital, die Dienstleistungen und die Personen in ihrer Rolle als Arbeitnehmerinnen vor dem EU-Recht gleich, nicht aber in ihrer Rolle als politische Subjekte, also als Citoyens. Die europäische Bürgerschaft bleibt in »nationale Container« (Ulrich Beck) fragmentiert, vor allem in den Bereichen, die Staatsbürgerschaft eigentlich ausmachen: bei Wahlen, bei Steuern und beim Zugang zu sozialen Rechten. Auf diese Weise werden in einer EU-Rechtsgemeinschaft, in der vom Euro über den Traktorsitz bis zur Glühbirne alles normiert ist, ausgerechnet die Bürger gegeneinander ausgespielt. Eine europäische Demokratie kann so nie und nimmer funktionieren.

Die europäischen Bürgerinnen und Bürger, um es einmal ganz konkret zu machen, genießen noch nicht einmal ein europäisches Vereinsrecht, um sich transnational und gemeinnützig zu organisieren, während es zum Beispiel für Unternehmen die Rechtsform Societas Europaea (SE) gibt. Hinter diesem Beispiel des europäischen Vereinsrechts, das sich trivial anhört (und das zwischen 1995 und 2005 mehrfach auf die politische Schiene gebracht wurde, bevor die Kommission es dann still und heimlich kassierte), steckt natürlich die gar nicht triviale steuerrechtliche Frage: Welcher Mitgliedsstaat soll beispielsweise europäischen Vereinen steuerliche Vorteile gewähren? Demokratie, Bürger, Steuern und Staatlichkeit hängen jedoch im Innersten zusammen.

Es ist darum kein Wunder, dass Marsili und Milanese sich auch auf die Schriften des französischen Soziologen Marcel Mauss berufen, der in seiner posthum veröffentlichten Studie *Die Nation oder der Sinn für das Soziale* aus den zwanziger Jahren des vergangenen Jahrhunderts schreibt, immer »weitreichendere Handelsbeziehungen, ein immer umfangreicherer und vollständigerer Austausch, immer schnellere Anleihen von Ideen und Methoden« hätten die Nationen »in einen Zustand wachsender wechselseitiger Durchlässigkeit und Abhängigkeit versetzt«, was von den »Völkern selbst erkannt, empfunden und gewollt« werde, weshalb sie »ganz klar den Wunsch« hegten, dieser Abhängigkeit auch institutionell Ausdruck zu verleihen. »In diesem Punkt«, so Mauss, seien »die Völker ihren Führungen voraus«.

Schaut man auf die laufenden Debatten, auf die Reden Emmanuel Macrons, die aktuellen Vorschläge zu einem Eurozonenhaushalt: Ist das nicht genau der Zustand, in dem Europa sich befindet? Nämlich der der Bewusstwerdung wechselseitiger ökonomischer und sozialer Abhängigkeit, die in eine gemeinsame europäische Staatlichkeit überführt werden müsste? Die europäischen Bürgerinnen und Bürger jedenfalls, so zeigen Marsili und Milanese, die nicht länger heimatlose Weltbürger sein wollen, warten genau auf diese europäische Staatlichkeit: Sie sind schon da, auf sie kann das Europa von morgen zählen.

***

Zum Schluss: Wir haben dieses Vorwort umso lieber geschrieben, als wir uns der Arbeit des gesamten Teams von European Alternatives, von Lorenzo Marsili und Niccolò Milanese, aber zum Beispiel auch der deutschen Büroleiterin Daphne Büllesbach tief verbunden fühlen. Nachdem European Alternatives die europäische Diskurslandschaft in den letzten Jahren beharrlich umgepflügt hat, kann nun die Saat des demokratischen Europa aufgehen. Ohne ihre Arbeit wären wir nicht so weit in der Imagination einer europäischen Demokratie, könnten wir mit den anstehenden Europawahlen nicht die Hoffnung verbinden, dass endlich ein Umdenken einsetzt, dass die Perspektive eines politisch geeinten Europas greifbar am Horizont steht und dass wir als europäische Bürgerinnen und Bürger letztlich nur konsequent den Weg dorthin beschreiten müssen – auch wenn die »laute Minderheit« der Populisten derzeit scheinbar erfolgreicher ist.

Die »Bürgerinnen und Bürger auf der Überholspur«, für die Marsili und Milanese in diesem Buch eine politische Heimat suchen, und die Europäische Republik, für die wir werben, sind innigst miteinander verwoben und bedingen einander. Denn in seiner ursprünglichen Bedeutung meint der Begriff der Citoyens vor allem diejenigen, die gleiche Rechte genießen. Und diejenigen, die sich unabhängig von ihrer Herkunft in den Zustand der Rechtsgleichheit begeben, begründen eine Republik.

Lorenzo Marsili und Niccolò Milanese rufen im vorliegenden Buch zur Einberufung einer europäischen Konstituante auf, die sich aus europäischen Bürgerinnen und Bürgern zusammensetzt und die parallel zu den kommenden Europawahlen gewählt werden und danach ihre Arbeit an einer Verfassung für ein neues, demokratisches Europa in Angriff nehmen soll. Wir wünschen den beiden und allen europäischen Weggefährtinnen und Weggefährten bei dieser Mammutaufgabe viel Glück. Es scheint unmöglich, aber es ist notwendig.

An der Gestaltung und Weiterentwicklung Europas unbeirrt weiterzuarbeiten, Ideen, wie die in diesem Buch vorgeschlagenen, aufzugreifen und zu diskutieren ist das Gebot der Stunde, wenn wir Europa und das bisher Erreichte nicht verlieren wollen. Demokratie ist ein abstrakter Begriff, konkret aber bezeichnet er ein politisches Organisationsmodell, das die politische Partizipation der Menschen gewährleistet. Im Lauf der Epochen verändern sich die Bedingungen dafür, und daher auch die Systeme. Unsere Aufgabe ist es nun, die europäische Demokratie zu entwickeln, im Hinblick auf die Herausforderungen der Zukunft und die Globalisierung, die alle nationalen Grenzen niederreißt. Entwickeln wir also die europäische Demokratie im Sinne unseres größten Erbes der Aufklärung: Freiheit, Gleichheit, Solidarität. Nur so können wir die Zukunft gestalten, anstatt sie zu erleiden.

Berlin und Wien, im Januar 2019

Wir heimatlosen Weltbürger

Einleitung

Citizens of Nowhere

> Wer glaubt, er sei ein Weltbürger, ist in Wahrheit ein Bürger von nirgendwo. Er begreift nicht, was das Wort »Staatsbürgerschaft« überhaupt bedeutet.

Diese Bemerkungen stammen von Theresa May. Sie äußerte sie im Oktober 2016 in der Schlussrede auf dem Parteitag der Konservativen, ihrem ersten Parteitag als Premierministerin. Mit dieser Rede versuchte sie, sich von Margaret Thatchers berühmt-berüchtigtem Satz »Es gibt keine Gesellschaft« abzugrenzen, betonte stattdessen die »Pflichten und Verbindlichkeiten, die für den Erhalt unserer Gesellschaft von Bedeutung sind«, und attackierte Steuern hinterziehende Unternehmen und Berühmtheiten sowie skrupellose Manager großer Konzerne, die ihre Belegschaft weder weiterbilden noch für sie sorgen. In dieser Ansprache legte May nach dem Brexit-Votum im Juni desselben Jahres ihre »Philosophie« und »Vision« für Großbritannien dar: die Vision »eines Landes, das wirklich für alle funktioniert, nicht nur für die wenigen Privilegierten«.

Der Nationalismus, der Theresa Mays Botschaft zugrunde lag und aus der oftmals offen fremdenfeindlichen Haltung der Leave-Kampagne schöpfte, hat sich im politischen Diskurs im Vereinigten Königreich leider nicht verflüchtigt – im Gegensatz zu Mays Autorität oder ihrer Glaubwürdigkeit. Stattdessen hat er sich im weiteren Verlauf des Brexit-Prozesses noch fester etabliert. Die Trennlinie, die May zieht zwischen den deterritorialisierten Eliten, die sich von allen gesellschaftlichen Verpflichtungen lossagen, und der »normalen« lokalen Bevölkerung, die ihren gerechten Anteil leistet und Steuern zahlt, wird analog gesetzt mit der Unterscheidung zwischen jenen »Realitätsfremden«, »Verrätern«, »Aufrührern« und »Volksfeinden«, die die Sinnhaftigkeit des Brexit in Zweifel ziehen, und jenen »Patrioten«, die ihn enthusiastisch bejubeln. Zunehmender Rassismus, durch Hass motivierte Taten und das Abstempeln verschiedener Bevölkerungsgruppen zu Sündenböcken sind die vorhersehbaren Konsequenzen der Fahrlässigkeit, mit der sowohl die Politiker als auch die Mainstream-Medien diese nationalistischen Trennlinien gezogen haben.

Der Brexit betrifft selbstverständlich speziell das Vereinigte Königreich, aber ein gegen die »globalen« Eliten – die beständig mit Migranten, Linken und Menschenrechtsaktivisten vermischt werden – gerichteter Diskurs ist in der gesamten westlichen Welt verbreitet. Stets bereit, ihre Argumente anzupassen, um ihre privilegierten Positionen zu verteidigen, raunen viele Vertreter des Establishments nun unheilvoll, die Eliten seien vielleicht zu weit vorausgeeilt in einem Prozess namens »Globalisierung«, so dass die armen Bürger nicht mehr mitkämen. Im Angesicht der Revolte sei jetzt der richtige Zeitpunkt, um alle zu beruhigen und sich wieder der Nation zuzuwenden, dem eigenen Staatsgebiet und den vergessenen Teilen der Bevölkerung. So wird die Geschichte zumindest gern erzählt. Wir glauben jedoch, dass diese Geschichte völlig falsch ist, vielleicht weil wir mehr Vertrauen in – und wahrscheinlich auch mehr Wissen über – die Bürgerinnen und Bürger haben als jene, die sich die Mainstream-Erzählungen ausdenken. In diesem Buch wollen wir uns darum bemühen, diesen dominanten Diskurs zu kippen.

Während Mays nationaler Populismus rückschrittlich und oftmals rassistisch ist, lässt sich ihr Ausspruch über die Staatsbürgerschaft auf eine Weise *missverstehen*, die womöglich seine tiefere Wahrheit und die darin versteckte Energie offenbart. Denn was wäre, wenn *wir alle* Weltbürger und *genau aus diesem Grund* heimatlose Bürger von nirgendwo wären? Das klingt paradox, was ein Zeichen dafür ist, dass es dem herrschenden Common Sense zuwiderläuft. Aber gerade durch das Untergraben des ideologischen Common Sense können wir die nationalistische Strategie auseinandernehmen und gleichzeitig eine radikale Dimension der Bürgerschaft zurückerobern, einen postnationalen Horizont des politischen Handelns kreieren und eine Möglichkeit schaffen, das weitverbreitete Gefühl der Entmachtung zu rekontextualisieren. Wie wir im ersten Kapitel darlegen, muss das Problem neu formuliert werden, um echte politische Alternativen anbieten zu können. Wir werden zeigen, dass die Nation nicht länger ein angemessenes Vehikel für progressives bürgerschaftliches Engagement ist und dass wir radikal neu denken müssen, um die Weltpolitik auf einen anderen Kurs zu bringen.

Nachrichten von nirgendwo

Es gibt keinen Grund, May darin zu folgen, wenn sie Steuerhinterzieher und brutale Kapitalisten zu »Kosmopoliten« weiht, statt sie einfach als »Kriminelle« oder »Ausbeuter« zu bezeichnen und tatsächlich gegen sie vorzugehen. Stattdessen argumentieren wir, dass gerade die einfachen Leute zu Weltbürgern geworden sind. Im gegenwärtigen Europa, und zunehmend auch in anderen Teilen der Erde, haben sehr viele von uns – die durchaus nicht zur Wirtschaftselite gehören – Zugang zu Informationen aus aller Welt und die Möglichkeit, mit fernen Orten zu kommunizieren. Außerdem ist das Reisen deutlich günstiger geworden. In einer globalisierten Wirtschaft – und insbesondere seit den Terroranschlägen vom 11. September 2001 und der Finanzkrise von 2008 – ist es offenkundig, dass Ereignisse, die irgendwo anders auf der Welt stattfinden, dramatische Auswirkungen auf uns haben können. Ferner wissen wir längst, dass der Klimawandel Menschen und ganzen Gesellschaften Schaden zufügt. Gleichzeitig stellen uns Technologieriesen, oftmals größer als viele Volkswirtschaften, vor globale Herausforderungen. Vielleicht waren in früheren Jahrhunderten lediglich kleine elitäre Gruppen »Weltbürger«. Heute jedoch steht die Welt den Massen so weit offen wie nie zuvor, und die Generation der Millennials ist damit aufgewachsen, dieses gesteigerte Bewusstsein als selbstverständlich anzusehen.

Wenn wir Bürgerschaft allerdings verstehen als das Verfügen über die politische Handlungsfähigkeit, um den Kurs unserer kollektiven Zukunft zu beeinflussen, dann fehlt uns tatsächlich auf der globalen Ebene die Staatsbürgerschaft: Wo es um unsere Zukunft geht, sind nur sehr wenige Menschen wirklich handlungsfähig. Während einige über mehr Rechte und Privilegien verfügen als andere (das Wahlrecht in mehr oder weniger mächtigen Ländern, größeres soziales und wirtschaftliches Kapital und größere Mobilität), sind die meisten von uns gewissermaßen »Bürger von nirgendwo« und werden es auch bleiben, bis wir politische Formen der Handlungsfähigkeit entwickeln, die den Mächten, die unsere Welt gestalten, ebenbürtig sind. Einerseits haben wir also ein Bewusstsein von der Welt gewonnen, gleichzeitig haben wir aber die Kontrolle über die Welt verloren.

Diese Umkehrung kommt insbesondere in Meinungsumfragen unter jungen Leuten zum Ausdruck. In letzter Zeit haben viele Studien gezeigt, dass jüngere Generationen sich selbst in einem globalen Kontext sehen, mit einem breiten Spektrum an Verpflichtungen gegenüber Menschen sowohl in ihrer Nähe als auch in der Ferne.[1] In vielen Teilen der Welt findet gerade ein Generationswechsel statt, der unter anderem dazu führt, dass immer mehr Menschen Gemeinschaft im Sinne von Staatsbürgerschaft definieren, statt sie auf Ethnizität, Familienbande, Religion oder Territorium zu gründen. Gleichzeitig erklären Vertreter der jüngeren Generation jedoch auch, sie fühlten sich aus der Gesellschaft ausgeschlossen und entmachtet, insbesondere in Ländern, die kürzlich Wirtschaftskrisen durchlebt haben.[2] Diese beiden Ansichten passen einerseits zusammen und stehen andererseits in einem Spannungsverhältnis zueinander: Erweiterte Horizonte gehen Hand in Hand mit einem Gefühl der Machtlosigkeit und Ausgrenzung. Dieser Eindruck wird noch verstärkt, wenn man das Gefühl hat, unkontrollierbare globale Ereignisse erzeugten lokale wirtschaftliche und gesellschaftliche Probleme.

Daher ist es zu einfach und auch herablassend zu behaupten, die Eliten seien in der Globalisierung vorausgeeilt. Ein beachtlicher Teil der Bevölkerung verfügt über ein größeres globales Bewusstsein, als die Eliten ihm zutrauen, und gerade aufgrund dieses Bewusstseins hält er den derzeitigen Kurs der Politik für eindeutig falsch: falsch in seinen Zielen, falsch in seinen Resultaten und falsch in seinen Methoden. Außerdem sind die Bürgerinnen und Bürger, wie wir zeigen werden, bereit zu handeln, um den Kurs der Geschichte zu verändern; doch selbst wo das politische Establishment diese potenziell transformativen Energien nicht gleich direkt ausgelöscht hat (und das ist sehr häufig geschehen), haben taube, fantasielose und veraltete Institutionen und Denkweisen neue Initiativen unterdrückt.

Der zentrale Slogan der Brexit-Kampagne lautete »Take Back Control«. Es ist unmöglich, die Zukunft ganz und gar zu kontrollieren, und die rückwärtsgewandte Nostalgie dieses Satzes ist abzulehnen. Die Forderung, Bürgerinnen und Bürger sollten kollektiv über ihre Zukunft entscheiden können, ist jedoch vollkommen berechtigt. Allerdings ist das in der Brexit-Kampagne, in der Rhetorik von Mays Regierung und der Botschaft von Nationalpopulisten in ganz Europa mitschwingende Versprechen heuchlerisch, diese bedeutungsvolle Bürgerschaft ließe sich in der Nation finden. Wie wir in Kapitel 2 darlegen, baut die globale neoliberale Wirtschaft tatsächlich auf die Illusion der nationalen Souveränität, um ihr wahres Wirken zu verschleiern. Um uns »die Kontrolle zurückzuholen«, dürfen wir uns also nicht in den Schoß der Nation zurückziehen, sondern müssen uns daraus befreien.

Was bezeichnet der Name »Europa«?

Bevor Europa ein geografischer Ort war, war es ein Mythos: der Mythos der Göttin Europa, die von Zeus entführt wurde, der sich als Stier verkleidete und die schöne Europa davontrug. In Apollodors Erzählung des Mythos ist Europa die Tochter von Agenor und Telephassa und hat drei Brüder: Kadmos, Phoinix und Kilix. Nach ihrer Entführung schickt Agenor die drei Brüder auf die Suche nach Europa und teilt ihnen mit, sie sollten erst zurückkehren, wenn sie sie gefunden hätten. Die Brüder brechen in drei verschiedene Richtungen auf:

Der eine reist in die Gegend, die wir heute Europa nennen würden, einer in den Nahen Osten und einer Richtung Afrika.

In einer Zeit, in der viele Europa gern entlang ethnischer oder nationaler Grenzen definieren würden und in der die vermehrte Errichtung von Grenzzäunen Hand in Hand geht mit der Identifizierung eines einheimischen »Volkes«, kann uns die Geschichte von Europa daran erinnern, dass »Europa« von Beginn an größer gedacht war, als es heute für gewöhnlich verstanden wird, und dass es an der Kreuzung verschiedener Pfade liegt. Letztlich ist Europa *nirgendwo*.

Nirgendwo ist selbstverständlich auch die etymologische Bedeutung des Wortes »Utopie«. Und Europa – genau wie Utopia – wird niemals gefunden. Nach einer ausführlichen vergeblichen Suche errichten die drei erschöpften Brüder Städte, um sich auszuruhen, Kraft zu schöpfen und die Suche nach ihrer Schwester dann wieder aufzunehmen. Phoinix lässt sich in Phönizien nieder, auf dessen Gebiet sich heute der Libanon, Syrien, Israel und die Palästinensischen Autonomiegebiete befinden, Kilix in Kilikien, dem heutigen Anatolien, und Kadmos in Thrakien (heute Griechenland, Bulgarien und die Türkei), wo er die Stadt Thasos gründet, später bekannt als Theben, eine Stadt, die zum Symbol der griechischen Tragödie werden sollte. Es ist eine historische Kontingenz – allerdings kein Zufall –, dass Bewegungen von Menschen durch diesen Teil der Welt heute zu einer weiteren epochalen Neudefinition des Begriffs der Bürgerschaft an sich führen. Dies werden wir im dritten Kapitel erörtern.

Europa ist also nicht in erster Linie ein geografischer Ort – es ist ein Prozess und ein Streben. Europa existiert eigentlich nicht: Es ist die Bewegung selbst. In den Worten des uruguayischen Schriftstellers Eduardo Galeano liegt Utopia stets

»am Horizont. Wenn ich zwei Schritte näher herantrete, entfernt es sich zwei Schritte weiter. Ich gehe noch zehn Schritte, und der Horizont eilt zehn Schritte weiter fort. So weit ich auch gehe, ich werde ihn niemals erreichen. Worin liegt dann also der Sinn einer Utopie? Der Sinn liegt darin, weiterzulaufen.«

Heute scheint sich die Geschichte wieder einmal deutlich zu beschleunigen. Alles ist im Fluss. Wir befinden uns inmitten eines tief greifenden Wandels, der die Grundlage unseres Wirtschaftsmodells, unsere Demokratien, die Verteilung von Wohlstand und die Bedeutung von Worten selbst verändern wird. Disruptiver Wandel sollte für Europa nichts Neues sein: Wenn man den Mythos von Europa einmal beiseitelässt, liegt der moderne Ursprung des Kontinents in einer doppelten Revolution – der Französischen und der industriellen –, die eine beispiellose zeitliche Beschleunigung herbeiführte, einer permanenten Revolution, die schließlich in die ganze Welt exportiert wurde. Tatsächlich stammt das Wort »Moderne« selbst vom lateinischen *modo* ab, was so viel bedeutet wie »jetzt« oder »eben gerade« und somit auf das Werden der Realität verweist.

Das Problem, mit dem wir heute konfrontiert sind, ist nicht die *Angst* vor dem Wandel, wie uns die Eliten weismachen wollen. Vielmehr ist es das berechtigte Gefühl, die Kontrolle über diesen Wandel zu verlieren, da unsere politischen Systeme allem Anschein nach immer weniger in der Lage sind, ihn zu gestalten und aktiv zu steuern. Unsere Suche ist richtungslos, ihr Ziel verschwimmt zusehends. Wir fühlen uns machtlos, und unsere Demokratien erscheinen uns wie ein Schwindel.

Aber wir können nicht ans wärmende Feuer von Agenor und Telephassa zurückkehren, in eine Zeit, ehe unser Kontinent und unsere Zukunft entführt wurden. Die Geschichte lässt sich nicht in eine Kiste packen, wir können uns nicht von der Zeit lossagen, vom Wagen abspringen. Wir müssen den Sumpf überqueren und unser Streben fortsetzen.

Zeitreisen, ewige Wiederkünfte und andere Utopien

Das Wort »Nostalgie« wurde im 17. Jahrhundert von einem Schweizer Arzt aus den griechischen Begriffen *nostos* (Heimkehr) und *algos* (Schmerz) zusammengesetzt, um die Sorgen von Schweizer Söldnern zu beschreiben, die in fremden Ländern kämpften. Passenderweise ist das Wort ein Neologismus, der sich antiker Wurzeln bedient. Auch wenn sein homerischer Unterton die lange Heimreise Odysseus' nach Ithaka heraufbeschwört, ist das Wort selbst eine moderne Erfindung. Nostalgie ist ein selektives Gefühl: Alle Länder haben ihre eigenen Goldenen Zeitalter, und nicht jeder kann sich plausibel vorstellen, er selbst hätte damals wie ein König gelebt. Dass weiße, männliche Mittelschichtamerikaner eine gewisse Nostalgie nach den fünfziger Jahren des 20. Jahrhunderts verspüren, ist verständlich. Ebenso verständlich ist es jedoch, dass schwarze Amerikanerinnen die Vorstellung einer Rückkehr in dieselbe Ära furchterregend finden. In der Türkei mögen manche Nostalgie nach der Größe der Osmanen verspüren, die armenischen Christen in der Türkei gehören sicherlich nicht dazu. Lesben und Schwule auf der ganzen Welt mögen vollkommen zu Recht jegliche Nostalgie nach vergangenen Zeiten als bedrohlich empfinden – außer sie gehen zurück bis ins antike Griechenland, als bestimmte Formen der Homo- und Bisexualität noch die Norm waren. Während einige sich vielleicht nach einer Zeit zurücksehnen, von der sie glauben, Menschen wie sie wären damals privilegiert gewesen, mögen andere sich einfach nach Zeiten sehnen, die ruhiger oder friedlicher waren oder als die Dinge sicherer erschienen. Von denen, die in Erinnerungen an ausgemalte Privilegien schwelgen, bis zu jenen, die einfach von ruhigeren Zeiten träumen: Es gibt viele Gründe, weshalb in unserer heutigen misslichen Lage Nostalgie zu einer vorherrschenden Emotion geworden ist und warum Zeitreisen zu einer Art Strategie der Wahl geworden sind.

Stefan Zweig schrieb 1942 in seinem brasilianischen Exil, vor dem Ersten Weltkrieg sei alles »Radikale, alles Gewaltsame [...] bereits unmöglich« erschienen, und im Rückblick wirke es wie »das goldene Zeitalter der Sicherheit« (das zugleich, wie er geistreich bemerkt, »das goldene Zeitalter des Versicherungswesens« war). Heute wirkt womöglich für viele das späte 20. Jahrhundert wie ein »goldenes Zeitalter der Sicherheit«, eine neue *Welt von Gestern* (so der Titel des Buchs, das Zweig vor seinem Selbstmord vollendete).

Dieser Blick zurück hat zwei gegensätzliche Wirkungen: die andauernde Angst vor historischer Wiederholung und den Verlust der Zukunft. So leicht es manchen auch fällt, in der Vergangenheit Elemente einer »guten alten Zeit« zu finden, ist es noch viel leichter, furchteinflößende Beispiele dafür zu finden, in welchen Momenten alles schieflief. Die Angst vor einer Wiederholung der Wirtschaftskrise der dreißiger Jahre des 20. Jahrhunderts ist für viele ein beherrschendes Gefühl, ebenso wie die Angst vor dem »Schlafwandeln«, das in den Ersten Weltkrieg führte.[3]

Aufwendig begangene Jahrestage zum Gedenken an den Beginn oder das Ende von Kriegen haben dazu beigetragen, dass diese im öffentlichen Bewusstsein überaus präsent sind. Solche Ereignisse können Mahnungen darstellen und uns wertvolle historische Lektionen erteilen, allerdings verfestigen sie ebenso die Vorstellung, Katastrophen seien unvermeidlich, da sie von Kräften verursacht werden, die viel mächtiger sind als die Bürger selbst in ihren kühnsten Träumen. Diese Angst vor der historischen Wiederholung, vor der ewigen Wiederkunft, verstärkt die Schwierigkeiten, die viele von uns haben, wenn es darum geht, die Zukunft zu planen. Akut betrifft dies vor allem Angehörige der jüngeren Generation, die von ökonomischer Prekarität besonders bedroht sind, was es schwierig macht, sich eine glückliche Zukunft auszumalen.

»Könnte ich doch nur einen Tag davon sehen!«, sagt ein Mann, der müde mit dem Zug von einer politischen Diskussion nach Hause fährt, in der endlos verschiedene Visionen einer fortschrittlichen Zukunft debattiert wurden und in der er die Geduld verlor und die anderen anschrie, bis die Versammlung sich auflöste. Zu Hause angekommen, wandern seine Gedanken von der Diskussion mit seinen Freunden zu einem Wunsch nach Ruhe und Frieden, nach seinem Bett. Als er später aufwacht und sein Haus verlässt, findet er die Gesellschaft verwandelt vor.

In etwa so kann man die ersten Seiten von William Morris' *News from Nowhere* (deutscher Titel: *Kunde von Nirgendwo*) aus dem Jahr 1890 zusammenfassen.[4] In dem Roman wird der Erzähler ins London des frühen 21. Jahrhunderts versetzt, wo er eine Reise entlang der Themse unternimmt, um sich über eine Gesellschaft zu informieren, die von einer sozialistischen Revolution in eine Art idyllisches Utopia transformiert worden ist. Solidarität, Erholung, Glück und Schönheit sind nun die wichtigsten gesellschaftlichen Werte. Seltsamerweise wissen die Menschen in diesem Londoner Utopia nichts von der Geschichte im Allgemeinen und haben keinerlei Interesse an irgendetwas, das jenseits der Wälder um ihre Stadt liegt. Schulbildung, Abenteuer und Erkundungsreisen werden als schön und gut für die kleine Minderheit angesehen, die von Natur aus eine Neigung dazu verspüren mag, gelten allen anderen jedoch als anstrengende Ablenkung von der guten Laune. Diese Bürger von nirgendwo leben tatsächlich in einer Epoche der Ruhe.

Morris schrieb *News from Nowhere* als Reaktion auf den großen Erfolg des Romans *Looking Backward* (*Ein Rückblick aus dem Jahre 2000 auf das Jahr 1887*) des US-amerikanischen Autors Edward Bellamy von 1888, der eine zukünftige Gesellschaft entwirft, in der Monopole sich zu staatlich geführten sozialistischen Unternehmen entwickelt haben und die Menschen ausschließlich in Städten leben. Die Mechanisierung sorgt dafür, dass die Menschen mit 45 Jahren in Rente gehen und nur sehr wenige überhaupt niedere Tätigkeiten ausführen.[5]

In die andere Richtung zurückzublicken und diese Utopien aus dem späten 19. Jahrhundert zu vergleichen kann dabei helfen, die polarisierten Positionen der Gegenwart zu verstehen. Der Konflikt zwischen städtischen und ländlichen Idealen, die divergierenden Einstellungen zu Technologie, Verstaatlichung, zur Rolle der Kultur und der Künste, zur Bedeutung der Arbeit etc. sind noch immer vorhanden. Zugleich ist da jedoch das Gefühl, dass wir das Ende einer Epoche erreicht haben und nun einen Schritt weiter gehen müssen, anstatt dieser Zeit und den in sie eingebetteten Träumen nachzutrauern. Mit Sicherheit haben wir Utopia noch nicht erreicht, aber der von Bellamy, Morris und anderen ausgemalte Zeitrahmen ist zu Ende gegangen, und nun müssen wir nach vorn in eine neue Welt blicken, statt endlos das Verfallsdatum früherer Visionen zu verschieben: Diese politischen Utopien sind vorüber, ihre kreative Energie ist verbraucht. In ihre Zukunft zurückzukehren ist unmöglich. In Kapitel 4 werden wir uns damit befassen, dass auch die Organisationsprinzipien hinter dem politischen Kampf für diese vergangenen Utopien mittlerweile veraltet sind, weshalb wir nicht nur neue Utopien formulieren, sondern auch neue Strategien und Maßstäbe des Handelns entwickeln müssen, die über den Nationalstaat hinausgehen.

Eine bedeutungsvolle politische Bürgerschaft erfordert die Möglichkeit, mit dem eigenen Handeln Dinge zu befördern, die derzeit unmöglich erscheinen. Max Weber schloss 1919 seinen gefeierten »Politik als Beruf«-Vortrag vor dem Freistudentischen Bund Bayerns mit den Worten: »Es ist ja durchaus richtig, und alle geschichtliche Erfahrung bestätigt es, daß man das Mögliche nicht erreichte, wenn nicht immer wieder in der Welt nach dem Unmöglichen gegriffen worden wäre.«[6] In diesem Sinne müssen wir Bürger von nirgendwo sein: Wir müssen im Namen dessen handeln, was noch nicht Wirklichkeit, was vielleicht noch nicht einmal vollkommen durchdacht ist; wir müssen uns am Horizont unserer Visionen einer besseren Gesellschaft orientieren und die Vielfalt dieser Visionen annehmen, wie es die Utopisten des späten 19. Jahrhunderts getan haben. Unseren Blick auf diese Weise nach vorn zu richten ist eine von zwei miteinander verbundenen Voraussetzungen, um heute die Zeichen einer positiven Zukunft zu erkennen sowie Kraft und Hoffnung aus ihnen zu ziehen. Wir sollten erstens nicht erwarten, dass die Zeichen des Neuen dieselben Formen annehmen wie die des Alten. Die zweite Voraussetzung ist, dass wir die alten Narrative durchschneiden, die uns die Sicht verschleiern: Nostalgie ist ein verständliches Gefühl, aber oftmals wird sie manipuliert für die politischen Zwecke von ein paar wenigen Mächtigen. Wir müssen den Mut wiederfinden, mit »bequemen Wahrheiten« und dem Common Sense zu brechen.

European Alterities

Für uns, die beiden Autoren dieses Buches, begann die Reise zur Politik der Gegenwart auf ganz prosaische Weise, wenn auch in einer großartigen und historisch aufgeladenen Umgebung, als wir im Sommer 2006 in Rom zu Abend aßen. Lorenzo, der ursprünglich aus der italienischen Hauptstadt stammt, war für die Sommermonate aus London zurückgekehrt. Niccolò, der ursprünglich aus London stammt, lebte gerade in Siena und war nun in Rom, um seinen Cousin zu besuchen. Über Pasta und Rotwein diskutierten wir unter einem Raffael-blauen Abendhimmel über Politik, Kultur und Kunst sowie unsere Frustration angesichts der gegenwärtigen Lage. Wir waren uns einig, dass der Nationalstaat die falsche politische Form für jede progressive Politik sei, die uns so etwas wie den Glauben an die Gestaltbarkeit der Geschichte zurückgeben könnte. Wir dachten darüber nach, wie die utopische Idee von Europa von einer Besessenheit für Formalitäten gekapert wurde, für Regeln, Bürokratie und wirtschaftliche Argumente. Es war das Jahr nach den Referenden in den Niederlanden und Frankreich, in denen die Bevölkerungen der beiden Länder die sogenannte Europäische Verfassung (die in Wirklichkeit aus über 200 unlesbaren Seiten voll hauptsächlich formaler Regeln bestand) abgelehnt hatten. Um eine alte Formulierung des marxistischen Theoretikers Antonio Gramsci zu verwenden, die nach der Finanzkrise wieder in Mode kam: Es fühlte sich an, als befänden wir uns in einem »Interregnum«, als wäre das Alte tot, während das Neue noch nicht zur Welt kommen kann.

Am Ende des Abends war uns beiden klar: Uns zu beschweren würde nicht reichen. Also beschlossen wir, eine Reihe kultureller Events zu organisieren, zu denen wir Philosophinnen, Dichter, Künstlerinnen und andere einladen würden, um die utopische Dimension Europas wiederzufinden. Als wir im Herbst 2006 mit nur wenig Geld, langsamen Laptops und ein paar E-Mail-Adressen nach London zurückkehrten, schufen wir uns in einem offiziell verlassenen Lagerhaus in unmittelbarer Nähe der Brick Lane im East End einen Platz zum Arbeiten (und Schlafen). Unser Vermieter war ein Restaurantbesitzer aus der Gegend, und wir teilten uns den Raum mit ein paar italienischen Kellnern, die in dem Restaurant arbeiteten, einem Brasilianer, der den »London Fight Club« im Obergeschoss führte, einem Tischler und jemandem, der Parmesankäse importierte. Auf der anderen Straßenseite befand sich ein Supermarkt, dessen Zielgruppe vor allem Bangladeschis und Inder waren, die in der Gegend einen großen Teil der Bevölkerung stellen, wie jeder weiß, der schon einmal ein Curry in der Brick Lane gegessen hat. In einer der kosmopolitischsten Straßen in der kosmopolitischsten aller Städte, nur wenige Meter von der City of London und zugleich Welten von der Finanzbranche entfernt, befanden wir uns an einer Art Nirgend-Ort, einem Ort der Paradoxien und Gegensätze. Es schien uns der passende Ort zu sein, um unseren bescheidenen Versuch einer Alternative zu starten.

Als wir begannen, E-Mails an mögliche Rednerinnen und Redner zu schicken, an die Türen von Universitätsleitungen und Museumsdirektionen zu klopfen und herumzufragen, wer Interesse haben könnte, uns zu helfen, stellte sich heraus, dass wir nicht die Einzigen waren, die nach einem Raum suchten, um anders über Europa zu sprechen. Viele Gleichgesinnte kamen zudem aus Ländern, die nicht gerade zum geografischen »Europa« gezählt werden können. Das erste Team umfasste Menschen aus Frankreich, Großbritannien, Polen, Rumänien und Italien, aber auch aus dem Libanon, aus Australien und China. Die Veranstaltungen, die wir auf die Beine stellten, wurden bald größer als ursprünglich geplant, und schließlich entstand daraus das London Festival of Europe, das im März 2007 am Courtauld Institute of Art, in der Tate Modern, der London School of Economics und einer Reihe weiterer bekannter Londoner Institutionen stattfand. Zygmunt Bauman war der Eröffnungsredner. Václav Havel und Jürgen Habermas antworteten mit Bedauern, dass sie nicht teilnehmen könnten, ebenso wie Gordon Brown, der zu jener Zeit Schatzkanzler war und erklärte, er sei zu beschäftigt mit der Haushaltsplanung.

Zur Eröffnungsveranstaltung kamen viel mehr Menschen, als wir erwartet hatten, darunter auch Vertreter verschiedener Botschaften und Regierungsinstitutionen. Sie waren überrascht, dass es keine reservierten Plätze gab und einige von ihnen auf den Treppen sitzen mussten. Noch überraschter waren sie, als anstelle irgendeines Amtsträgers wir selbst die Einführung in das Festival gaben. Man erwartete nicht, dass einfache Bürger sich aktiv an einer Diskussion über »Europa« beteiligten. Wir bekamen E-Mails von europaskeptischen Mitgliedern des Europäischen Parlaments, die uns beschuldigten, insgeheim für die europäischen Institutionen zu arbeiten (hätten wir doch nur insgeheim für irgendjemanden gearbeitet – dann hätten wir besser gegessen und uns eine Heizung leisten können!).

Der Erfolg des Festivals veranlasste uns dazu, eine Organisation namens »European Alterities« ins Leben zu rufen. Von Beginn an interessierten wir uns dafür, wie Europa als Ort der Begegnung zwischen Kulturen, Zivilisationen und Menschen funktioniert, und der Begriff »Alteritäten« sollte unsere Überzeugung zum Ausdruck bringen, dass Europa vorankommt, indem es seine eigenen Beschränkungen und Grenzen infrage stellt – wie in seinem Gründungsmythos. Als wir einmal losgelegt hatten, geschahen rasch zwei Dinge: Nach dem zwanzigsten Telefongespräch, in dem wir den Namen unserer Organisation buchstabieren mussten, änderten wir ihn in das verständlichere »European Alternatives«. Zweitens begannen Menschen, die unsere Veranstaltungen besucht, mit uns zusammengearbeitet oder von unserer Initiative gehört hatten, uns zu ermutigen, nicht nur das Festival zu organisieren, sondern in ganz Europa aktiv zu werden. Bereits 2007 wurde offensichtlich, dass es kaum Foren für normale Bürgerinnen und Bürger gab, die jenseits der offiziellen Institutionen über eine andere europäische Politik und Kultur sprechen, diese imaginieren und befördern wollten.

Als die Finanzkrise 2008 die City of London erreichte, vergrößerte sich dieser Raum für Alternativen mit einem Mal beträchtlich und wurde zugleich intensiv politisch aufgeladen. Von unserem nur wenige hundert Meter von der City entfernten Büro aus wuchs European Alternatives in diesen Raum hinein, entwickelte sich weiter und verband sich mit anderen neu entstehenden Organisationen. Im Rückblick überrascht es jedoch kaum, dass es nicht gelang, die Krise zu nutzen, um den Übergang in eine neue Welt zu erzwingen: Es mangelte schlicht an alternativen politischen Organisationen oder Bewegungen, die hinreichend gut organisiert oder über den gesamten Kontinent vernetzt waren.

Es gab allerdings noch einen weiteren Grund, den wir für

noch entscheidender halten: Jede Bewegung für politischen Wandel benötigt eine leitende Utopie, die ihr Antrieb verleiht, doch alle zur Verfügung stehenden Utopien waren überholt. Für eines unserer frühen Projekte wählten wir den Slogan »Change Utopia«. Es war die Zeit, als Obama mit dem Slogan »Change we can believe in« Wahlkampf machte. »Wandel« schien zu einem großen Thema dieser Jahre zu werden, glich dabei jedoch einer leeren Utopie, da selbst jene, die ihn versprachen, in Wahrheit eher für ein »Weiter so« eintraten. Die Menschen waren sich der Tatsache bewusst, dass die Geschichte nicht an ihr Ende gelangt war, aber es fehlte die kollektive Kraft, um sich Alternativen auszumalen. Im Laufe der letzten zehn Jahre gab es mehrere *printemps des peuples* mit unterschiedlichen Protagonisten und auf unterschiedlichen Bühnen: Man denke an die Proteste auf dem Maidan in Kiew (mehrere Male), an Mohamed Bouazizi in Sidi Bouzid, an die Demonstrationen auf dem Tahrir-Platz, an Occupy Zuccotti Park und St Paul's, 15-M auf der Puerta del Sol, die Besetzung des Gezi-Parks, die Plenen in Tuzla … Jeder dieser Aufbrüche hatte seine Erfolge, die meisten scheiterten letztendlich, manche kämpfen noch immer. So ist die Geschichte des progressiven politischen Wandels schon immer verlaufen. Allerdings verfolgen mehr Menschen als je zuvor aus der Ferne das Geschehen, blicken aufmerksam auf jedes Zeichen des Wandels, versuchen, den Gesamtprozess im Auge zu behalten und die Richtung der kommenden Epoche vorherzusehen.

Wenn man heute auf zehn Jahre der wirtschaftlichen und politischen Krise zurückblickt, gleicht Europa einem Kontinent, der sich selbst zerreißt: Norden gegen Süden, Osten gegen Westen, Bürger gegen Institutionen. Doch diese Dekade hat auch die verborgene Vitalität und die radikale Fantasie von Europäerinnen und Europäern sichtbar gemacht, die über Grenzen hinweg zusammenarbeiten. Während das Establishment von einem Mangel an Visionen und Ambitionen gelähmt ist, haben sich Zivilgesellschaft, soziale Bewegungen und viele Bürgerinnen und Bürger organisiert, um zu zeigen, dass Alternativen existieren. Von der Wirtschaft bis zur Migration, von den Commons bis zur Demokratie haben Bürger neue Möglichkeiten ersonnen, Solidarität und Gerechtigkeit sicherzustellen, und aus diesen Praktiken, Mobilisierungen und Kollaborationen ist eine Vielzahl an radikalen Ideen und Vorschlägen für eine wünschenswerte europäische Zukunft entstanden. Unserer Erfahrung nach existieren die einzelnen Elemente dieser Alternative bereits, sie leben in der Vorstellungskraft, in Handlungen und Praktiken – und sie werden mehr. Um sie zu erkennen, müssen wir jedoch unsere Denkweise ändern, unser Verständnis von Politik und davon, worauf es ankommt. In den Kapiteln dieses Buches wollen wir zu einer solchen Veränderung anregen und eine Strategie vorschlagen, um diesen Alternativen politische Macht zu verleihen.

1. Kaputte Uhren

Wenn die Menschheit eine erkennbare Zukunft haben soll, dann kann sie nicht darin bestehen, daß wir die Vergangenheit oder Gegenwart lediglich fortschreiben. Wenn wir versuchen, das dritte Jahrtausend auf dieser Grundlage aufzubauen, werden wir scheitern. Und der Preis für dieses Scheitern, die Alternative zu einer umgewandelten Gesellschaft, ist Finsternis.

Eric Hobsbawm, 1994

Der Griechische Frühling

2015 versuchte ein kleines Land im Südosten Europas an das gemeinsame Interesse der Europäer zu appellieren, die jahrelang unter einer dysfunktionalen und ungerechten Politik gelitten hatten. Das Land lag auf den Knien, die gesellschaftliche Wut drohte überzukochen. Die Mittelschicht war verarmt, die Armen waren noch ärmer geworden, während die Mafia und die Kleptokraten von der politischen Klasse geschützt wurden. Eine stolze Bevölkerung wurde für die Verlogenheit ihrer Anführer verantwortlich gemacht. Die Hälfte der Menschen fanden keinen Job, gleichzeitig wurden die Griechen als faul und arbeitsscheu verhöhnt.

Eine kleine Außenseiterpartei, deren Name Syriza so evokativ wie widersprüchlich ist (die Abkürzung bedeutet so viel wie »Koalition der Radikalen Linken«), stellte sich an die Spitze einer der größten Volksbewegungen in der jüngeren Geschichte des Landes und kam im Januar 2015 auf dramatische Weise an die Macht. Die Partei eroberte die Titelseiten von Zeitungen auf der ganzen Welt und ließ mehrere europäische Regierungschefs in kalten Schweiß ausbrechen.

Die neue griechische Regierung betonte nachdrücklich, sie bitte nicht um Hilfe zur Finanzierung der Staatsausgaben eines bankrotten Landes. Vielmehr gehe es ihr um etwas viel Radikaleres, nämlich um eine neue Lösung für ökonomische Stagnation, Arbeitslosigkeit und Staatsverschuldung überall in Europa. Die Regierung forderte gemeinsame Lösungen für Probleme, die aus ihrer Sicht alle Bürgerinnen und Bürger in der Union betrafen.

Im Bewusstsein, dass sie ein eher kleines und schwaches Land repräsentierte, bat die Regierung Bürger, Parteien und Bewegungen in ganz Europa um Unterstützung. Die symbolische Kraft von Griechenland als Wiege der Demokratie und der europäischen Zivilisation war dabei ein wichtiger Faktor. Mit einer geradezu zwanghaften Intensität berichteten die Medien über die Verhandlungen zwischen der neuen griechischen Regierung und der Eurogruppe, der informellen, aber mächtigen Versammlung der Finanzminister der EU-Staaten. Die Zukunft Europas und vielleicht gar die Glaubwürdigkeit der Demokratie selbst schien – nicht zum ersten Mal in der europäischen bzw. Weltgeschichte – vom Schicksal Griechenlands abzuhängen.[1]

Im Frühjahr 2015 wurde Athen zur Hauptstadt der lebendigen europäischen Demokratie; die Welt richtete ihre Augen auf Griechenland. Nach den Ereignissen in Kairo, Madrid, New York, Istanbul und Kiew konzentrierte sich die Aufmerksamkeit nun auf den Syntagma-Platz. Soziale Bewegungen aus ganz Europa trafen sich in Athen, aufstrebende Parteien wie Podemos aus Spanien boten ihre Unterstützung an, und viele junge Menschen zogen vorübergehend nach Griechenland, um materielle Hilfe zu leisten und sich an einem neuen Kampf um die Demokratie zu beteiligen. Wir können uns noch gut an die zahlreichen Versammlungen, Konferenzschaltungen und internationalen Zusammenkünfte sowie die Flut von E-Mails erinnern, die nötig waren, um Menschen zur Unterstützung einer gemeinsamen Forderung nach Veränderung zu organisieren. Diese Akte der Solidarität zielten nicht nur auf Griechenland. Vielmehr ging es auch um die Vorstellung, dass ein anderes Europa möglich ist, und die Einsicht, dass das, was in Europa passiert, überall auf der Welt Konsequenzen hat. Der Athener Frühling bündelte die Energien, Hoffnungen und Ängste der Europäer, ob sie die Syriza-Regierung und deren Pläne nun befürworteten oder nicht. Und wie immer in solchen symbolisch aufgeladenen Momenten kam es nun darauf an, wie Politiker, Medien und andere mächtige Akteure reagieren würden.

In diesem Fall bedeuteten die Reaktionen eine Katastrophe für die europäische Politik. Europas Eliten beschlossen, der Glaube an politische Alternativen stelle ein potenziell ansteckendes systemisches Risiko dar, weshalb man ihn nicht tolerieren könne. Daher sei es notwendig, den rebellischen und undankbaren Griechen eine harte Lektion zu erteilen, die auch für die einfachen Bürger in Spanien, Italien, Frankreich und anderswo gedacht war, falls diese auf die Idee kommen sollten, die Wirtschaftspolitik der EU infrage zu stellen. Jeder Erfolg Syrizas barg das Risiko, die Europäerinnen zu einen und die dominierende Strategie des Teilens und Herrschens zu zerstören. »Haltet die Menschen gefügig, bietet ein paar kleine technische Lösungen an und sitzt das Problem ansonsten aus«, lautete das Mantra der Eliten.

Keine progressive Regierung in Europa rührte auch nur einen Finger, um Syrizas Notlage zum Anlass einer echten Kontroverse um die Wirtschaftspolitik der Union zu nehmen, weder die sozialistische Regierung unter François Hollande noch die deutsche SPD in der großen Koalition.[2] Im Europäischen Rat blieb Tsipras isoliert. Er wurde zu einem erniedrigenden Rückzug gezwungen, nachdem er im eigenen Land ein Referendum über die Ablehnung des von der (aus Europäischer Kommission, Internationalem Währungsfonds und Europäischer Zentralbank bestehenden) Troika vorgeschlagenen Deals gewonnen hatte. Die europäischen Eliten hatten sich stets beschwert, niemand interessiere sich für die EU, die Menschen hätten keine Ahnung von europäischer Politik und diese bekäme nicht genügend Aufmerksamkeit in den Zeitungen. Nun richteten sich die Blicke der Welt auf die Staatschefs, die Vertreter der Kommission und der Europäischen Zentralbank (EZB), die nichts Besseres zu tun hatten, als jegliche Infragestellung des offenkundig gescheiterten Status quo stur abzulehnen. Als sich die Gelegenheit bot, einen anderen Kurs für Europa vorzuschlagen – einen der Versöhnung, des Humanismus, der Anständigkeit und der ermächtigten Bürger –, beharrten die anderen EU-Staaten, die Kommission, die EZB und der Währungsfonds (IWF) dogmatisch darauf, dass keine Verhandlungen möglich, keine bessere Zukunft erreichbar sei und dass alles einfach so weitergehen solle, ohne Rücksicht auf die Konsequenzen. Will ein Land dem nicht zustimmen, bleibt ihm nur eine Möglichkeit: der Austritt. Folglich wurden die Griechen aufgefordert, aus der Währungsunion des Kontinents auszutreten, dem sie seinen Namen verliehen hatten, falls sie sich weiterhin weigerten, sich widerspruchslos seiner Politik zu unterwerfen.

Kurz nach dieser dunklen Stunde für Europa machte Donald Tusk, der Präsident des Europäischen Rates, gegenüber der *Financial Times* einige aufschlussreiche Geständnisse. Erstens müssten die Verhandlungen allen politischen Leidenschaften gegenüber blind sein und rein technokratisch ablaufen: »In den Verhandlungen sollte es um Zahlen, Gesetze, Verfahren gehen. Die Diskussion über Würde, Demütigung und Vertrauen, das ist keine Verhandlung. Das ist in unserer Geschichte schon immer der Auftakt zum Kampf gewesen.« Zweitens bereite ihm nicht so sehr die Wirtschaft Sorgen, sondern die Politik und der flüchtige Blick auf eine mögliche Alternative:

> Ich habe wirklich Angst vor der Ansteckungsgefahr, die von der griechischen Krise ausgeht, weniger in finanzieller als vielmehr in ideologischer und politischer Hinsicht [...]. Wir haben in Europa plötzlich eine riesige öffentliche Debatte [...]. Es gibt eine Art ökonomische und ideologische Illusion, wir hätten die Chance, eine Alternative zum traditionellen europäischen Wirtschaftssystem zu entwickeln. Das ist nicht allein ein griechisches Phänomen.[3]

Eine chinesische Begegnung

Peking, Spätsommer 2015. Seit der Niederlage Syrizas sind ein paar Wochen vergangen. Griechenland hat einer neuen Vereinbarung mit seinen Gläubigern zugestimmt und wird Neuwahlen abhalten. Doch trotz einer Krise, die 30 Prozent der Wirtschaftsleistung ausgelöscht, die Hälfte der jungen Griechinnen und Griechen in die Arbeitslosigkeit gestürzt und alle politischen Parteien ihrer Legitimität beraubt hat, bleibt das parlamentarische System intakt. Auf breite Proteste folgen mehr oder weniger störungsfreie Wahlen und wachsende Apathie auf den Straßen.

»All das wäre in China undenkbar gewesen«, sagt Zhang Ying, ein prominenter Vertreter der chinesischen Kommunistischen Partei. »Es gibt eine Sache an eurem demokratischen System, um die wir euch sehr beneiden: seine Resilienz. In unserem Land hätten eine Wirtschaftskrise dieser Größenordnung und gesellschaftliche Konflikte diesen Ausmaßes den Kollaps des Systems nach sich gezogen. Ihr wartet stattdessen einfach auf die nächste Wahl.«[4]

Die langen Jahre der europäischen Krise wurden in China durchaus aufmerksam verfolgt. Während sie all die Vorurteile der chinesischen Eliten über die Ineffizienz und das kurzfristige Denken in demokratischen Staaten bestätigten, demonstrierten sie zugleich auch deren Fähigkeit, ausgedehnte Phasen der wirtschaftlichen Rezession und der sozialen Unzufriedenheit zu überstehen.

Chinas Geschichte ist geprägt durch periodische Wechsel der herrschenden Dynastien aufgrund gewaltsamer Umbrüche. Die Resilienz, die demokratische Systeme auszeichnet, ist ganz allgemein etwas, das autoritären Regimen oder Einparteienregierungen fehlt. Bei ihnen handelt es sich um »starre« Systeme, die häufig nicht in der Lage sind, sich veränderten Umständen anzupassen, und die daher stark von »Output-Legitimität« abhängen: Sie werden nur so lange akzeptiert, wie sie positive Ergebnisse vorweisen können. Das macht sie anfällig für gesellschaftliche Brüche, wenn das System in eine Krise gerät, der Staat Missmanagement betreibt oder sich Unzufriedenheit über die sozialen und wirtschaftlichen Zustände ausbreitet. Aus diesem Grund schwoll der Arabische Frühling von 2011 rasch zu einer revolutionären Welle an: Die Regimes waren nicht in der Lage, die auf den Plätzen erschallenden Forderungen nach Veränderung in eine gewaltlose Transformation zu überführen. In China ist man sich dieser Tatsache sehr wohl bewusst: Als sie die potenziellen Kosten eines Krieges mit Japan um die umstrittenen Senkaku-Inseln im Ostchinesischen Meer durchrechnete, kam die KP-Führung zu dem Ergebnis, im Fall einer japanischen Niederlage werde in Tokio die Regierung stürzen, ein japanischer Sieg werde hingegen in Peking zu einem Regimewechsel führen.[5]

Vor ernsthafte Probleme gestellt, können autoritäre oder starre Regimes schnell in eine existenzielle Krise geraten. Die wahrscheinliche Reaktion ist eine Art von Versteifung: Man tut so, als sei gar nichts passiert, setzt auf Zwang und Autorität, um den längst überfälligen Wandel zu vermeiden. Damit kann ein diskreditiertes und unpopuläres Regime seine Lebensdauer gewiss verlängern und in Ausnahmefällen das Fundament für einen Neuanfang legen,[6] aber wenn der Wandel schließlich kommt – und das wird er zweifellos –, wird er disruptiv und destruktiv sein.

Im Gegensatz dazu erscheint die Demokratie ausgesprochen »anpassungsfähig«. Sie ist in der Lage, Konflikte zu regulieren und Forderungen nach Veränderung Ausdruck zu verleihen, bevor sie überkochen. In einer Demokratie kann man die *Partei* ersetzen, ohne den *Staat* zu ersetzen, und das Ersetzen der Partei sollte ausreichen, um die Art und Weise zu ändern, wie der Staat geführt wird. Darin besteht die Radikalität der Demokratie: Alles ist ständig im Fluss und anfechtbar. Man kann über die Wahlurne eine Revolution ausrufen. Zumindest in der Theorie.

Aus genau diesem Grund fürchteten in der ersten Hochphase des Liberalismus viele die Demokratie. Zahlreiche Untersuchungen belegen die tiefe Besorgnis unter den Eliten des 19. und frühen 20. Jahrhunderts, eine Ausweitung des Wahlrechts könne dazu führen, dass die proletarischen Massen die Macht an sich reißen und das System zu Fall bringen. Es ist daher kein Zufall, dass die Ausweitung des Wahlrechts lange dauerte und oftmals gewaltsam verlief, vom Peterloo-Massaker 1819 bis zur endgültigen Durchsetzung des allgemeinen Wahlrechts in der ersten Hälfte des 20. Jahrhunderts. Umgekehrt fanden frühe Marxisten durchaus Gefallen an der Möglichkeit, eine politisch emanzipierte Arbeiterklasse könne durch demokratische Wahlen die Macht ergreifen und so dem Kapitalismus ein Ende setzen.

In Wirklichkeit geschah das Gegenteil. Der liberale Kapitalismus nutzte die Ausdehnung des Wahlrechts auf Arbeiter und die Mehrheit der Bauern, um die revolutionäre Energie in das System zu integrieren und die Streikposten ins Parlament zu holen. Diese *Parlamentarisierung* des Klassenkonflikts bot ein Instrument, um soziale Spannungen zu kanalisieren, indem eine Reihe von politischen Veränderungen in Gang gesetzt wurden, die (wenn auch unvollständig) auf einige Anliegen der Schwächsten in der Gesellschaft reagierten.[7] Infolge der Ausweitung des Wahlrechts wurde denn auch in Großbritannien die Sozialgesetzgebung beschleunigt, hauptsächlich dank einer politisch befreiten Arbeiterklasse, die sich um starke Gewerkschaften und ab dem Jahr 1900 um die neu gegründete Labour Party scharte.[8]

Der Zorn der Menge wurde also in geordnete Bahnen gelenkt und fand bis zu einem gewissen Grad auch Berücksichtigung in der offiziellen Politik. Und so wurde in den Ländern, in denen dies geschah, die Sprengkraft der »schwarze[n] Rächerarmee, die langsam in den Furchen keimte«,[9] entschärft, während das System – und der Kapitalismus – vor sich selbst gerettet wurde, indem grundlegende Transformationen stattfanden, bevor die Früchte des Zorns das Einzige gewesen wären, was die gesellschaftliche und politische Ordnung noch hätte ernten können. Dieser Mechanismus, um den die Nichtdemokratien die demokratischen Staaten beneiden, scheint nun jedoch, das zeigen die Ereignisse seit 2015, nicht länger zu funktionieren.

Is it the economy, stupid?

»In der Not macht der Mensch seltsame Bettbekanntschaften.« Angesichts des Erstarkens populistischer Kräfte auf der Linken wie auf der Rechten griffen viele implizit auf diese prophetische Wendung aus Shakespeares *Der Sturm* zurück. Um es prosaischer auszudrücken: *It's the austerity, stupid!* So lautet jedenfalls eine der vorherrschenden Antworten auf die Frage, weshalb die Menschen für den Brexit oder für Trump gestimmt haben, warum Marine Le Pen in Frankreich zehn Millionen Stimmen erhalten hat, wie die AfD 2017 auf 12,6 und die FPÖ gar auf 26 Prozent kommen und in Italien 2018 eine national-populistische Partei an die Macht gelangen konnte.

Diese Erklärung hat vieles für sich. Eine Vielzahl von Studien hat gezeigt, dass die unteren und mittleren Schichten in der westlichen Welt nach drei Jahrzehnten der Umverteilung von unten nach oben weitgehend von der Teilhabe an gesellschaftlichen Wohlstandszugewinnen ausgeschlossen sind. Zum Anstieg der Ungleichheit wurde ebenfalls viel publiziert. Der Trend hat seit der Krise von 2008 nicht nachgelassen. Tatsächlich hat Donald Trumps Wahlsieg all jene widerlegt, die behaupteten, im Gegensatz zur Europäischen Union habe sich die Lage in den Vereinigten Staaten wieder normalisiert.

Schon vorher hatte es Anzeichen gegeben, dass das Gegenteil der Fall war: Während der Präsidentschaft von Barack Obama hat sich die Anzahl der Menschen, die auf Lebensmittelmarken angewiesen sind, fast verdoppelt. Die Mehrzahl der neuen Stellen, die nach 2007/08 entstanden sind, fallen in die Kategorie dessen, was David Graeber als »Bullshit Jobs« bezeichnet:[10] monoton, schlecht bezahlt und/oder ohne großen gesellschaftlichen Nutzen. Oft haben wir es dabei zudem mit Scheinselbstständigkeit zu tun, etwa bei Menschen, die in der Gig Economy für Lieferdienste tätig sind, oder bei Uber-Fahrern, die ohne jegliche vertragliche Garantien arbeiten.[11]

Ähnlich sieht es in der Europäischen Union aus, wo wachsende Ungleichheit und die Abwertung von Arbeit paradoxe Auswirkungen haben, etwa dass selbst in Zeiten des wirtschaftlichen Wachstums für viele Menschen der Lebensstandard sinkt. Wir brauchen bloß an Deutschland zu denken, das die führende Wirtschaftsmacht des Kontinents sein mag, aber auch einen der größten Niedriglohnsektoren in der EU hat.[12] Oder nehmen wir Großbritannien, das Land mit der höchsten Zahl mangelernährter Kinder in Westeuropa, wo eines von fünf Kindern unter Ernährungsunsicherheit leidet und wo 2022 voraussichtlich 37 Prozent der Kinder in relativer Armut leben werden.[13]

Eigentlich sollte die europäische Einheit Freizügigkeit garantieren, das Teilen von Informationen erleichtern und Kreativität befördern, aber diese Freiheit ähnelt mittlerweile eher den erzwungenen Wanderungsbewegungen der Vergangenheit als der aufregenden Erfahrung eines Erasmus-Aufenthaltes im Ausland. Allein zwischen 2008 und 2015 haben ca. 260 000 Italiener zwischen 15 und 39 Jahren ihr Heimatland verlassen, das dadurch jährlich ein Prozent potenzielles BIP-Wachstum verliert.[14] Lettland hat seit 2008 über zehn Prozent seiner Bevölkerung verloren. Außerhalb der EU ist die Lage noch schlimmer: Über 50 Prozent der jungen Menschen in

Serbien planen auszuwandern, was den dortigen US-Botschafter zu der scheinheiligen, wenn auch wahren Aussage veranlasste: »Mir scheint, als exportiere Serbien hauptsächlich junge Menschen. Das Land sollte einen Weg finden, diese Leute zu halten und mehr andere Güter zu exportieren.«[15]

Wirtschaftliche Faktoren allein liefern allerdings noch keine ausreichende Erklärung. Wie viele bemerkt haben, sind es nicht vorrangig diejenigen am unteren Ende der Einkommenspyramide, die für Trump, den Brexit, den Front National oder die Alternative für Deutschland gestimmt haben. Stattdessen besteht die wichtigste Gruppe aus jenen, die sich noch nicht am unteren Ende befinden, aber eine gesellschaftliche und wirtschaftliche Deklassierung befürchten. Das zeigt, dass psychologische und kulturelle Faktoren von entscheidender Bedeutung sind. Diese Menschen spüren, dass das Versprechen des gesellschaftlichen Aufstiegs für sie und ihre Kinder womöglich nicht mehr gilt. Verarmung, gesellschaftliche Ausgrenzung, die Prekarisierung der Arbeit und das Gefühl einer (durch sinkende Geburtenraten und zunehmende Abwanderung verursachten) demografischen Krise – kurz: harte objektive Fakten des Niedergangs – haben auch machtvolle subjektive und psychologische Auswirkungen. Laut einer Prognose der Vereinten Nationen befinden sich die zehn am schnellsten schrumpfenden Länder der Welt allesamt in Osteuropa.[16] Mutlosigkeit und Ressentiment, Sozialneid, der Eindruck, von den »Gewinnern« des Systems »zurückgelassen« und dann verspottet zu werden, das Gefühl, dass es sich bei den Gewinnern doch irgendwie um Betrüger oder Lügner handeln muss – das sind nur ein paar der bitteren Früchte des langen wirtschaftlichen Abstiegs und der überwältigenden Kluft zwischen Gewinnern und Verlierern.[17]

Ja, an der Sicht, dass die Ablehnung des Establishments ein Resultat der jahrelangen chaotischen Wirtschaftspolitik und der wachsenden Ausgrenzung und Marginalisierung vieler Menschen darstellt, ist vieles richtig. Ja, die Wirtschaft ist *rigged*, manipuliert, und ja, einige der Gewinner lachen über die Verlierer. Aber bei den jüngsten Wahlen in westlichen Ländern waren jene Menschen, bei denen sich der Eindruck festgesetzt hat, sie gerieten durch die Globalisierung ins Hintertreffen, nicht die einzigen relevanten Akteure. Die allgemeine Unzufriedenheit wurde auch von anderen Gruppen instrumentalisiert, darunter einem reaktionären Teil der mittleren und oberen Schichten, der eine Rückkehr zum Status quo ante anstrebt, sowie Teilen der nationalen und internationalen Eliten, die ihre Macht, ihren Einfluss und ihren Profit vergrößern wollen, indem sie die etablierte Ordnung durcheinanderbringen: Man braucht sich nur die höchst neoliberalen wirtschaftspolitischen Positionen einer Partei wie der FPÖ anzusehen, um zu erkennen, dass die Verteidigung der Arbeitslosen oder der Arbeiterklasse noch nicht die ganze Geschichte ist (so kürzte etwa die neue österreichische Regierung als Erstes die Unterstützung für ältere Arbeitslose).[18] Es geht nicht nur um die Wirtschaft. Um wirklich zu verstehen, was derzeit geschieht, müssen wir noch etwas anderes in Betracht ziehen: die Politik.

No, you can't

»Du bist aufgehoben für einen großen Montag!« –
»Wohl gesprochen, aber der Sonntag endet nie.«

Diese Zeilen aus Franz Kafkas Tagebüchern, geschrieben im November 1921 in einem seiner regelmäßigen Augenblicke tiefer Melancholie, scheinen heute die einzige Antwort zu sein, die die regierenden Eliten für jene haben, die progressiven Wandel fordern. Der Ausweg aus dem »Sturm« der Armut und Ausgrenzung, aus einer manipulierten Wirtschaft und einer manipulierten Demokratie, aus einer skandalösen Globalisierung, die mit unbeschreiblichem Reichtum und anhaltender Armut einhergeht, stellt nach wie vor einen Montag dar, der niemals kommen wird. »Yes, we can!« ist ein verführerischer Slogan, doch viele haben den Eindruck, dass ihnen anstelle des Montags ein vom Status quo bestimmter ewiger Sonntag angeboten wird, gestützt durch Repression und maskiert von billiger Kosmetik.

Die Krise, die 2007/08 ausbrach, wird häufig mit der Weltwirtschaftskrise der Jahre 1929ff. verglichen. Die Antwort, die die westlichen Demokratien auf die jüngste Krise gaben, fiel allerdings ganz anders aus als damals. Das beste Beispiel dafür liefert die Amtszeit von Barack Obama. Wenige Tage nach seinem ersten Wahlsieg im Herbst 2008 schrieb die Zeitschrift *Newsweek* ganz offen, die Aufgabe des neuen Präsidenten bestehe in nichts weniger als in einer »konzeptuellen Konterrevolution gegen eine Idee«, die »seit dem Ende des Kalten Krieges« die Welt dominiert habe, die nun jedoch »am Verglimmen« sei: »der Absolutismus des freien Marktes«.[19] Obama kam kurz nach dem Platzen der Finanzblase an die Macht, getragen von einer außergewöhnlichen Welle der Bürgerbeteiligung und einer weitverbreiteten Ablehnung »des Systems«. Da die Demokratische Partei außerdem die Mehrheit in beiden Häusern des Kongresses stellte und das Image des wirtschaftlichen Establishments in Scherben lag, erwarteten viele, er werde die einmalige Gelegenheit nutzen, um einen echten New Deal für das 21. Jahrhundert zu präsentieren und sich von einem kriselnden System loszusagen.

Doch er beschritt denselben alten Weg. Er machte Timothy Geithner zum Finanzminister und berief Larry Summers in den National Economic Council, Personen, die während der Amtszeit Bill Clintons enthusiastisch die letzten Hindernisse für den Finanzsektor aus dem Weg geräumt hatten. Dazu gehörte auch der Glass-Steagall Act, der auf die Zeit von Franklin D. Roosevelts New Deal zurückging und dafür sorgte, dass Finanzinstitute die Ersparnisse der Mittelschicht nicht einfach verzocken konnten. Obamas Justizminister Eric Holder hatte zuvor für eine auf den Schutz großer Banken spezialisierte Anwaltskanzlei gearbeitet. Statt die Katastrophe wirksam zu bekämpfen, bat Obama Leute um Hilfe, die sie mit verursacht hatten. Dabei handelte es sich nicht um ein moralisches Drama über Reue und Erlösung, sondern um die Reproduktion derselben finanziellen Privilegien, die die Welt überhaupt erst an den Rand des Abgrunds geführt hatten. Laut Timothy Geithner bestand die Rolle des Staates in diesen entscheidenden Jahren darin, für die kriselnden Banken »den Sturz abzufedern«.[20] Die Maschine musste neu gestartet werden, ohne jegliche Änderung am Betriebssystem.

Wo der Staat sich direkt in die reale Wirtschaft einmischte – etwa im Fall der Automobilindustrie –, diente dies praktisch ausschließlich dem Zweck, das instabile Vorkrisenmodell wieder auf Kurs zu bringen. Naomi Klein stellte die berechtigte Frage, warum die vom Staat gestützten Autofirmen nicht verpflichtet wurden, im Gegenzug ihr Geschäftsmodell zu ändern, um den nötigen Übergang in eine Zukunft mit geringem CO_2-Ausstoß zu beschleunigen.[21]

Die von den westlichen Zentralbanken ergriffenen »unkonventionellen« Maßnahmen, etwa die Politik der Quantitativen Lockerung, kamen ebenfalls vor allem den Bessersituierten zugute, führten sie doch zur größten Börsenhausse in der Geschichte der Wall Street. Da sich in den USA 90 Prozent der Vermögenswerte im Besitz der reichsten zehn Prozent befinden, war der dadurch erzeugte »Vermögenseffekt« höchst ungleich verteilt.

Es scheint, als wären unsere Politiker System-Junkies geworden: süchtig nach einem höchst schädlichen Status quo. Als eine Harvard-Studie offenbarte, dass die Millennials dem Kapitalismus gegenüber mehrheitlich skeptisch eingestellt sind (zumindest gegenüber der neoliberalen Version, in der sie aufgewachsen sind und deren Zusammenbruch sie erlebt haben),[22] antwortete die Demokratische Sprecherin des Repräsentantenhauses Nancy Pelosi einem neugierigen jungen Mann, der sie zur Rede stellte, mit dem lakonischen Eingeständnis der Sucht: »Tut mir leid, wir sind Kapitalisten, so ist es nun einmal.«[23] Wenn es an radikalen Vorschlägen für einen positiven Wandel mangelt, haben die Mächte der Reaktion allzu leichtes Spiel.

Eine Revolution von oben

Wie so oft entzog sich auch die Reaktion der EU auf die Wirtschaftskrise einer einfachen Kategorisierung. Einerseits versuchte sie, Kontrollen für Banken einzuführen, weshalb sich in der City of London nun einige mit der Vorstellung, Großbritannien könne die Union verlassen, durchaus anfreunden konnten. Technokraten wiederum sehen in solchen Maßnahmen einen Beweis dafür, dass die Europäische Union in Krisen handlungsfähig ist. Andererseits wurde die Finanzkrise genutzt, um mit einer Art Schockstrategie Zugeständnisse von den gewöhnlichen Bürgerinnen und Bürgern zu erzwingen. Als Ganzes betrachtet, ist die Antwort der Europäischen Union eine Mischung aus »sichtbaren« technokratischen Initiativen, die zu spät umgesetzt wurden, und einer »versteckten« brutalen Machtpolitik, die von den wirtschaftlich Starken verfügt wird, um ihre Vorteile zu schützen. Sie lässt sich als eine »Revolution von oben« charakterisieren,[24] die größtenteils hinter den Kulissen des bürokratischen Durchwurschtelns betrieben wird.

Die Union hat sich nicht nur als unfähig erwiesen, sich von einer gescheiterten wirtschaftlichen Ideologie zu verabschieden, sondern sie war zugleich nicht in der Lage, sich selbst gemäß den Plänen früherer regierender Eliten zu reformieren. Als die Überlegungen zu einer gemeinsamen Währung in den frühen neunziger Jahren konkrete Gestalt annahmen, waren sich die Staats- und Regierungschefs, die den Euro durch ihre Unterschrift ins Leben riefen, sehr wohl bewusst, dass eine Währungsunion ohne fiskalische und politische Union dazu verdammt war, in eine Finanzkrise zu führen. Einer langen Tradition der stufenweisen Integration folgend, bauten die frühen Architekten der Gemeinschaftswährung auf ebenjene Krise, um die nächste Stufe der Integration zu erreichen. Nichts davon ist geschehen, und das Festhalten der EU-Staaten am Status quo hätte das Establishment einer früheren Generation vermutlich genauso überrascht wie die Radikalen von heute. Helmut Kohl fand für die Politik seiner Nachfolgerin Angela Merkel jedenfalls wenig freundliche Worte: »Die macht mir mein Europa kaputt.«[25]

Überdies hatten Sozialdemokraten wie der langjährige Kommissionspräsident Jacques Delors von Anfang an betont, dass eine Gemeinschaftswährung ohne wirtschaftliche Konvergenz und ohne gemeinsame Schulden, um Investitionen anzukurbeln und asymmetrische Schocks abzufedern, nicht überlebensfähig sein würde. Mit Zustimmung Kohls (und inspiriert von Roosevelts New Deal) gelang es Delors in den Neunzigern sogar, über die Europäische Investitionsbank und den Europäischen Investitionsfonds in begrenztem Umfang so etwas wie Eurobonds einzuführen.[26] Es ist nicht so, dass irgendeine Ursünde wie ein Fluch über dem Euro läge und dieser nun dazu verdammt wäre, für immer eine unvollständige Währung zu bleiben. Das Problem ist ein politisches: Es verdankt sich der Weigerung, auch noch die notwendigen Schritte hin zu einer politischen Union zu gehen. Was wir nun oft erleben, sind zynische Versuche, die Geschichte dahingehend umzuschreiben, das Projekt sei von Anfang an zum Scheitern verurteilt gewesen.

Statt auf den ersten Schritten hin zu einer Wirtschaftsunion aufzubauen, nutzten die Mächtigen die Krise zu einer Umgestaltung der EU-Institutionen, die den Ausnahmezustand zum Normalfall gemacht und die daraus erwachsenden Vorteile für gewisse Eliten bewahrt hat. Sozialdemokratische und sozialistische Parteien haben dies größtenteils unwidersprochen geschehen lassen. Als Entschuldigung dafür wird der Mangel an Konsens unter den europäischen Bürgern bezüglich einer weiteren Integration angeführt – als wäre ein Konsens erforderlich, um unter veränderten Bedingungen relevante Fragen klar zu formulieren und Argumente vorzubringen. Je länger dieses ungleiche, ungerechte und unehrliche System besteht, desto schwieriger wird es, seitens der europäischen Bürger Vertrauen in Initiativen der Institutionen aufzubauen, und desto weniger Konsens wird herrschen. Und genau das ist die kurzsichtige Strategie, die in Europa von den Stärksten verfolgt wird, die sich damit ihre Vorteile sichern wollen.

Für viele markierte die Niederlage Syrizas gegen die Troika und die Eurogruppe den Punkt, an dem die Masken fielen und die Machtpolitik der Privilegierten unmissverständlich deutlich wurde. Der Enthusiasmus, mit dem so viele Menschen den Kampf gegen die Austeritätspolitik und gegen die Bestrafung der griechischen Bevölkerung unterstützt hatten, wich einem weitverbreiteten Gefühl der Melancholie und Hoffnungslosigkeit. Viele derer, die Syriza und ihren Plänen gegenüber skeptisch gewesen sein mochten, erkannten, dass die Europäische Union nicht der rationale, postpolitische, technokratische Akteur war, als den sie sich selbst inszenierte. Dasselbe galt für die angebliche Gleichheit der Bürger aller Länder innerhalb der EU. Auf der anderen Seite hat die von den regierenden Eliten und insbesondere in Deutschland verwendete Rhetorik, die »faulen« Schuldner wegen ihrer »Schuld« zu tadeln, statt eine ernsthafte Debatte über die politische Unvollständigkeit der Eurozone in Gang zu bringen, Misstrauen und Unverständnis verstärkt, sowohl zwischen den europäischen Ländern als auch gegenüber der EU als Ganzer. Viele Bürgerinnen und Bürger haben daraus vermutlich den Schluss gezogen, in einem Zustand des nicht offen erklärten Bürgerkriegs bestehe der beste Schutz darin, einen starken Kämpfer auf der eigenen Seite zu haben – und für diese Rolle bieten sich leider in der Regel die Rechten an. Insgesamt wurden die zehn Jahre nach dem Ausbruch der Wirtschaftskrise in Griechenland und anderswo als ein politisches Trauma erfahren, das die Zweifel vertiefte, dass es möglich ist, die europäische Politik spürbar und positiv zu verändern. Das Brexit-Referendum und der Aufstieg der Rechten, in Deutschland, Italien und anderen Ländern, sind Ergebnisse des Misstrauens, das durch die genannten Ereignisse sowie Entscheidungen erzeugt wurde und das sich mittlerweile in Angst und sogar Hass verwandelt hat, die sich über das Thema Migration allzu leicht weiter schüren lassen.

Es waren aber auch die zehn Jahre, während der wir, die Autoren, durch den Kontinent reisten, um European Alternatives aufzubauen und Bürger für einen anderen Ansatz zu mobilisieren. Was wir erlebten, war die Geschichte einer institutionellen Zaghaftigkeit von oben und einer versteckten Vitalität von unten.

Die Geschichte der zwei Europas

»Sind Sie Lobbyist?«, fragte der Wachmann. »Nein, wir sind Bürger, wir dachten, dies sei unser Parlament …« – »Dann kann ich Sie nicht reinlassen.« Diesen aufschlussreichen Dialog führten wir 2009 am Altiero-Spinelli-Eingang des Europäischen Parlaments in Brüssel. Während unserer ersten Aktivitäten im Jahr 2007 hatten viele Menschen vorgeschlagen, European Alternatives solle sich bestimmter Themen und Missstände annehmen: der Diskriminierung der Roma, der Antwort auf die Wirtschaftskrise, der Migrationspolitik … Eines der ersten Probleme, bei dem wir das Gefühl hatten, uns damit auszukennen – und bei dem wir eine klare Vorstellung hatten, was geschehen sollte –, betraf Italien: die Medienkonzentration in den Händen von Silvio Berlusconi, der dort gerade zum vierten Mal Ministerpräsident geworden war. Wenn eine funktionierende europäische Demokratie den Zugang zu Informationen aus unterschiedlichen Quellen voraussetzt, stellte das aus unserer Sicht einen problematischen Präzedenzfall dar. Etwas naiv tauchten wir denn also vor dem Europäischen Parlament auf, in der Vorstellung, wenn so ein Parlament existiert, müsse es doch gewiss gegen jeglichen Missbrauch von Macht angehen, der mit den Grundlagen der europäischen Demokratie unvereinbar ist.

Wie sich herausstellte, ist es gar nicht so leicht, in das Parlament hineinzukommen: Dafür muss man entweder akkreditierter Journalist oder Lobbyist sein oder eine Einladung von einem Mitglied des Parlaments haben, das einen Assistenten schickt, um einen abzuholen. Mit ein wenig Einfallsreichtum schafften wir es schließlich ins Gebäude. Wir klopften an Türen und erklärten all jenen, mit denen wir sprachen, das Parlament solle etwas gegen die Medienkonzentration in Italien unternehmen. Selbstverständlich waren die meisten Parlamentsabgeordneten überrascht, uns zu sehen. Sie bekämen zwar reichlich Unternehmenslobbyistinnen zu Gesicht, sagten sie uns, aber kaum je Bürger. »Wir können uns gar nicht vorstellen, weshalb ...«, antworteten wir höflich. Manche Abgeordnete wollten nichts von uns hören, aber einige sagten, sie stimmten uns vollkommen zu und würden eine Resolution vorschlagen, die den Europäischen Rat dazu auffordert, das Stimmrecht Italiens bei europäischen Entscheidungen auszusetzen, bis das Problem der Medienkonzentration angegangen werde. Diese Parlamentarier, einige von ihnen erst 2009 gewählt und in den parlamentarischen Verfahren noch wenig bewandert, forderten uns auf, einen Entwurf für eine solche Resolution anzufertigen. Das taten wir auch prompt (nachdem wir rasch auf der Website des Parlaments nachgeschaut hatten, wie eine Resolution auszusehen hat). Natürlich benutzten uns einige Mitglieder des Parlaments, um eine Allianz zwischen verschiedenen politischen Parteien zu schmieden – ein Spiel, an dem wir uns gern beteiligten, solange sich daraus eine Abstimmung für die Resolution ergäbe.

Vor der Abstimmung versuchte das größte Mitte-rechts-Bündnis, die Europäische Volkspartei (EVP), zu deren Mitgliedern Berlusconis Forza Italia auch heute noch zählt, eine parlamentarische Debatte über die Situation in Italien zu verhindern – was scheiterte. Die EVP-Mitglieder votierten dann zusammen mit anderen rechten Parteien und ein paar verwirrten Abgeordneten, die nominell zur Linken zählten, im Parlament gegen die Resolution. Es kam zu einem Patt, was bedeutete, dass die Resolution nicht verabschiedet wurde. Das Argument war altbekannt: Die Europäische Union solle sich nicht in nationale Angelegenheiten einmischen. Wir argumentierten dagegen, erstens sei der Europäische Rat eine wichtige Instanz, weshalb mangelnder Meinungspluralismus in einem Land Auswirkungen auf die gesamte EU habe; zweitens werde eine Ausnahmeregelung für ein Land dazu führen, dass andere Mitgliedstaaten es ihm nachtun. Wie sich zeigen sollte, waren beide Einwände berechtigt. An den Beispielen von Viktor Orbán und der reaktionären polnischen Regierung von Jarosław Kaczyńskis PiS-Partei, die beide Maßnahmen gegen die Medienvielfalt ergriffen haben, erkennt man, dass sich das Problem ausbreitet. Die Europäische Kommission versucht nun, im Nachhinein noch Wege zu finden, diese Länder zu sanktionieren, auch wenn es dafür in vielerlei Hinsicht deutlich zu spät ist. Die EVP schützt Orbán weiterhin, Orbán schützt die polnische Regierung – und auf diese Weise wirken Schlüsselinstitutionen der EU langsam wie mafiöse Erpresserorganisationen.

Wir setzten uns weiter für Medienpluralismus ein (indem wir eine entsprechende Europäische Bürgerinitiative starteten[27]) und hielten eine Reihe von Versammlungen in ganz Europa ab, um Themen und Ideen zu besprechen, die für die europäischen Bürgerinnen und Bürger relevant sind. Bis zur Europawahl 2014, nach mehr als 80 solcher Versammlungen in zwölf Ländern, hatten wir ein Bürgermanifest voller innovativer Lösungsvorschläge für die ökonomische, ökologische und kulturelle Krise in ganz Europa erarbeitet.[28] Mit diesem Manifest reisten wir – dieses Mal mit Wohnwagen – durch 18 EU-Länder und diskutierten darüber mit vielen Bürgern, die hofften, diese Europawahl werde anders verlaufen. Immerhin war es inzwischen sechs Jahre her, dass die Finanzkrise begonnen hatte ... Doch die Wahl war ein Reinfall: Langweilige, provinzielle Kampagnen führten zur niedrigsten Wahlbeteiligung in der Geschichte des Europaparlaments.

Zyniker werden nun sagen, dass das eigentlich nicht weiter überraschend sei: Es wisse doch jeder, dass Europawahlen von zweitrangiger Bedeutung sind und die meisten Menschen glauben, das Parlament habe keine substanzielle Macht, die Politik der Europäischen Union sei kompliziert, zu weit von den Menschen weg etc. Wir wissen all das, und wir waren auch nicht wirklich überrascht. Aber wir stießen eben auf eine sehr tiefe Kluft zwischen der Energie der Bürgerinnen und Bürger mit all ihren Vorschlägen, Ideen und Initiativen und dem uninspirierten, langweiligen Europawahlkampf. Abgesehen von ein paar kleinen Ausnahmen, etwa dem Durchbruch von Podemos in Spanien oder der Wahl einiger Vertreter von Piratenparteien ins Europaparlament, schienen die Institutionen der EU vollkommen unfähig, sich mit der Energie der Bürger zu verbinden. Das Europäische Parlament steht also Lobbyisten offen, während es für seine Bürgerinnen und Bürger verschlossen ist, und die europäische Demokratie verbleibt unter dem Einfluss des großen Geldes – voller Angst vor den Menschen, die sie eigentlich repräsentieren sollte.

Tatsächlich hat in Europa ein Vertrauensverlust stattgefunden: Er begann damit, dass die Volksvertreter das Vertrauen in die Menschen verloren, die sie repräsentieren sollen. Und tatsächlich gibt es ein Europa der verschiedenen Geschwindigkeiten, aber es sieht nicht so aus, wie es sich die Europapolitikerinnen ausmalen, die diese Formel häufig im Munde führen. Stattdessen sind viele Bürgerinnen und Bürger auf der Überholspur weit vorausgeeilt, während die Institutionen hinterherhinken, gebremst durch Gezänk zwischen den Mitgliedstaaten und der nationalen Weltsicht der meisten politischen Kräfte.

Ein Heilmittel gegen Impotenz?

Nach Jahren, in denen das Wählen zu einem impotenten Akt geworden zu sein schien, der zwar mit Symbolkraft aufgeladen ist, aber ohne echte Wirkung bleibt, ist es nun für viele der rechte Populismus, der der Stimmabgabe wieder Gewicht verliehen hat. Eine Abstimmung in Großbritannien oder Italien kann nun ganz Europa ins Wanken bringen, eine Wahl in den USA kann die ganze Welt erschüttern. Tragischerweise scheinen es die Populisten von rechts außen zu sein, die als Erste erfolgreich das Mantra der Alternativlosigkeit attackieren und damit zumindest eine Illusion von Souveränität und Demokratie herstellen.

Der amerikanische Aktivist und Filmemacher Michael Moore sprach in diesem Zusammenhang von einem Molotowcocktail: »Die Leute sind verärgert. Sie sind wütend auf das System, und sie sehen in Trump [...] einen menschlichen Molotowcocktail, den sie zusammen mit dem Brexit in das System werfen, um es in die Luft zu sprengen und so eine Botschaft zu senden.«[29] Dabei geht es jedoch um mehr als reinen Symbolismus, um mehr als das Senden einer Botschaft an die Eliten. Trump, die Brexit-Befürworter und viele andere Akteure der neuen Rechten sind zu Symbolen eines Auswegs aus dem ewigen Sonntag der regierenden Eliten geworden, eines Establishments, das im Stillstand feststeckt und nicht mehr anzubieten hat als ein »Weiter so«. Sie bieten ein heroisches Narrativ an, das Beppe Grillo, der Komiker und Gründer der italienischen Fünf-Sterne-Bewegung, die es innerhalb weniger Jahre von einer Randgruppe zur Regierungspartei schaffte, folgendermaßen auf den Punkt brachte:

> Wir sind die wahren Helden! Helden, die experimentieren, die die Verlierer und jene an sich ziehen, die sich nicht anpassen können. Denn Versagen ist Poesie [...]. Diejenigen, die es hartnäckig versuchen, die Barbaren, werden am Ende die Welt nach vorn bringen. Und wir sind die Barbaren! Und die wahren Idioten, die Populisten und Demagogen sind die Journalisten und Intellektuellen, die sich dem Regime und den Machthabern vollkommen unterworfen haben.[30]

Der autoritäre Schwung kann einer Mehrheit unter den Bürgern die Illusion echten Wandels vermitteln, und zwar nicht durch die »anpassungsfähige« Demokratie, sondern durch die Muskeln des starken Mannes – von Ungarn bis in die USA, von den Philippinen bis Brasilien. Paradoxerweise kann aus solchem Handeln ein makabres Gefühl der Ermächtigung erwachsen. Doch selbst wenn eine autoritäre Regierung, zumindest zu Beginn, den Anschein erwecken mag, dem Willen der Mehrheit Geltung zu verschaffen, entwickelt sie sich doch unweigerlich zu einem Regime, in dem jeder Einzelne zu einer einsamen, isolierten Minderheit wird.[31] Im ekstatischen Augenblick des Sieges ist diese Zukunft freilich noch weit entfernt. Man glaubt, das zurückzubekommen, was einem vermeintlich zusteht, es fühlt sich an, als würde das Pendel nun wieder schlagen. Die Welt bewegt sich, mit Beppe Grillo gesprochen, wieder nach vorn, man hat die Kontrolle zurück. Auch wenn viele davon träumen, dass die Uhr sich von nun an rückwärts bewegen möge.

Interregnum

Wie bereits erwähnt, ist es üblich geworden, Gramsci zu zitieren, um die Situation zu beschreiben, in der Europa sich nach der Finanzkrise befindet. Wir sind in eine Phase des »Interregnums« eingetreten, in der »das Alte stirbt und das Neue nicht zur Welt kommen kann«. Gramsci wird häufig falsch zitiert, also wollen wir die entsprechende Passage hier etwas ausführlicher wiedergeben:

> Wenn die herrschende Klasse den Konsens verloren hat, das heißt nicht mehr »führend«, sondern einzig »herrschend« ist, Inhaberin der reinen Zwangsgewalt, bedeutet das gerade, daß die großen Massen sich von den traditionellen Ideologien entfernt haben, nicht mehr an das glauben, woran sie zuvor glaubten usw. Die Krise besteht gerade in der Tatsache, daß das Alte stirbt und das Neue nicht zur Welt kommen kann: in diesem Interregnum kommt es zu den unterschiedlichsten Krankheitserscheinungen [...]. Indessen wird die physische Bedrückung auf die Dauer zu einem verbreiteten Skeptizismus führen, und es wird eine neue »Kombination« entstehen ...[32]

In Worten, die auch heute noch Resonanz finden, umreißt Antonio Gramsci die parabelförmige Karriere eines Establishments, das bei den Menschen seine Legitimität verliert und in der Folge zu einem Zwangsapparat wird. In die Defensive gedrängt, ist eine solche Elite dann vor allem damit beschäftigt, das Aufkeimen alternativer Ideologien einzudämmen, eine Haltung, wie sie etwa in Donald Tusks Worten über den Griechischen Frühling zum Ausdruck kommt. Indem sie die Entstehung einer glaubwürdigen Alternative behindert, befördert sie in der Gesellschaft Mutlosigkeit, Skepsis und Entpolitisierung. Das ist die Zeit der Zombies, in der die Realität sich zu verformen beginnt und von der bekannten Vergangenheit entfernt. In der Zwischenzeit wird eine neue Ordnung geschaffen – meist zugunsten der Eliten, wenn diese clever agieren.

Zahlreiche Augenblicke markieren den Beginn des jüngsten Interregnums in Europa und den USA. Das Establishment musste Rückschläge hinnehmen, die Vertrauen und Konsens untergraben haben – der Protest gegen den Irakkrieg, von Tony Blair und George W. Bush ignoriert, war eindeutig ein solcher Rückschlag. Die Finanzkrise, die verschiedene Länder und verschiedene Teile der Bevölkerung traf, lieferte gleich eine ganze Reihe solcher Augenblicke: angefangen mit den Zwangsräumungen in den USA, dann in Ländern wie Ungarn, innerhalb des Europäischen Binnenmarktes, aber außerhalb der Eurozone, dann in den schwächsten Staaten der Eurozone – Griechenland, Irland, Spanien, Italien … Die langfristigeren Prozesse der Globalisierung, der Liberalisierung des Welthandels, der technologischen Innovation und der Provinzialisierung Europas (und sogar der USA) im Zusammenhang mit dem Aufstieg anderer Länder und Erdteile sind allesamt mit diesem Interregnum verknüpft. Darüber hinaus hat sich die wachsende Kluft zwischen den Herrschenden und den Beherrschten im Westen mit Entwicklungen in Südost- und Ostmitteleuropa verbunden, wo der Zynismus und das Misstrauen gegenüber den Eliten noch aus der Zeit vor dem Wandel in den Jahren 1989 (Fall der Berliner Mauer), 1991 (Unabhängigkeit der Ukraine) und 1992 (Auseinanderbrechen Jugoslawiens) stammen. Man hatte diesen Ländern eine Rückkehr zur Demokratie versprochen, doch stattdessen erlebten sie, wie habgierige Eliten sich das zuvor öffentliche Vermögen unter den Nagel rissen. Im schlimmsten Fall wurde dieses Vermögen durch Kriege zerstört.

Gramscis Zitat wird häufig falsch übersetzt. Er spricht sehr präzise von »fenomeni morbosi«, von »Krankheitserscheinungen«, aber in privaten und öffentlichen Diskussionen ist an dieser Stelle oft von »Monstern« oder »Ungeheuern« die Rede. Wie solche Fehlübersetzungen zustande kommen, bleibt rätselhaft, sie haben jedoch eine gewisse Plausibilität, wenn man bedenkt, dass Gramsci diese Worte schrieb, nachdem die italienischen Faschisten ihn eingesperrt hatten, aber bevor die Schrecken des Faschismus im Zweiten Weltkrieg vollständig sichtbar wurden. Wenn wir Gramsci heute lesen, werden wir an Gedanken erinnert, denen W. B. Yeats bereits 1919 in seinem Gedicht »Das Zweite Kommen« Ausdruck verlieh:

> Die Besten zweifeln bloß, derweil das Pack
> Voll leidenschaftlichem Erleben ist.
> [...]
> Bloß welches derbe Tier, ist reif die Zeit erst,
> Schlurft bethlehemwärts, um zur Welt zu kommen?[33]

Heute sind wir erneut mit Dingen konfrontiert, die wie Monster oder ungeheure Taten erscheinen: Trump, der Brexit, Orbáns Referendum über Flüchtlingsquoten und Salvinis brutale Politik, das Errichten von Zäunen und Mauern, Soldaten, die an den Grenzen Geflüchtete aufhalten sollen. Die historische Vorstellungskraft eilt zwischen der Gegenwart und dem frühen 20. Jahrhundert hin und her, löst Formen der Panik aus, die man in Europa und Amerika 50 Jahre lang nicht mehr gekannt hat, und überwältigt oftmals unsere Fähigkeit, die neue Lage sorgfältig zu deuten. Dieser Kollaps der historischen Zeit, der Umstand, dass die Vergangenheit auf uns zurast und die Zukunft verschwindet, markiert das Ende einer Epoche, die Abenddämmerung einer sterbenden Welt.

Tiefer liegende Symptome

Dass all diese Ungeheuer erschienen sind, hat mit vielen politischen Versäumnissen zu tun, nicht zuletzt damit, dass die regierenden Eliten die Krankheitserscheinungen missachteten, die den Zusammenbruch ihrer Autorität ankündigten, während die progressiven Kräfte nicht in der Lage waren, ihren Platz einzunehmen. Vor allem aber wurden die Ungeheuer dadurch erzeugt, dass Mainstream-Politikerinnen und -Politiker die Krankheitserscheinungen opportunistisch für sich instrumentalisiert haben. Denn während die regierenden Eliten in der Regel nicht gewillt waren, in wirtschaftlicher Hinsicht Kompromisse einzugehen, haben sie bei Werten und Humanität häufig nachgegeben. Um nur drei Beispiele aus den Jahren des »Dritten Wegs« zu nennen: In seiner Rede zur Lage der Nation im Jahr 1995 brüstete sich Bill Clinton damit, »doppelt so viele kriminelle Ausländer« abgeschoben zu haben als jeder Präsident vor ihm, und behauptete, diese Menschen hätten möglicherweise Stellen besetzt, die ansonsten amerikanische Bürgerinnen und Bürger bekommen hätten. Als Großbritannien 2005 den EU-Ratsvorsitz innehatte, propagierte der britische Premierminister Tony Blair ein Narrativ, das Asylsuchende, Immigranten, Terroristen und

Kriminelle in einen Topf warf. Premierminister Gordon Brown prägte 2009 den Slogan »Britische Jobs für britische Arbeiter«. Die Äußerungen von Clinton, Blair und Brown sind nicht so moralisch bankrott wie die von May, Salvini, Strache oder Trump, aber sie versprühten bereits das Gift, das die Ungeheuer erschaffen hat. Die Jahre des Dritten Wegs als eine Ära der fröhlichen Globalisierung, ungehemmten Migration und des Verschwindens der Nationalstaaten darzustellen ist eine Schönfärberei, die den radikalen Rechten in die Hände spielt.

In jüngerer Zeit bediente sich Angela Merkel – die zumindest bis zur Bundestagswahl in Deutschland 2017 von einigen ehrfürchtig als »Anführerin der freien Welt« bezeichnet wurde – zu einem frühen Zeitpunkt der Eurokrise zynisch des Mythos, die Griechen seien faul. Damit trug sie in Deutschland zu einem Meinungsklima bei, das jeden Kompromiss ablehnte, und indirekt stärkte sie so auch die Glaubwürdigkeit der AfD. Nicolas Sarkozy hielt 2010 als Präsident der Französischen Republik in Grenoble eine Rede, in der er unterstrich, es gebe einen Zusammenhang zwischen 50 Jahren unzureichend regulierter Migration, einer wachsenden Zahl von Roma und der Gewaltwelle, die die Stadt in jener Zeit erlebte. Er schlug vor, Straftätern die Staatsbürgerschaft abzuerkennen. Der Gründer des Front National, Jean-Marie Le Pen, reagierte, indem er Sarkozy aufrief, seinen Worten Taten folgen zu lassen. Und tatsächlich startete Sarkozy schon bald ein brutales Programm: Roma-Siedlungen wurden geräumt, Hunderte Menschen abgeschoben.

Infolge dieses zynischen Verhaltens der Mainstream-Politiker dominiert mittlerweile die extreme Rechte die europäische und nun auch die amerikanische Politik. Wo das Beispiel Syriza uns gelehrt hat, dass man an der Regierung sein kann, ohne jegliche Regierungsmacht innezuhaben, zeigt uns die extreme Rechte, dass es möglich ist, weit von einer Regierungsbeteiligung entfernt zu sein und dennoch über die Macht zu verfügen, neu zu definieren, was wichtig ist, was als akzeptable politische Sprache gilt und wie akzeptable politische Antworten aussehen. Eine winzige, aber mit beachtlichen finanziellen Mitteln ausgestattete nationalistische, rechtsextreme und fremdenfeindliche Minderheit hat die Kulturkämpfe gewonnen und die Grenzen dessen verschoben, was noch als anständig gilt. Doch das ist ihr nur gelungen, weil es den Mainstream-Politikerinnen an moralischem Rückgrat fehlt und, schlimmer noch, weil diese sich durch ihren Opportunismus zu Komplizen gemacht haben. Früher oder später gelangen die Rechten an oder in die Regierung, und ab dann ist nur noch wenig Widerspruch zu vernehmen: Man denke nur an die Wahl 2017 in Österreich, wo sich eine Regierungsbeteiligung von Straches FPÖ lange angekündigt hatte, und der Vorsitzende der stärksten Partei, Sebastian Kurz von der ÖVP, einfach den Diskurs seiner Rivalen von rechts übernahm.

In der Kurzgeschichte »Deutsches Requiem«, verfasst in der Zeit nach dem Zweiten Weltkrieg, lässt Jorge Luis Borges den Nazi-Kommandanten Otto Dietrich seine letzten Worte sprechen, während dieser nach den Nürnberger Prozessen das Exekutionskommando erwartet. Überraschenderweise behauptet Dietrich, Deutschland habe obsiegt. Die Alliierten mögen den Krieg gewonnen haben, argumentiert er, aber dafür mussten sie sich erst in eine Tötungsmaschine verwandeln, die ebenso gnadenlos sei wie das Dritte Reich. Deutschland sei untergegangen, aber das, wofür es stand – ein neuer Mensch, geschmiedet aus Eisen, Blut und Gewalt –, habe sich durchgesetzt und die Sieger besiegt. An diesem Punkt stehen wir in Europa glücklicherweise noch nicht, aber mit seinem typischen Sinn für das Paradoxe erinnerte uns Borges an die schaurige Einsicht, dass wir selbst im Sieg verlieren können, wenn wir unsere Werte aufgeben und zulassen, dass wir uns in ein Spiegelbild unserer Gegner verwandeln.

Die Politik, die das Establishment in den letzten Jahren betrieben hat, war sowohl moralisch verwerflich als auch praktisch ineffektiv. Zugeständnisse an die Forderungen von rechts außen werden nichts an den eigentlichen Ursachen für die Unterstützung extremistischer Parteien ändern, im Gegenteil. Ab dem letzten Viertel des 19. Jahrhunderts führte der Druck sozialistischer Bewegungen zu einer Reihe von Zugeständnissen, die die westlichen Staaten revolutionierten. Diese wurden häufig von liberalen oder konservativen Parteien gewährt, die der gesellschaftlichen Konflikte überdrüssig waren oder sich nach der Oktoberrevolution vor der sozialistischen Bedrohung fürchteten. Der neue soziale Pakt bezog große Teile der unteren Schichten in den demokratischen Prozess ein (und versöhnte sie so, wie einige Revolutionäre argumentierten, mit dem Kapitalismus) und stellt insofern ein Lehrbuchbeispiel für Inklusion durch Zugeständnisse und Vereinnahmung dar. Ein Nachgeben gegenüber der nationalistischen Rechten wird heute allerdings nichts Vergleichbares bewirken. Forderungen nach kürzeren Arbeitszeiten, einem öffentlichen Gesundheitssystem und Sozialversicherungen entsprachen den materiellen Bedürfnissen der schwächsten Bevölkerungsteile. Auf diese Bedürfnisse einzugehen stellte eine schlüssige Antwort an jene dar, die sich auf der Verliererseite des Kapitalismus wähnten. Mit anderen Worten: Es gab eine gewisse Kohärenz zwischen den materiellen Ursachen der sozialen Unzufriedenheit, den Forderungen der unteren Schichten und den politischen Antworten des Establishments. Heute liegen die Dinge anders: Die demokratische Entmündigung und das soziale Leid großer Teile unserer Gesellschaften haben nichts mit Geflüchteten oder dem Islam zu tun. Eine Verringerung der EU-Binnenmigration wird nichts dazu beitragen, dass es den Bürgerinnen und Bürgern des von Deindustrialisierung und Prekarisierung verwüsteten britischen Hinterlands besser geht. Ein Aufnahmestopp für Geflüchtete wird in Ostdeutschland wenig ausrichten nach drei Jahrzehnten der gebrochenen Versprechen und der strukturellen wirtschaftlichen Ungleichheit. Und auch die Drohung mit einem Entzug der Staatsbürgerschaft wird die wirtschaftliche und soziale Apartheid in den französischen Banlieues nicht beenden. Die Freizügigkeit zu beschränken oder ganze Länder abzuschotten liefert lediglich Rechtfertigungen für jene, die fälschlicherweise behaupten, dies seien die richtigen Antworten auf wirtschaftliche und soziale Unsicherheit, während die wahren Ursachen der Missstände, bei denen wirtschaftliche, soziale und kulturelle Faktoren auf komplexe Weise zusammenwirken, unangetastet bleiben. Das Resultat werden immer wieder neue Forderungen nach noch höheren Mauern und noch stärker befestigten Grenzen sein. Die Katastrophe ist damit vorprogrammiert.

Auftritt der Depression

Gramsci wies darauf hin, eine der aus einer blockierten politischen Lage resultierenden Krankheitserscheinungen sei »physische Bedrückung«. 2017 warnte die Zeitschrift *Scientific American*, die Suizidraten seien auf dem höchsten Stand seit 30 Jahren, der Drogenmissbrauch habe die Ausmaße einer Epidemie angenommen, und seelische Gesundheitsprobleme ließen sich immer schlechter behandeln, obwohl die Mittel gegen andere Krankheiten und Verletzungen effektiver würden.[34] Das European College of Neuropsychopharmacology gab schon 2011 bekannt, dass knapp 40 Prozent der Europäerinnen und Europäer unter psychischen Erkrankungen leiden und dass »psychische Störungen zur größten gesundheitlichen Herausforderung Europas im 21. Jahrhundert« geworden sind.[35] Natürlich erklären sich diese Statistiken teilweise mit dem Altern der Bevölkerung und verbesserten Diagnoseverfahren. Es gibt aber auch Anzeichen dafür, dass die seelische Gesundheit insbesondere junger Menschen abnimmt. So legt etwa der *EU-Jugendbericht* der Europäischen Kommission von 2015 nahe, dass in Europa insbesondere junge Menschen häufiger als früher unter psychischen Problemen leiden.[36] Angesichts von Prekarität, Verschuldung, unsicheren Zukunftsperspektiven und einer blockierten politischen Lage wäre dies keine allzu große Überraschung.

Die allgemein depressive Stimmung nährt ihrerseits andere Krankheitserscheinungen. Wir haben viele Gespräche mit jungen Freunden geführt, die entsetzt sind über die Politik und die Sprache von Kandidaten wie Marine Le Pen, die aber zugleich überzeugt sind, Wandel könne nur noch herbeigeführt werden, indem man dem System einen Schock versetzt, etwa durch den Wahlsieg einer Partei wie des Front National in einem wichtigen Land. Auf diese Weise werden nicht nur die Verzweifelten von den Reaktionären und den Rassisten dazu verführt, für ihre brutalen Kandidaten zu stimmen, sondern es gehen ihnen auch die Deprimierten und jene in die Falle, die jegliche Hoffnung verloren haben, bis auf die apokalyptische Hoffnung auf eine Endabrechnung mit dem Bösen. Das Vertrauen in die traditionellen Mechanismen der repräsentativen Demokratie ist so nachhaltig zerstört, dass nur noch ein Kollaps des Systems als realistischer Vorschlag erscheint, um die Uhr der Demokratie neu in Gang zu bringen. Alles muss in sich zusammenfallen, damit sich alles ändern kann.

Alles auf Veränderung

In Giuseppe Tomasi di Lampedusas Roman *Der Gattopardo* spricht der junge Tancredi Falconeri die berühmten Worte: »Wenn alles bleiben soll, wie es ist, muss sich alles ändern.« Nach dem Risorgimento, der Einigung des italienischen Nationalstaates im 19. Jahrhundert, erkennt dieser Neffe eines sizilianischen Adligen, dass eine tief greifende Anpassung nötig sein wird, damit die Aristokraten ihre Privilegien behalten können. Diese Maxime lässt sich als Gipfel des elitären Bewusstseins verstehen, als ultimative Erkenntnis, dass die Menschen, anders als alle übrigen Tiere, in der Lage sind, sowohl ihre Umwelt zu transformieren als auch sich selbst anzupassen, indem sie ihre Lebensweise ändern. Die entscheidende strategische Frage ist dann also: Wer hat die Macht, Veränderungen ober aber Anpassungen herbeizuführen? Welche Veränderungen? Wer setzt diese Veränderungen durch? Wer passt sich ihnen an? Von den Antworten auf diese Fragen hängt alles ab.

In den letzten Jahren verfügten Bürgerinnen und Bürger über sehr wenig Handlungsmacht, um Veränderungen herbeizuführen, und viele von uns verfügen nur über schwache Ressourcen, um uns den durchgeführten Veränderungen anzupassen: Dies gilt für Menschen, die sich mit Minijobs gerade so über Wasser halten, oder für jene, die von der Schließung von Fabriken betroffen sind. Vieles hat sich verändert, aber der Wandel wurde nicht von politisch handelnden Bürgerinnen und Bürgern vorangetrieben, und jene, die in unserem Namen handelten, handelten nicht gerecht, wo es darum ging, diesen Wandel zu steuern oder Ressourcen für diejenigen bereitzustellen, die die größten Anpassungskosten tragen.

In der Zwischenzeit haben sich enorme technologische, wirtschaftliche, geopolitische, demografische und klimatische Veränderungen vollzogen, ohne dass die Menschen auch nur einen Hauch des Gefühls gehabt hätten, angesichts dieser Prozesse handlungsfähig zu sein. Gleichzeitig hat man ihnen regelmäßig erzählt, die Politik selbst könne nichts anderes tun, als sich passiv anzupassen. Das ist zugleich eine Negation der Idee von Politik und selbst ein veritabler politischer Akt.

Zu Beginn dieses Kapitels haben wir argumentiert, die Anpassungsfähigkeit der Demokratie gründe in der Möglichkeit geordneter politischer Auseinandersetzungen sowie darin, dass die Forderungen der Schwächsten echten Wandel in den Institutionen bewirken können, woraus sich die Möglichkeit ergibt, den gescheiterten Status quo im Rahmen des kriselnden Systems zu überwinden. Heute sind unsere Demokratien jedoch immer weniger in der Lage, Dissens in kohärente politische Alternativen zu übersetzen. Sie funktionieren nicht länger so, dass wir über sie die großen Veränderungen unserer Zeit beeinflussen könnten, weshalb sich die öffentliche Debatte in eine ineffektive Form der Ablenkung verwandelt, in der engstirnige Standpunkte dominieren. Unsere Demokratien degenerieren zu »starren« Systemen, die zum Status quo kaum eine andere Alternative bieten als ihren eigenen Zusammenbruch.[37] Die Resilienz, von der der chinesische KP-Funktionär Zhang Ying sprach, verschwindet.

Vielleicht sollten wir den Satz aus *Der Gattopardo* umdrehen: Da der Forderung nach einer Alternative so lange der Ausdruck versagt wurde, muss heute, wenn sich alles ändern soll, einfach alles bleiben, wie es ist.

Die wahre Krise unserer Zeit ist eine Krise der Demokratie. »Change we can believe in« war einer der berühmtesten Wahlkampfslogans von Obama. Aber dieses Versprechen wurde in den USA und in Europa immer wieder enttäuscht. Ist es noch immer möglich, echten Wandel herbeizuführen, ohne das System als Ganzes abzulehnen? Mehr und mehr Menschen kommen zu dem Schluss, dass das nicht möglich ist. Wie oft hat man uns versprochen, großartige Montage stünden unmittelbar bevor, ohne dass wir ihnen auch nur eine Stunde näher gekommen wären? Während die Uhr der Geschichte weitertickt, ist die große Uhr der westlichen Demokratie stehen geblieben.

Uhren an Land und Uhren auf See

Mit dem Longitude Act lobte das britische Parlament 1714 eine Belohnung für die Erfindung eines Verfahrens aus, um die geografische Länge eines Schiffes auf dem offenen Meer zu bestimmen. Sieben Jahre zuvor waren vier Schiffe der Royal Navy in der gefährlichen See vor den Scilly-Inseln am südwestlichen Ende des Ärmelkanals auf Klippen gelaufen und gesunken. Den Breitengrad konnten die Seeleute ermitteln, indem sie die Sterne oder die Sonne beobachteten, um den Längengrad zu berechnen, musste man allerdings die Zeit messen, und die Mitte des 17. Jahrhunderts erfundenen Pendeluhren funktionierten auf See nicht. Während der ersten Hälfte des 18. Jahrhunderts versuchten Erfinder in ganz

Europa, allen voran der Tischler John Harrison aus Yorkshire, die Schiffschronometer zu perfektionieren. Eine Vielzahl verschiedener Systeme wurde erprobt, von denen jedes einen anderen Aspekt des Problems zu lösen versuchte – das eine kam besonders gut mit rauer See zurecht, das andere mit Temperaturschwankungen oder Feuchtigkeit usw. Die Suche nach immer noch perfekteren Chronometern dauerte bis ins 20. Jahrhundert an.

Der mit dem Wirtschaftsnobelpreis ausgezeichnete Sozialwissenschaftler und Theoretiker der künstlichen Intelligenz Herbert Simon machte eine wichtige Bemerkung über die Geschichte der Erfindung des Schiffschronometers: Eine funktionierende Uhr hängt nicht nur von ihrem Mechanismus und ihrem Material ab, sondern auch von ihrer Umgebung.[38] Eine Sonnenuhr ist nutzlos an Orten, an denen die Sonne nicht scheint. Eine Pendeluhr ist nutzlos auf See. Mit dieser einfachen Beobachtung definierte Simon ein Artefakt als Interface zwischen der »inneren« Umgebung von etwas – der Struktur und Funktionsweise – und der »äußeren« Umgebung – der Umwelt, in der es operiert.

In ähnlicher Weise erinnert unsere heutige Politik an eine Uhr, die für eine andere Umgebung, eine andere Zeit angefertigt wurde. Daher scheint sie für viele stehen geblieben zu sein, während um sie herum Stürme wüten: Wir fürchten, an den Klippen zu zerschellen, und überlegen vielleicht schon, wie wir entweder uns selbst oder »Frauen und Kinder zuerst« retten können – je nach Ausprägung unseres Temperaments und unseres Egoismus. Um genau zu sein: Nicht nur unsere Politik, sondern auch unsere politischen Institutionen sowie unsere Art und Weise, über Politik nachzudenken, passen nicht in die heutige Zeit. Wenn wir erfolgreich navigieren wollen, werden wir sie neu erfinden müssen.

Ressentiment wie Hoffnung konzentrieren sich häufig entweder auf bestimmte politische *Inhalte* oder aber auf *Gesichter* – die Biografien der Mächtigen oder derer, von denen wir wünschten, sie würden sie ersetzen. Wir glauben jedoch, dass wir tiefer eintauchen müssen, wenn wir im Angesicht der anstehenden Turbulenzen politische Handlungsfähigkeit zurückgewinnen wollen. Um eine neue Uhr für eine neue Umwelt zu entwickeln, müssen wir insbesondere unser Verständnis der *Nation* infrage stellen und eine neue, Grenzen überschreitende Politik vorantreiben. Darum soll es im Folgenden gehen.

2. Der Zauberer von Oz

> Die modernen Nationalitäten sind lediglich künstliche Hilfsmittel für den Handelskrieg, dem wir ein Ende bereiten wollen, und werden gemeinsam mit ihm verschwinden.
>
> *William Morris, 1889*

Der Schachtürke

1769 überreichte der geniale Erfinder Wolfgang von Kempelen der österreichischen Kaiserin Maria Theresia ein sehr spezielles Geschenk: einen orientalisch aussehenden Roboter, der autonom Schach spielen konnte. Sogleich als Wunder der modernen Wissenschaft bejubelt – immerhin war dies das Jahrhundert der Aufklärung –, bekam die Maschine den Namen »Schachtürke« verpasst und wurde auf Weltreise geschickt. Sie war bald dermaßen populär, dass 1809 sogar Napoleon höchstpersönlich gegen den Roboter spielte (und verlor), während Edgar Allan Poe einer Vorführung in Philadelphia beiwohnte und einen Artikel verfasste, in dem er versuchte, sein Geheimnis zu ergründen.

Aber es war alles nur ein Schwindel: In der Maschine saß ein Kleinwüchsiger, der dank eines komplexen Mechanismus aus Spiegeln und Fäden von innen dem Spiel folgen und die Arme der Puppe führen konnte. Während es zwei Jahrhunderte bevor künstliche Intelligenz zum elektrisierenden Schlagwort wurde noch nicht zu einer robotischen Revolution reichte, steht dieser Betrug dennoch symbolisch für die Leidenschaft der Aufklärung für Naturwissenschaften, Optik und das Spiel mit der Illusion, das Jahrmärkte auf der ganzen Welt füllen sollte.

Der Schachtürke steht allerdings noch für etwas anderes: den Schwindel, mit dem uns unsere Wirtschaft verkauft wird.

Heutzutage ist häufig von der Notwendigkeit die Rede, den Vorrang der *Politik* vor der *Wirtschaft*, der Demokratie vor den Märkten wiederherzustellen. Doch das ist eine Illusion – als funktionierten Märkte durch Magie oder irgendeinen fantastischen Mechanismus der Natur! Es ist genau diese Illusion, die viele glauben lässt, angesichts der global operierenden Finanzwelt könne man ohnehin nichts tun. Das liege daran, so wird behauptet, dass der Finanzkapitalismus unsere Fähigkeit zu Reformen drastisch reduziert habe; er habe die Arbeiterbewegung fragmentiert und behindere die Handlungsfähigkeit der Politik; er habe also alle Akteure aus dem Spiel genommen, die ihm Grenzen hätten setzen können, weshalb Wahlen heute nicht länger in der Lage seien, irgendetwas zu beeinflussen. Die Uhr der Demokratie ist nicht kaputt, stattdessen wurde sie durch die Maschinerie der Wirtschaft ersetzt, und wir sind nichts weiter als ihre Marionetten.

In Wahrheit stellt es natürlich an sich schon einen politischen Akt dar, der Wirtschaft zu gestatten, als autonome Sphäre zu agieren, und zwar einen Akt, der durch politisches Handeln permanent reproduziert werden muss. Innerhalb einer Maschine, die automatisch oder magisch zu funktionieren scheint, versteckt sich die Politik, die diese Maschine bedient. Genau wie unser Kleinwüchsiger.

Die Illusion funktioniert nur dank einer dualen Ideologie, die zugleich den Markt idealisiert und das nationale Prisma liefert, durch das wir Politik zu betrachten konditioniert sind. Sie ist überaus überzeugend und schwer aufzulösen. Wir müssen also etappenweise vorgehen und uns ein wenig mit den historischen Hintergründen befassen. Die ökonomische Krise, welche die Europäische Union in den letzten Jahren durchgemacht hat, bietet uns jedoch sehr gutes Anschauungsmaterial, um die Tricks zu durchschauen, mit deren Hilfe diese Illusion funktioniert, und ein paar Vorschläge zu formulieren, damit wir uns nicht noch einmal täuschen lassen.

Die Geburt des entbetteten Marktes

Zum Einstieg ist es sinnvoll, zu den Ursprüngen der Marktwirtschaft selbst zurückzugehen. In seinem Klassiker *The Great Transformation* aus dem Jahr 1944 stellt Karl Polanyi im Zusammenhang mit der Entstehung des Marktliberalismus im England des 19. Jahrhunderts Folgendes fest:

> Nichts war natürlich an der Praxis des *Laissez-faire*; freie Märkte wären niemals bloß dadurch entstanden, daß man den Dingen ihren Lauf ließ. So wie die Baumwollfabriken – die führende Freihandelsindustrie – mit Hilfe von Schutzzöllen, Exportprämien und indirekten Lohnsubventionen geschaffen wurden, wurde sogar der Grundsatz des *Laissez-faire* selbst vom Staat durchgesetzt. Die dreißiger und vierziger Jahre [des 19. Jahrhunderts] brachten nicht nur zahlreiche Gesetze, durch die restriktive Vorschriften aufgehoben wurden, sondern auch eine enorm gewordene Verwaltungstätigkeit des Staates, der nun mit einer Zentralbürokratie ausgestattet wurde, um die von den Liberalen gestellten Aufgaben zu bewältigen.[1]

Mit anderen Worten: Der Liberalismus war geplant.

Auf der einen Seite musste der Staat sich immer mehr in eine Art Panoptikum verwandeln (jenes disziplinierende Gefängnissystem, das Jeremy Bentham im späten 18. Jahrhundert entworfen hatte), um die Etablierung der Marktwirtschaft zu überwachen. Es galt, ein administratives System zu errichten, damit die Märkte einen zentralen Platz im gesellschaftlichen Leben einnehmen konnten. Dieses System umfasste so unterschiedliche Dinge wie ein entsprechendes Vertragsrecht, den Schutz des Privateigentums, ein Währungssystem, Kreditmärkte, Lohnarbeit und so fort. Zudem war es notwendig, Strategien für den Umgang mit gesellschaftlichen Gegenbewegungen und disruptiven politischen Aktionen jener Gruppen zu entwickeln, die unter der Transformation besonders zu leiden hatten, was zu einer beträchtlichen Ausdehnung des staatlichen Überwachungs- und Repressionsapparats führte.

Auf der anderen Seite musste der Staat dafür sorgen, dass die Armen … arbeiteten. Dies erforderte drakonische neue Gesetze, zumal es dabei vor allem um Landarbeiter ging, die ausgesprochen wenig Lust hatten, ihre Felder zu verlassen, um für ein geringfügig besseres Einkommen wie Sklaven in den Fabriken zu schuften. Von der Abschaffung des Speenhamland-Systems (einer Art garantiertem Grundeinkommen für die arme Landbevölkerung) bis zur Beseitigung verbliebener Beschränkungen für den An- und Verkauf von Land, von den berüchtigten Armengesetzen, die Armut kriminalisierten, bis zum Abbau von Zöllen und Zuschüssen für Getreide war der Staat damit beschäftigt, den Schutz der Landbevölkerung zu verringern, jene mit Hunger zu bedrohen, die sich der neuen industriellen Armee nur zögerlich anschlossen, und sowohl Boden als auch Arbeit in Waren zu verwandeln.

Die Rückkehr der Illusion natürlicher Märkte

Parallelen zu der von Polanyi erzählten Geschichte finden wir in der zweiten Explosion des Marktes nach der »neoliberalen« Wende der siebziger und achtziger Jahre. Neoliberalismus ist ein Oberbegriff für ein Bündel wirtschafts- und finanzpolitischer Maßnahmen, bei denen die Autonomie des Marktes, die Entfesselung der Finanzwirtschaft sowie die Vorstellung im Mittelpunkt stehen, der Staat sei lediglich ein Handlanger der Ökonomie. Der Wirtschaftsnobelpreisträger Joseph Stiglitz hat dieses System als »Marktfundamentalismus« bezeichnet. Doch auch der Erfolg des Neoliberalismus hängt davon ab, dass Menschen sich einreden lassen, es handele sich um eine spontane natürliche Ordnung, um eine aufgeklärte Möglichkeit für Machthaber, das Gedeihen ihrer Bevölkerung zu fördern – und vor allem nicht um eine weitere zerstörerische Ideologie, die nur mithilfe staatlicher Zwangsgewalt dauerhaft funktionieren kann. Sein Hauptarchitekt Friedrich von Hayek nahm sogar Anleihen bei der taoistischen Philosophie, um seine neue Anti-Ideologie zu verkaufen. Am Ende der mit »The principles of a liberal social order« überschriebenen Rede, die er 1966 auf der Tagung der Mont Pèlerin Society in Tokio hielt, schloss er noch einen kurzen Epilog an:

> Unterscheidet es sich denn so sehr von dem, was Lao-Tsu in seinem 75. Gedicht sagt?: Wenn ich aufhöre, den Menschen hineinzupfuschen, dann sorgen sie für sich selbst, wenn ich aufhöre, den Menschen zu befehlen, dann benehmen sie sich, wenn ich aufhöre, den Menschen etwas aufzudrängen, dann werden sie zu sich selbst.[2]

Dieser Epilog fügt sich nahtlos ein in eine lange Reihe falscher Aneignungen des Taoismus. Der Begriff *Laisser-faire* selbst stammt ursprünglich aus François Quesnays Schriften über China, wo er als Übersetzung für das taoistische Konzept 無為 (*wu wei*) diente, eine Art zielgerichtete Nichthandlung. Die zentralen Grundsätze des Taoismus sind die Tugenden der Drei Schätze: Mitgefühl, Genügsamkeit und Bescheidenheit. Allerdings sind die Schätze des Neoliberalismus deutlich andere, ganz gleich, was Hayek auch behauptet haben mag.

Gemäß diesem neuen Laisser-faire-Ansatz muss die angebliche Autonomie des Marktes auf jeden Bereich ausgedehnt werden, etwa auf den Arbeitsmarkt, wo die im 19. Jahrhundert einsetzende Verwandlung der Arbeitskraft in eine Ware noch weiter vorangetrieben wird. Der Staat muss die notwendige Flexibilität herstellen, indem er jene – bisweilen als »Verkrustungen« bezeichneten – Absicherungen und Garantien zerstört, die als Erbe der Vergangenheit noch übrig sein mögen, und die freie Konkurrenz (unter den Arbeitnehmern) ihren Zauber entfalten lässt. Nachdem das fordistische Modell der Massenproduktion kollabiert war, wurden die von ihm beförderten relativ stabilen und sicheren Arbeitsverhältnisse durch Null-Stunden-Verträge, unbezahlte Praktika und extreme Flexibilität zugunsten der Arbeitgeber ersetzt. Die gesamte Gesellschaft wird in einen Wettbewerb verwandelt, in dem Mitgefühl eine untergeordnete Rolle spielt.

Wenn der Markt den Staat dominieren soll, muss ihm Stärke verliehen werden, und das Kapital muss sich in privaten Händen akkumulieren dürfen. Nachdem die Steuersätze für die Wohlhabendsten in der Nachkriegszeit bei bis zu 80 Prozent gelegen hatten – um die New-Deal-Investitionen zu finanzieren, stieg er in den USA phasenweise sogar auf 90 Prozent –, wurden sie in vielen Ländern bald um mehr als die Hälfte gesenkt. Vermögenssteuern wurden beseitigt, Erbschaftssteuern reduziert oder ganz abgeschafft, Steuern auf Unternehmensgewinne sowie Kapitalerträge ebenfalls beträchtlich gesenkt. Zwar mag der Staat in einzelnen Ländern oder auf der Ebene der EU bisweilen eingreifen, um das Entstehen von Monopolen zu verhindern, doch insbesondere im Technologiesektor existieren völlig offen Oligopole, und die Konzentration der privaten Vermögen hat das aus dem 19. Jahrhundert bekannte Niveau längst wieder erreicht. So hat sich der Reichtum in den Händen einiger weniger angesammelt, und Reichtum erzeugt weiteren Reichtum. Und diejenigen an der Spitze der gesellschaftlichen Hierarchie legen in der Regel wenig Genügsamkeit oder Bescheidenheit an den Tag.

Das Maschinengewehr des Marktes

Entgegen der allgemeinen Auffassung sind die Staaten niemals so aktiv gewesen wie in den letzten 30 Jahren der neoliberalen Hegemonie. Vielleicht in einem noch größeren Ausmaß als das uneingeschränkte Laisser-faire-System des 19. Jahrhunderts ist der Neoliberalismus eine politische Konstruktion, die permanente staatliche Eingriffe erforderlich macht. Um eine zutiefst antipolitische Konstruktion handelt es sich dabei insofern, als der Neoliberalismus darauf basiert, dass die Politik die Macht repräsentativer politischer Institutionen strategisch begrenzt und der Diktatur des Marktes unterwirft.[3]

Wenn man seinen Ausgangspunkt bedenkt, ist es tatsächlich zutiefst paradox, dass der Neoliberalismus mittlerweile mit einem Verkümmern staatlicher Interventionen gleichgesetzt wird. Im Jahr 1973 wurde in Chile die demokratisch gewählte sozialistische Regierung Salvador Allendes durch einen von General Augusto Pinochet angeführten Putsch gestürzt. Kurz darauf nahm Milton Friedman, einer der Apostel des Neoliberalismus, sich eine Auszeit von seinen TV-Sendungen. Er flog in den Süden, um dort den ökonomischen Kurs des neuen Regimes zu bestimmen und seine Ideen fest zu verankern. Die »Chicago Boys«, chilenische Wirtschaftswissenschaftler, die bei Friedman in Chicago studiert hatten, kontrollierten von nun an die chilenische Finanz- und Wirtschaftspolitik. Der Marktfundamentalismus hatte in Gestalt einer Militärrebellion und autoritärer Herrschaft die Bühne betreten. Die unsichtbare Hand kann nicht bestehen ohne die sichtbare Faust.

1981 zögerte der amerikanische Präsident Ronald Reagan nicht, auch Militärpersonal einzusetzen, um einen Streik der Fluglotsen zu beenden, der das Land lahmlegte, und kündigte daraufhin 11 500 Entlassungen an. 1984/85 waren die Nächsten an der Reihe – nun bekamen die britischen Bergarbeiter den unbarmherzigen Wandel des wirtschaftlichen Paradigmas zu spüren. Der Konflikt zwischen den streikenden Bergleuten und der britischen Regierung nahm epische Ausmaße an. Zwei Menschen kamen ums Leben, 20 000 Arbeitsplätze gingen verloren, viele zuvor staatliche Industrien wurden privatisiert und die Gewerkschaften nachhaltig diszipliniert.

Das waren keine Einzelfälle. Im Verlauf der neunziger Jahre begab sich das gesamte politische Spektrum auf einen Kreuzzug, um die Marktkräfte aus den noch verbliebenen Fesseln der sozialen Gerechtigkeit zu befreien. Der sogenannte Dritte Weg verhalf der Vision einer rationalen Moderne zum Durchbruch, die perfekt zu einer postideologischen, sich rasant homogenisierenden und neoliberalisierenden Welt passte. Unterschiede zwischen Rechts und Links wurden mehr oder weniger vollständig eingeebnet. Es war der erste Demokratische US-Präsident, der nach Reagans radikaler Wende an die Macht kam, der schließlich die letzten Beschränkungen für Finanzspekulationen beseitigte: 1999 setzte Bill Clinton den angesprochenen Glass-Steagall Act außer Kraft, der eine strikte Trennung von Privatkundengeschäft und Investmentbanking vorgesehen hatte. Damit öffnete er endgültig alle Schleusen für kreative Buchführung und zunehmend abstrakte hoch spekulative Finanzprodukte.

Europa wiederum erlebte in den neunziger Jahren eine Phase der sozialdemokratischen Hegemonie, während der die Mehrzahl der Länder von progressiven Parteien regiert wurde. Doch ausgerechnet in dieser Zeit wurde auch hier der neoliberale Konsens in Politik und Kultur verankert, Arbeit abgewertet, Privatisierungen vorangetrieben und die Herrschaft der Finanzmärkte gefördert. In Großbritannien trampelte Tony Blair – mithilfe eines großen Apparats von akademischen und politischen Unterstützern – die letzten verbliebenen Widerstände innerhalb einer altehrwürdigen europäischen Sozialdemokratie nieder, die bis dahin offiziell noch immer den Prinzipien des Keynesianismus verpflichtet war. Auf die Frage nach der wichtigsten Errungenschaft ihrer Regierung soll Margaret Thatcher geantwortet haben: »New Labour«. Das war sogar noch bescheiden, schließlich hätte sie genauso gut für sich reklamieren können, die komplette sozialdemokratische Linke Europas zur Strecke gebracht zu haben.

Lässt man die neoliberale Legende von den freien Märkten einmal für einen Moment beiseite, verflüchtigen sich die praktischen politischen Unterschiede zwischen dem hayekschen Neoliberalismus und dem, was als Ordoliberalismus bezeichnet wird: In beiden Ideologien muss der Staat eingreifen, um den Wettbewerb und das Primat des Marktes als Normensetzer zu befördern. Der deutsche Soziologie und Ökonom Alexander Rüstow, der 1938 den Begriff Neoliberalismus prägte, wies am explizitesten darauf hin, man müsse sich von dem naiven, ja quasi religiösen Glauben des Liberalismus lösen, der Markt könne spontan Ordnung erzeugen und verfüge über die Macht, individuellen Egoismus in das Wohlergehen der Gesellschaft insgesamt zu verwandeln. Stattdessen könne eine solche Ordnung nur durch die institutionelle Unterstützung und konstanten »liberalen Interventionismus« aufseiten des Staates aufrechterhalten werden.[4] Während der Ordoliberalismus sich explizit dazu bekennt, versucht der Neoliberalismus, diesen Interventionismus zu verbergen.

Die skizzierten Entwicklungen beschränkten sich bei Weitem nicht auf die USA oder die damals noch 15 Mitgliedstaaten der Europäischen Union. In den Ländern, die sich zuvor auf der anderen Seite des Eisernen Vorhangs befunden hatten, wird die Zeit zwischen dem Zusammenbruch der kommunistischen Regimes und ihrem EU-Beitritt 2004 bzw. 2007 als Periode der »Transition« bezeichnet – ein neutral klingendes Wort für etwas, das in Wirklichkeit aus einem massiven Vermögenstransfer vom Staat zu privaten Unternehmen und einigen besonders rücksichtslosen Individuen bestand, die sich den Wandel zunutze zu machen wussten. Anders als in den westlichen Ländern, in denen die neoliberale Transformation durch weiterhin bestehende soziale Institutionen abgebremst wurde, lief die Diskreditierung des kommunistischen Systems – im Zusammenspiel mit dem Durcheinander, in dem dessen Totalitarismus alle zivilgesellschaftlichen und sozialen Organisationen hinterlassen hatte, sowie dem beträchtlichen Druck der westlichen Länder, ihre Märkte zu öffnen und billige Arbeitskräfte zur Verfügung zu stellen – in den postsozialistischen Ländern darauf hinaus, dass der Markt uneingeschränkt die Macht übernahm. Während der Aktivistenheld Václav Havel als Präsident der Tschechischen Republik eine moralische Revolution und Menschenrechte predigte, waren in der Grauzone der Bürokratie, wo viele ehemalige Kommunisten von heute auf morgen ins Lager des Marktfundamentalismus wechselten, viele damit beschäftigt, die Wirtschaft auf einer alles andere als moralischen Grundlage neu zu organisieren. Václav Klaus, ein Grauzonen-Bürokrat, der später selbst tschechischer Präsident werden sollte, erklärte in den frühen Neunzigern: »Ich habe oft das Gefühl, den Leuten aus dem Westen erklären zu müssen, wie die Märkte wirklich funktionieren.«

Die Doppelbewegung

Als die Finanzkrise ausbrach und Regierungen in den USA und Europa den Banken mit Milliardensummen zu Hilfe eilten, wurde auf spektakuläre Weise sichtbar, welche wichtige Rolle die Politik dabei spielte, die Show am Laufen zu halten. Nachdem man den Bürgern jahrzehntelang erzählt hatte, ihre Regierungen dürften sich nicht in die Märkte einmischen – und hätten auch gar nicht die Mittel dazu –, wurde der Kleinwüchsige nun endgültig aus der Maschine gezogen.

Wie Polanyi bereits bemerkte, vollzieht sich die Konstruktion eines neuen Marktparadigmas nicht ohne Widerstand. Auf jede Ausweitung des freien Marktes, auf jedes *Entbetten* aus der Gesellschaft folgt eine Reaktion jener, die den Kürzeren ziehen, und derer, die sich um sie sorgen. Es kommt zu einer Gegenbewegung, die den Markt erneut gesellschaftlichen Zielen und Sicherungsmechanismen zu unterwerfen versucht. Robert Owen, der große britische sozialistische Unternehmer, formulierte diesen Punkt treffend im Hinblick auf die englische Industrie des 19. Jahrhunderts:

> Die allgemeine Ausbreitung von Produktionsstätten über ein Land erzeugt in seinen Bewohnern einen neuen Charakter, und da sich dieser Charakter nach einem Prinzip bildet, das ziemlich ungünstig für das individuelle oder allgemeine Glück ist, wird er die beklagenswertesten und dauerhaftesten Übel hervorrufen, sofern seiner Neigung nicht durch legislative Einmischung und Führung entgegengewirkt wird.[5]

So paradox es auch klingen mag: Während der Laisser-faire-Liberalismus in Wirklichkeit geplant worden war, entstanden die sozialen Schutzmechanismen eher spontan. Während der Staat schmerzhafte Reformen vorantreibt, Gemeinschaften entwurzelt, Lebensweisen prekarisiert und die Menschen schutzlos den Launen des Marktes ausliefert, kommt eine Reaktion in Gang, die nach Schutz und Sicherheit strebt. Ursprünglich ein amorpher Ausbruch des allgemeinen Protests, kanalisiert sich diese Stimmung – zumindest im positiven Szenario – im Lauf der Zeit in anerkannten Formen der Repräsentation, auf der Ebene der Betriebe und in der Politik. Auf eine anfängliche Welle von Gesetzen, die den Markt ohne Rücksicht auf Verluste durchsetzen sollten, folgten in der zweiten Hälfte des 19. Jahrhunderts von England bis ins Deutsche Reich Begrenzungen der Arbeitszeit sowie die Einführung von Sozial- und Rentenversicherungen. Diese Dynamik von Aktion und Reaktion macht den Kern der von Polanyi identifizierten *Doppelbewegung* aus, dem Wechselspiel von staatlich initiierter Marktexpansion und der von den Bürgern angetriebenen Expansion sozialer Schutzmechanismen.

Im Aufkommen des Kommunismus sowie des Nationalsozialismus nach dem Wall-Street-Crash von 1929 erkannte Polanyi eine solche Gegenbewegung, dem politischen System fehlte jedoch die Kraft für ökonomische Reformen. In der Folge der jüngsten Finanzkrise erleben wir im Westen eine Neuauflage dieser Doppelbewegung: Die Exzesse des Neoliberalismus provozieren eine – je nach Land eher moderate oder monströse – protektionistische Reaktion, für die für gewöhnlich jene eintreten, die irreführenderweise als »Populisten« bezeichnet werden. Angesichts dieser historischen Parallelen könnten wir an einem guten Tag zu dem Schluss kommen, das Pendel bewege sich wieder in Richtung mehr Demokratie – und an einem schlechten, wir kehrten zum Szenario der dreißiger Jahre zurück. Wie wir im weiteren Verlauf zeigen werden, ist diese Analyse zwar in vielerlei Hinsicht stichhaltig, sie übersieht allerdings das genuin Neue an der durch den Neoliberalismus rekonfigurierten Lage. Verbleiben wir jedoch noch einen Moment innerhalb von Polanyis Paradigma, so lässt sich anhand zweier aktueller Beispiele – aus Spanien und Ungarn – zeigen, was für unterschiedliche ideologische Formen diese Doppelbewegung je nach Kontext und den getroffenen politischen Entscheidungen annehmen kann.

Wem gehört ein Zuhause?

Spaniens Gesetzgebung zu Zwangsräumungen gehört zu den härtesten in Europa. Sie erlaubt es Finanzinstituten, mit Hypotheken belastete Eigenheime zu beschlagnahmen *und* von den zwangsgeräumten Familien weiterhin die Tilgung der Kredite zu verlangen. Spanien ist zudem eines der Länder mit den meisten Zwangsräumungen, beinahe eine halbe Million waren es seit Beginn der Krise im Jahr 2008. Es handelt sich hier um die bitteren Früchte eines Immobilienbooms, im Zuge dessen in Spanien mehr Häuser gebaut wurden als in Italien, Frankreich und Deutschland zusammen. Die Blase platzte ausgerechnet, als ein Viertel der Spanier wegen der Rezession gerade ihre Arbeitsplätze verloren hatte.

Seit 2009 hat das zivilgesellschaftliche Netzwerk Plataforma de Afectados por la Hipoteca (Plattform für von Hypotheken betroffene Menschen, kurz PAH) landesweit Tausende gegen Zwangsräumungen und die Gier der Finanzinstitute mobilisiert. Die PAH schwang sich zur Verteidigerin der Rechte der Schwächsten auf, für die sich die Mainstream-Politik, die sozialistische Partei eingeschlossen, nicht länger zu interessieren schien. Die PAH setzte auf eine mehrgleisige Strategie, die Druck auf Parlamentsabgeordnete ebenso einschloss wie zivilen Ungehorsam. Man brachte eine von über einer Million Menschen unterschriebene Bürgerinitiative ein und organisierte die berühmten *escraches*, lautstarke Proteste vor den Häusern von Politikern, die an dem Immobilienskandal beteiligt waren.

Die PAH-Kampagnen formulierten einen wirkungsvollen Appell an die Einheit von Menschen aus unterschiedlichen Schichten und mit unterschiedlichen Herkünften: Während es dem Establishment in anderen Ländern oft gelang, den Zorn der Menschen auf die Schwächsten und Ärmsten zu lenken – in der Regel Migranten und Geflüchtete –, geschah dies in Spanien nicht. Der gesellschaftliche Bruch wurde hier gedeutet als ein Konflikt zwischen einer heterogenen, aber inklusiven Gesellschaft (*el pueblo*) auf der einen und einem korrupten, auf Ungleichheit und Finanzspekulation basierenden oligarchischen System (*la casta*) auf der anderen Seite.

Die PAH-Sprecherin Ada Colau nahm in der Öffentlichkeit selten ein Blatt vor den Mund. Nachdem sie einen Bankenvertreter im Parlament einen »Verbrecher« geheißen hatte, bezeichnete sie die Finanzindustrie in einer Fernsehsendung als »organisiertes Verbrechen«. Das mag nach hartem Tobak klingen, stellt aber nur ein fernes Echo eines Satzes dar, den kein Geringerer als der amerikanische Präsident Franklin D. Roosevelt im Jahr 1936 bei einer Wahlkampfkundgebung im Madison Square Garden geäußert hatte: »Heute wissen wir, dass eine Regierung des organisierten Geldes genauso gefährlich ist wie eine Regierung des organisierten Verbrechens.«

In ihren Reden berief Ada Colau sich immer wieder auf fundamentale Rechte und den gesunden Menschenverstand. Es sei inakzeptabel, Tausende Bürgerinnen und Bürger aus ihren Häusern und in die Hölle der Arbeitslosigkeit zu werfen, während die Banken sie weiterhin schikanierten und die für das Desaster verantwortlichen Banker auf Kosten der Steuerzahler gerettet worden seien. Die Spanier schienen diese Ansicht zu teilen: Mehr als drei Viertel befürworteten die Botschaft der PAH und die Taktik des zivilen Ungehorsams.

2015 wurde Ada Colau als Kandidatin der zivilgesellschaftlichen Plattform Barcelona en Comú, die unter anderem aus den Aktionen der PAH hervorgegangen war, zur Bürgermeisterin von Barcelona gewählt. Das leitete einen politischen Zyklus ein, der Spaniens Städte an die Spitze der progressiven Politik in Europa katapultierte.

Von einem ähnlichen Punkt ausgehend, entwickelten sich die Dinge in Ungarn in eine ganz andere Richtung. In den Jahren vor der Finanzkrise wurde Ungarn von einer Welle günstiger Hypotheken überrollt. Meist handelte es sich dabei um Fremdwährungskredite – in Euro oder Schweizer Franken –, die wegen ihrer niedrigen Zinssätze attraktiv, aber außergewöhnlich anfällig für Wechselkursschwankungen waren. Bei Ausbruch der Krise verlor der ungarische Forint beinahe die Hälfte seines Werts, so dass sich die Schuldenlast beträchtlich erhöhte. Besonders litten darunter die Angehörigen der im Entstehen begriffenen und noch fragilen postkommunistischen Mittelschicht. Die Zahl der Zwangsräumungen schoss in die Höhe, Proteste und gesellschaftliche Spannungen nahmen zu. Doch was konnte man schon groß tun, außer das soziale Leid in all seiner Wucht stumm zu ertragen? Ist es nicht genau das, was die Prinzipien des Marktes diktieren? Ein junger Politiker mit liberalen Wurzeln, Viktor Orbán, sah das anders. Er machte sich die Mitschuld der Sozialdemokraten zunutze und profilierte sich opportunistisch als Anwalt der unteren und mittleren Schichten gegen das kosmopolitische internationale Kapital. Die Kampagne, die ihn 2010 an die Macht brachte, verteidigte die Interessen der von der Hypothekenkrise Betroffenen. Kaum als Ministerpräsident vereidigt, ließ er ein Gesetz verabschieden, das die Kreditgeber dazu verpflichtete, die Fremdwährungskredite in Forint umzutauschen, und zwar zu einem von der Regierung bestimmten Kurs. Während die Sozialdemokratie die Banken und die Banker rettete, gehörte der immer autoritärer agierende Ministerpräsident zu den wenigen, die sich trauten, es mit der mächtigen Finanzindustrie aufzunehmen.

In den Jahren nach seinem ersten Coup hat Orbán eine drakonische Verfassungsreform durchgeführt, die Befugnisse des Verfassungsgerichts eingeschränkt, viele Richter zum Rücktritt gezwungen und durch Gefolgsleute ersetzt; er hat die Kontrolle über die großen Medien des Landes übernommen und unzählige NGOs und zivilgesellschaftliche Gruppen zur Auflösung gezwungen. Gleichzeitig hat er ein klientelistisches System errichtet, das den Bezug von Sozialleistungen an die Unterstützung der Regierungspartei knüpft. Er machte Stimmung gegen Migranten, Muslime, Juden und Roma und setzte Verschwörungstheorien in die Welt, laut denen Ungarn von internationalen Mächten bedroht werde. Auf diese Weise wandelte sich der junge Liberale zu Europas führendem Verfechter der »illiberalen Demokratie«.

Die Beispiele Spanien und Ungarn (wir könnten viele weitere ergänzen) legen nahe, dass politische Veränderung noch immer möglich ist. Die Rückkehr der »Doppelbewegung«, also des Rufs nach sozialem Schutz vor dem herzlosen Markt, ist zweifelsohne eine wichtige Entwicklung. Es gilt, diese Gegenbewegung mit größtmöglicher Sorgfalt in die Richtung von Idealen wie sozialer Gerechtigkeit und Inklusion zu lenken, statt in Richtung eines autoritären Rassismus. Der Staat kann etwas ausrichten, nationale Politik kann tatsächlich noch immer umsteuern – zumindest bis zu einem gewissen Grad. Das Aufkommen neuer progressiver Parteien, Strömungen und Bewegungen von den USA bis Großbritannien zeigt, dass eine ideologische Neuausrichtung möglich ist. Progressive Akteure können ebenso viel Druck auf die politische Mitte ausüben, wie es bislang vor allem die rechtsextremen und fremdenfeindlichen Kräfte getan haben. Die Debatten über eine Wiederverstaatlichung von Versorgungsunternehmen und der Bahn, über die gerechte Verteilung von Automatisierungsgewinnen oder über größere Steuergerechtigkeit sind nur einige Indizien dafür, wie sehr der Common Sense sich in Großbritannien verschoben hat, und es ist kein Zufall, dass Jeremy Corbyn die Labour Party Ende 2017 als »das neue Zentrum« bezeichnet hat. Zweifelsohne können sozialistische Parteien in ganz Europa einiges von Corbyns Labour lernen – nicht zuletzt wie sich mit einem basisdemokratischen Ansatz (die Organisation »Momentum« spielt dabei eine bedeutende Rolle) und durch das Infragestellen neoliberaler Denkweisen unter jungen Leuten politischer Enthusiasmus wecken lässt.

Dennoch wäre es falsch, allein daraus zu schließen, die Uhr der Demokratie sei wieder intakt und gehe richtig. Verglichen mit dem Wirtschaftsliberalismus des 19. Jahrhunderts, weist der Neoliberalismus des 21. Jahrhunderts einige neue Charakteristika auf, die insbesondere die Rolle, den Platz und die Einheit des Nationalstaats betreffen. Wie wir im Rest dieses Kapitels darlegen werden, wird »der Staat« im Kontext der neoliberalen Globalisierung vor allem fragmentiert und in etwas Diskontinuierliches verwandelt; er verliert seine Bindung an die Nation, während der Neoliberalismus uns dazu konditioniert, Politik auch weiterhin durch ein nationales Prisma zu betrachten.[6] Durch diese optische Illusion scheint der Staat überall und nirgends zu sein. Und wir leben in dem damit verbundenen Irrglauben, die Nation könne diesen Phantomstaat möglicherweise festnageln und aus Unordnung Ordnung entstehen lassen. Es ist die Wunderlampe des Neoliberalismus, welche diese Phantasmagorie von Staat und Nation erzeugt. Wollen wir diese Vorführung beenden, müssen wir hinter die projizierten Bilder blicken und begreifen, dass wir es dabei mit Geistern aus der Vergangenheit zu tun haben. Anders ausgedrückt: Was der Neoliberalismus ist und wie er funktioniert, können wir nur dann wirklich erkennen, wenn wir auch Veränderungen in seiner Umwelt in den Blick nehmen. Machen wir uns diese Unterschiede nicht bewusst, werden wir uns, in einer Illusion gefangen, vergeblich um die Rückkehr zu einer früheren Ordnung bemühen. Führen wir uns die Uhrenmetapher vom Ende des letzten Kapitels noch einmal vor Augen: Eine veränderte Umwelt wird letztendlich immer eine andere Art von Uhr mit einer anderen Art von Bewegung erfordern – andernfalls treiben wir orientierungslos auf dem Meer.

Kein Staat ist eine Insel

Der Laisser-faire-Liberalismus des 19. Jahrhunderts bedeutete eine Verdichtung des kolonialen Unterfangens, im Zuge dessen spätestens seit dem 17. Jahrhundert Imperien errichtet wurden. Vielleicht war gerade dieser Liberalismus das Element, das dem britischen Weltreich dabei einen entscheidenden Vorteil verschaffte. Wichtiger als die Kontrolle über die Weltmeere war die Etablierung von Märkten. Dazu diente nicht nur die Kanonenbootdiplomatie, mit der man Länder wie China zur Öffnung zwang (die Opiumkriege sind bis heute ein unauslöschlicher Schandfleck auf dem Gewissen eines jeden britischen Bürgers), sondern auch das resolute Vorgehen gegen die Piraterie (was selbstverständlich nicht ausschloss, dass man selbst weiterhin Piraten gegen rivalisierende Imperien einsetzte). Der Liberalismus des freien Markts tauchte in einer Zeit auf, als auch das internationale System neu gestaltet wurde. Was nun begann, wird bisweilen als die »erste Welle« der Globalisierung bezeichnet (obwohl Historiker eine ganze Reihe früherer Globalisierungsschübe identifiziert haben[7]). Die globale Interdependenz hatte jedenfalls unmittelbar vor dem Ersten Weltkrieg ein Niveau erlangt, das erst Anfang des 21. Jahrhunderts wieder erreicht werden sollte.[8] Parallel zu dieser Expansion von Imperien »außerhalb« der eigenen Grenzen erlebten die imperialen Mächte im Innern eine Konsolidierung des Staates, die – mit kleineren Unterschieden von Land zu Land – weitgehend unabhängig vom jeweiligen Königshaus ablief.

Der Neoliberalismus entwickelte sich in einem ganz anderen Kontext: Er kam auf, als die Nachkriegsordnung kollabierte, und nutzt strategisch die Risse im internationalen System. Wir dürfen nicht den Fehler machen zu glauben, Neoliberalismus und Globalisierung seien ein und dasselbe. Tatsächlich kann man den Neoliberalismus nur wirklich verstehen, wenn man seine Entstehung im Kontext mehrerer bereits seit Jahrhunderten ablaufender Globalisierungswellen betrachtet. Erst dann begreifen wir, dass das Stiften *globaler Unordnung* den Kern des neoliberalen Projekts ausmacht, bei dem der *Krieg* durch den Markt in *wirtschaftliche Konkurrenz* umgewandelt wird. Und während aus internationaler Ordnung Unordnung wird, gerät auch die interne Ordnung jedes einzelnen Staates durcheinander. Der Liberalismus des freien Marktes ging mit einer Konsolidierung des Staates einher; die neoliberale Globalisierung hingegen befördert die Aufspaltung des Staates in viele unzusammenhängende Fragmente.

Wollen wir dieses Phänomen besser begreifen, lohnt ein kurzer Blick auf das, was dem Neoliberalismus vorausging. Nach dem Zweiten Weltkrieg schrieb Jacob Viner, ein Chicagoer Ökonom und Neoliberaler der ersten Stunde: »In der heutigen Welt hat der Freihandel nur wenige Fürsprecher, und niemand interessiert sich für ihre Ansichten; weit und breit macht sich kein Politiker für den freien Handel stark.«[9] In den Verhandlungen – das entsprechende Abkommen regulierte den internationalen Handel und die Währungspolitik der kapitalistischen Länder in der Nachkriegszeit – bestand das oberste Gebot trotz aller Interessenunterschiede darin, wirtschaftlichen Nationalismus zu vermeiden, Multilateralismus zu fördern und Wechselkursschwankungen einzudämmen. Um soziale Unruhen zu vermeiden, gestattete man innerstaatlichen Interventionismus.[10]

Das bekannteste Beispiel für solche staatlichen Interventionsprogramme war damals der New Deal Franklin D. Roosevelts. Dieser war in den dreißiger Jahren so erfolgreich gewesen, dass man ihn nun schwerlich ignorieren konnte. Ein anderes wichtiges Motiv bestand darin, dass die beteiligten Staaten verhindern wollten, dass ihre Bevölkerungen allzu große Sympathien für die sowjetische Alternative oder eine Renaissance des Faschismus entwickelten. Die Leitplanken der »akzeptablen« demokratischen Politik wurden, grob gesagt, so festgelegt, dass ein Oszillieren zwischen einer wirtschaftsliberalen Rechten, die gesellschaftspolitisch konservativ war, und einer in sozialer Hinsicht progressiven Linken möglich war, die sich wirtschaftspolitisch für staatliche Interventionen starkmachte. Die Dynamik zwischen den beiden von Polanyi identifizierten Bewegungen war im parlamentarischen Regime der Nachkriegszeit somit dauerhaft institutionalisiert.

Für etwa 30 Jahre schien dieses System auch gut zu funktionieren: Es waren die Jahrzehnte des staatlich gelenkten Kapitalismus, der unter dem internationalen Schirm des Bretton-Woods-Abkommens operierte. Die globalen Finanzmärkte waren eng reguliert, die westlichen Industrieländer erlebten einen nachhaltigen wirtschaftlichen Aufschwung. Dieser ging mit einer Ausweitung des Wohlfahrtsstaats und dynamischen nationalen Demokratien einher, die sich durch Massenparteien, Gewerkschaften, soziale Bewegungen und eine hohe Wahlbeteiligung auszeichneten. Demokratische Auseinandersetzungen und der Kampf der Arbeiterbewegung für mehr soziale Gerechtigkeit hatten direkten Einfluss auf wirtschaftspolitische Entscheidungen. Es war, als hätte die Politik das Primat über die Ökonomie erlangt.

Man könnte nun leicht zu dem Schluss gelangen, unser

Ziel müsse heute darin bestehen, diese frühere, vom Neoliberalismus beiseitegeschobene Ordnung wiederherzustellen. Tatsächlich herrscht derzeit große Nostalgie für den sozialen Kapitalismus der Nachkriegszeit: die *Trente glorieuses*, als französische Arbeiter plötzlich in brandneuen Renaults zu ihren Fabriken fuhren; die Zeit, als die Welt- oder zumindest die Wirtschaftsordnung noch nicht so komplex und undurchschaubar war. Wir dürfen jedoch nicht vergessen, dass dieses Postkartenidyll der historischen Wirklichkeit höchstens partiell entspricht. Es blendet aus, dass die Menschen in den Kolonien gegen ihre Unterdrückung rebellierten und junge Frauen sich gegen ihre traditionellen Pflichten im Haushalt auflehnten. Genaugenommen sind es nur ganz bestimmte Kategorien von Menschen in Westeuropa und den USA, die mit einem weinenden Auge auf diese Jahre zurückblicken. Wie unter anderem die amerikanische Philosophin Nancy Fraser gezeigt hat, schützte dieser konservativ-traditionalistische Mantel vor allem weiße männliche Alleinverdiener in westlichen Industriestaaten.[11] Nach außen basierte das Modell auf kolonialer Ausbeutung, im Innern auf dem Fortbestand des Patriarchats.

Natürlich soll dies weder heißen, dass Schutz nicht auch mehr bedeuten kann, noch, dass der ungehinderte freie Markt in irgendeiner Weise gerechter gewesen wäre. Aber es ist wichtig zu erkennen, dass die Nachkriegsordnung stark von einer globalen Arbeitsteilung abhing, bei der ein winziger Prozentsatz der Weltbevölkerung prosperierte, während die riesige Mehrheit dauerhaft in äußerster Not lebte. Während der Kern sich entwickelte, erlebte die globale Peripherie – oder zumindest die »Dritte Welt« außerhalb der sowjetischen Einflusssphäre – koloniale Extraktion, postkoloniale Kriege und die ein oder andere Invasion, wenn dort ein für den »glorreichen« Westen ungenießbarer Anführer gewählt wurde. Erneut war es eine bestimmte globale Ordnung, welche der sozialen Marktwirtschaft im Westen ein Fundament verlieh.

In Wirklichkeit war nationale Souveränität nach dem Zweiten Weltkrieg kaum mehr als ein Mythos, wenn man nicht gerade zu der kleinen Clique hoch industrialisierter Länder gehörte. Gewiss, spätestens in den siebziger Jahren war der Kolonialismus weltweit nicht länger in Mode. Die Suezkrise der fünfziger Jahre, die langen und schmerzhaften französischen und portugiesischen Kolonialkriege, die spektakuläre Niederlage der USA in Vietnam, die 1975 endgültig besiegelt wurde, sowie ein neues und weitverbreitetes Nationalgefühl unter den ehemals Kolonisierten: Unter diesen Bedingungen war es für westliche Regierungen nicht mehr sonderlich attraktiv, sich mit militärischen Mitteln in die Angelegenheiten von »Entwicklungsländern« einzumischen.

In genau diesem historischen Kontext erfolgte die neoliberale Wende. Wo militärische Interventionen – und vor allem dauerhafte Okkupationen – sowohl teuer als auch riskant waren, bot der Neoliberalismus eine andere Lösung an: Disziplinierung durch den Markt. Ungefähr in dieser Zeit verwandelten sich Bretton-Woods-Institutionen wie der IWF und die Weltbank, die ursprünglich dazu gedacht waren, eine geregelte internationale Finanz- und Währungsordnung aufrechtzuerhalten, in durch und durch politisierte Instrumente der internationalen Einmischung. Die sogenannten Strukturanpassungsprogramme drangsalierten Entwicklungsländer und testeten den neuen neoliberalen Werkzeugkasten an Nationen, die zu schwach waren, um sich zu wehren. Nachdem afrikanische und asiatische Länder ihre Unabhängigkeit erlangt hatten, mussten sie feststellen, dass ihre Finanzministerien auch weiterhin besetzt waren. Märkte wurden geöffnet,

Staatsbesitz privatisiert, Konzessionen zur Ausbeutung von Land und Bodenschätzen zum Verkauf angeboten. Maßnahmen wie diese stellten sicher, dass diese Staaten vom Westen abhängig blieben und die Ausplünderung der »Dritten Welt« weitergehen konnte.

Als das fordistische Produktionsmodell an seine Grenzen stieß und das Bretton-Woods-System unter den Kosten von Kriegen sowie den Ölkrisen von 1973 und 1979/80 zusammenkrachte, drang der Neoliberalismus durch die Risse in das System ein. In just dem Moment, als die *Ordnung zusammenbrach*, trat der neoliberale Ansatz des kollektiven Marktgehorsams im Namen der individuellen Freiheit an ihre Stelle. Statt zu versuchen, im Rahmen von Diskussionen, Verhandlungen oder durch koordiniertes Vorgehen ein neues globales Arrangement zu finden, überließ man es dem Markt, eine »spontane« Ordnung hervorzubringen. Wie der Liberalismus mit dem Imperialismus oder die soziale Marktwirtschaft mit den Institutionen von Bretton Woods betritt der Neoliberalismus zusammen mit einer Neuordnung der Globalisierung und des internationalen Machtgleichgewichts die Bühne. Doch während koloniale Imperien von militarisierten Staaten erobert und das Bretton-Woods-System von Nationalstaaten ausgehandelt und etabliert wurde, setzt das neoliberale System bewusst auf den Markt, um aus politischer Unordnung eine Art von Ordnung herzustellen. Die »Ordnung«, die dabei erzeugt wird, ist von Konsumismus geprägt und entfaltet eine entpolitisierende Wirkung.

Was wir heute beobachten können, ist eine Radikalisierung dieses neoliberalisierenden Prozesses. Dieselbe Politik der Strukturanpassung, die zunächst in den sogenannten Entwicklungsländern erprobt und dann auf die postsozialistischen Länder angewandt wurde, ist zu ihrem Ausgangspunkt zurückgekehrt und erfasst nun die sogenannten »Kernländer«: Die Schlange hat sich gegen ihren Beschwörer gerichtet. Das Wirtschafts- und Finanzsystem, das sie selbst ausgeheckt haben, wendet sich nun gegen die Staaten des Zentrums – zumindest begegnet es ihren überkommenen Privilegien mit nur wenig Respekt. Jetzt erkennt auch der Westen, wie der Neoliberalismus wirklich aussieht: Die Finanzmärkte erpressen EU-Staaten so gnadenlos wie einst die asiatischen Tigerstaaten, »geretteten« europäischen Ländern werden die gleichen verheerenden Strukturanpassungsprogramme aufgezwungen wie zuvor afrikanischen oder lateinamerikanischen Nationen, multinationale Konzerne kappen die letzten Bindungen an ihre Ursprungsländer, transnationale Eliten horten ihr Geld in Offshore-Steueroasen und bauen Bunker in Neuseeland, falls irgendwann alles unter ihrem Profitwahn zusammenbricht. Die Länder des kapitalistischen Zentrums werden provinzialisiert und einem Prozess der Selbstkolonialisierung unterworfen. Plötzlich ist es denkbar, dass man zwar zum Westen gehört und Teil der G7 ist, aber dennoch als »Peripherie« betrachtet und mit derselben rücksichtslosen Gleichgültigkeit behandelt wird, die früher dem Rest der Welt vorbehalten war. Tatsächlich hat die Unterscheidung zwischen Zentrum und Peripherie gerade im Fall der europäischen Nationalstaaten jede Bedeutung verloren, weshalb es ein schwerer Fehler wäre zu glauben, der Brexit, der Sieg von Trump oder auch die Popularität von Sanders und Corbyn seien Hinweise darauf, dass der Neoliberalismus seine Vorherrschaft einbüßt. Beim Neoliberalismus ging es nie um demokratische Entscheidungen; es handelt sich um ein globales System, das nicht länger von westlichen Staaten kontrolliert wird. Die verbreitete Wahrnehmung, Deutschland habe sich in den letzten Jahren zu einem »Gewinner« der Globalisierung gemausert, der nun auch international über größeren Einfluss verfügt, blendet zwei Dinge aus: die wachsende Ungleichheit im Land und den Umstand, dass dabei eine hoch produktive Volkswirtschaft von der andauernden Depression in den Staaten der europäischen Peripherie profitiert, auf deren Kosten Deutschland gigantische Exportüberschüsse angehäuft hat. Doch auch diese Strategie, die man im Kontext einer integrierten europäischen Ökonomie nur als Wirtschaftschauvinismus bezeichnen kann, ist gegen die globale Unordnung nicht immun: Die wirtschaftliche Instabilität in seiner Nachbarschaft wird letztendlich auch Deutschland anstecken und überall auf dem Kontinent zu politischem Chaos führen. Und die zunehmende Ungleichheit, vor allem zwischen den neuen und den alten Bundesländern, bringt das politische Gleichgewicht im Land schon heute tief greifend durcheinander.

»Globale Unordnung« ist mittlerweile zu einem Modewort geworden: Das System der Global Governance steckt in der Krise, G7- und G20-Gipfel bieten nur noch leeres Theater, alle Versuche, die globale Wirtschaft international zu koordinieren, versagen. China, Russland, die USA usw. sind sich bei nahezu allen Themen uneinig, ob es nun um Ostasien geht oder den Nahen Osten, um die Ordnung des Finanzsystems oder den Welthandel. Die unilaterale, US-geführte Weltordnung, welche die Einführung der neoliberalen Globalisierung flankierte, neigt sich ihrem Ende zu. Angesichts dieser zunehmenden geopolitischen Turbulenzen sollten wir dennoch im Hinterkopf behalten, dass es keinen inneren Widerspruch zwischen Unordnung und Neoliberalismus gibt – im Gegenteil: Gerade die Abwesenheit einer international respektierten politischen, wirtschaftlichen und finanzpolitischen Ordnung erweist sich als fruchtbarer Nährboden für das Primat des Marktes und das Niedertrampeln der Demokratie. Auch wenn viele – zu Recht – die Wiederkehr der polanyischen »Doppelbewegung« feiern, den Umstand also, dass das Pendel in Form erfolgreicher Antisystemparteien zurückschwingt, sollten wir uns eingestehen, dass alle Erfolge begrenzt bleiben werden, solange man nicht den Ehrgeiz aufbringt, radikal anders über globale Interdependenz und die Rolle des Nationalstaats nachzudenken.[12] Letztendlich erfordert ein neues, disruptives Wirtschaftsmodell auch eine neue Form der internationalen Organisation. Und während die europäischen Länder und die progressiven Parteien keine andere Alternative zu *dieser* Form der Globalisierung sehen als eine Rückkehr in eine unwiederbringliche Vergangenheit, hat das Rennen um die Neudefinition der internationalen Ordnung längst begonnen.

Bezeichnenderweise hat kein Land dies besser verstanden als China. Das Land konzentriert sich auf seine innere Entwicklung, auf dauerhaftes Wirtschaftswachstum und die atemberaubenden (für europäische Regierungen wären sie wohl kaum zu bewältigen) Herausforderungen, vor die sich ein Staat von der Größe eines Kontinents gestellt sieht, der innerhalb kurzer Zeit die Armut hinter sich lässt und es zu Wohlstand bringt. Zugleich ist China jedoch tief in ein langfristiges Schachspiel verstrickt, bei dem es um nichts Geringeres geht als darum, die westlich geprägte neoliberale Globalisierung grundsätzlich umzugestalten. Beim Weltwirtschaftsforum 2017 trat Präsident Xi Jinping als Verteidiger des Freihandels ins Rampenlicht; dass er China als verantwortungsbewussten Akteur auf der Weltbühne präsentierte, stand in starkem Kontrast zum Populismus trumpscher Prägung. Die 2013 als Plattform für multilaterale Kooperation angekündigte »Belt and Road Initiative« verbindet China mit Regionen entlang der alten Seidenstraße und über maritime Handelsrouten mit Ostasien, Afrika und Europa. Die Initiative umfasst 70 Länder in Asien, dem Nahen und Mittleren Osten, Afrika und Europa, die ein Drittel des globalen Bruttoinlandsprodukts (BIP) repräsentieren. Sie zielt darauf ab, die eurasische Landmasse als strategische Alternative zur euro-atlantischen Allianz zu positionieren. Inzwischen wurde die Asiatische Infrastrukturinvestmentbank gegründet, die dem IWF Konkurrenz machen soll, und eine zunehmend selbstbewusste Nachbarschaftspolitik stellt die geopolitische Balance in Asien auf die Probe. Schließlich hat China sogar den »16+1-Gipfel« ins Leben gerufen: 16 mittel- und osteuropäische Länder treffen in diesem Rahmen einmal im Jahr mit chinesischen Regierungsvertretern zusammen, um über chinesische Infrastrukturinvestitionen in der Region zu sprechen, die sich Schätzungen zufolge seit 2012 auf über 15 Milliarden US-Dollar belaufen.[13] Die Mitglieder der chinesischen Führung sind gelehrige Schüler der Historie.[14] Sie sind zu einer Schlussfolgerung gelangt, die progressive Parteien im Westen sich ebenfalls zu eigen machen sollten: Es wird nicht möglich sein, ein neues chinesisches (oder überhaupt ein) Modell zu etablieren, ohne zugleich das internationale System so zu transformieren, dass es sich diesem Modell anpasst und es stützt. Das ist ein enorm ehrgeiziges Ziel, aber weniger ambitionierte Projekte werden sich als untaugliche Versuche erweisen, wo es darum geht, das neoliberale System wirklich zu verändern. In einer bezeichnenden Umkehr der Rollen scheint es heute Europa zu sein – der Kontinent also, der am eindeutigsten mit Imperialismus, globalen Ambitionen und einer dynamischen Haltung gegenüber historischem Wandel assoziiert wird –, das jeden Glauben an die Fähigkeit der Politik verloren hat, die Welt zu gestalten. Was daraus resultiert, hat mit der von der postkolonialen Theorie herbeigesehnten Dynamik hin zu mehr Gerechtigkeit wenig zu tun. Stattdessen sehen wir uns mit Provinzialismus, ausschließendem Nationalismus und dem Mythos konfrontiert, es sei möglich, die Kontrolle zurückzuerlangen.

Haltet an, wir wollen aussteigen

Der Neoliberalismus kann als eine Art Marktmechanismus angesehen werden, um aus globaler Unordnung globale Ordnung zu erzeugen. Doch wie unsere Metapher des Schachtürken gezeigt hat, ist dieser Mechanismus keinesfalls automatisch, magisch oder natürlich: Soll er auf Dauer funktionieren und sogar noch ausgeweitet werden, setzt dies die konstante Unterstützung seitens bürokratischer Apparate und das Eingreifen politischer Entscheidungsträger voraus. Hat man das einmal begriffen, scheint eine so plausible wie einfache Lösung auf der Hand zu liegen: Damit der Neoliberalismus verschwindet, müssen der Staat und die Politiker ihm einfach ihre Unterstützung entziehen! Leider liegen die Dinge in Wirklichkeit komplizierter, und der Fortbestand der Schimäre, es gäbe einfache Lösungen, trägt unserer Ansicht nach wesentlich dazu bei, den Neoliberalismus am Leben zu erhalten.

Die Täuschung im Kern dieser Schimäre lässt sich vielleicht am besten entmystifizieren, indem man folgende Frage stellt: »Wer oder was *ist* eigentlich der Staat, der dem Neoliberalismus die Unterstützung entziehen müsste?« Getragen wird der Neoliberalismus von einer ganzen Reihe unterschiedlicher Akteure und Institutionen, von Zentralbanken und Gerichten, von Handelsabkommen und mächtigen Medienkonzernen, von militärischen Bündnissen und sicherheitspolitischen Vereinbarungen. Solche internationalisierten Autoritäten tangieren den Kernbereich aller Staaten dieser Erde, und niemand wäre in der Lage, klar zu sagen, wo ein »nationaler« Staat aufhört und wo die Instanzen der »internationalen« Steuerung anfangen. Natürlich existiert nationale Souveränität im Sinne der Kontrolle über ein Hoheitsgebiet zum Teil noch immer, und ein Nationalstaat könnte durchaus versuchen, einzelne Teile des komplexen Geflechts aus Regulierungsapparaten, dem er unterworfen ist, abzuschütteln und bestimmte Kompetenzen zu renationalisieren. So wäre es etwa vorstellbar, dass ein Mitglied der Eurozone die Kontrolle über seine Geldpolitik wiedererlangt, indem es aus bestehenden Verträgen aussteigt und seine eigene Währung ausgibt. Ein Land könnte sich auch aus internationalen Menschenrechtsabkommen verabschieden oder aus Teilen der internationalen Handelsgesetze. Oder versuchen, die Industrieproduktion zu verstaatlichen und sich aus transnational vernetzten Wertschöpfungsketten zurückziehen. Es mag unter bestimmten Bedingungen sogar Vorteile haben, ein paar dieser Punkte umzusetzen. Wenn man aber bedenkt, dass dieser Staat auch weiterhin einigen dieser regulierenden Autoritäten unterworfen wäre und mit anderen Ländern Handel treiben, militärisch kooperieren, auf das Völkerrecht vertrauen müsste usw., würde der Schaden, den er sich dadurch selbst zufügte, die interne Unterstützung für einen vollständigen Rückzug mit großer Sicherheit untergraben. Die Brexit-Saga ist an dieser Stelle ein mahnendes Beispiel. Es ist wichtig, sich klarzumachen, dass dieser Schaden nicht nur (und vielleicht nicht einmal hauptsächlich) wirtschaftlicher Natur wäre: Das entsprechende Land müsste einen empfindlichen Einflussverlust in allen Sphären der internationalen Politik hinnehmen, was den Spielraum des verbleibenden Rumpfstaates enorm einschränken würde. Und dabei haben wir noch nicht einmal über die an Zerstörung grenzende Unterbrechung im Leben all jener Menschen gesprochen, die bei ihren alltäglichen Aktivitäten Grenzen überschreiten – wirtschaftlich, emotional oder sozial. Man kann einzelne Staaten nicht aus dem neoliberalen globalen System herausbrechen: Der Preis dafür wäre die Fragmentierung und wahrscheinlich der Kollaps des betreffenden Staates. In vielerlei Hinsicht ist »Sozialismus in einem Land« noch nie ein schlechterer Slogan gewesen als heute. Das soll nicht heißen, dass es gar keine nationalen Machthebel mehr gäbe, die sich auf mehr oder weniger progressive Weise nutzen ließen. Als Horizont für eine emanzipatorische Politik ist die Nation jedoch der Rand einer Klippe.

Man kann die Sache auch anders betrachten und festhalten, dass die herrschenden politischen Eliten sich auf nationale, internationale und nichtnationale Institutionen und Autoritäten verteilen. Die allzu simple Logik der Klassenpolitik, bei der die Arbeiter in einem Land die Kontrolle über den Staat übernehmen, ist in dieser Situation wenig plausibel, da nicht länger klar ist, welchen Staat genau sie übernehmen sollten (genau genommen war das noch nie klar; Engels und Marx insistierten darauf, die Revolution müsse global sein; mehr dazu in Kapitel 4). Es gibt keine nationale Bourgeoisie, die den Staat kontrolliert: Die herrschenden Klassen sind vielmehr über ein ganzes System unzusammenhängender Institutionen der globalen Steuerung und Regulierung verstreut. Es mag kurzfristig taktische Vorteile haben, die eine oder andere dieser Institutionen unter Kontrolle zu bringen, aber ohne einen ganzheitlichen Ansatz wird sich das System der neoliberalen Global Governance von diesem Verlust rasch erholen.

Dass der Neoliberalismus wie ein Gefängnis wirkt, liegt daran, dass er das Prisma der nationalen Politik durchsetzt und den aussichtslosen Traum der nationalen Befreiung befördert. Gerade der nationale Standpunkt lässt den Neoliberalismus so mächtig erscheinen. Die Art und Weise, wie die Europäische Union in der jüngeren Vergangenheit funktioniert hat, erlaubt uns, dies klarer zu erkennen.

Der europäische Archipel

Zur Zeit des Ausbruchs des Zweiten Weltkriegs schrieb der damals noch weitgehend unbekannte und ignorierte Friedrich von Hayek einen Aufsatz, der angesichts der aktuellen Lage Europas besonders hellsichtig wirkt.[15] Lange bevor 1957 mit den Römischen Verträgen die Europäische Wirtschaftsgemeinschaft gegründet wurde, warb Hayek in »Die wirtschaftlichen Voraussetzungen föderativer Zusammenschlüsse« für eine Föderation von Staaten. Ein solcher Zusammenschluss werde Frieden stiften und jegliche staatlichen Interventionen in die Wirtschaft vereiteln. Dadurch entstehe ein wahrhaft autonomer Markt, was zum Verschwinden aller politischen Ideologien führen werde – mit Ausnahme jener der Unterwürfigkeit gegenüber dem Markt.[16] Wolle man Frieden schaffen, sei dieser Punkt wesentlich, da gerade solche Ideologien für das Ausbrechen von Kriegen verantwortlich seien.

Was Hayek hier in Wirklichkeit anstrebt, ist die Verwandlung potenziell widerspenstiger und konfliktbereiter Staatsbürger in befriedete Konsumenten. Politische Leidenschaft und Sorge um das Gemeinwohl sollen durch private Interessen, die Auswahl zwischen Konsumgütern und die konstante

Suche nach dem niedrigsten Preis ersetzt werden. Diese neoliberale Vision des »Friedens« hat viele jener anderen Versionen des Friedens verdrängt, für die das Projekt der europäischen Einigung ursprünglich einmal stand.

Hayek spricht von einer »idealen«, innerhalb einer Föderation errichteten Freihandelszone. In einer solchen Freihandelszone, so Hayek, würden der »Wegfall von Zollmauern und die freie Beweglichkeit von Menschen und Kapital zwischen den Staaten des Bundes« den »Spielraum der Wirtschaftspolitik der einzelnen Staaten in sehr beträchtlichem Ausmaß« beschränken:

> Wenn Güter, Menschen und Geld frei über die Grenzen hin beweglich sind, so wird es unmöglich, durch eine einzelstaatliche Maßnahme auf die Preise der verschiedenen Erzeugnisse einzuwirken. [...] Es ist weiters klar, daß es nicht möglich sein würde, daß die Staaten innerhalb des Bundes eine selbständige Währungspolitik verfolgen. Mit einer gemeinsamen Währungseinheit wird die Handlungsfreiheit, die den nationalen Zentralbanken gegeben ist, zumindest so beschränkt sein wie unter einer strengen Goldwährung [...].
> Auch im rein finanziellen Bereich wären die Methoden zur Erhöhung der Staatseinkünfte für den Einzelstaat einigermaßen beschränkt. Nicht nur würde es die größere Beweglichkeit zwischen den Staaten notwendig machen, alle Arten von Steuern zu vermeiden, die das Kapital oder die Arbeit anderswohin treiben würden; sondern es gäbe auch beträchtliche Schwierigkeiten mit indirekten Steuern.[17]

Als Europäer kann man diese Zeilen nicht lesen, ohne unwillkürlich an die mit dem Euro einhergehenden Restriktionen der Geldpolitik zu denken, die Länder wie beispielsweise Griechenland daran hindern, ihre Währung abzuwerten, um ihre Schuldenlast zu bewältigen; oder an den Wettbewerb zwischen den EU-Staaten, der überall zu niedrigeren Unternehmenssteuern geführt hat; oder daran, wie Arbeitnehmerfreizügigkeit bisweilen benutzt worden ist, um Löhne zu senken und die Rechte der Beschäftigten zu schwächen; oder an das Europäische Semester und den Fiskalpakt, die es der EU-Kommission erlauben, die Budgets der Mitgliedstaaten streng zu kontrollieren, und Ländern mit Haushaltsdefiziten die Möglichkeit nehmen, mittels staatlicher Investitionen ihre Wirtschaft anzukurbeln.[18]

Eine weitere von ihm vorhergesagte Folge gefällt Hayek sogar noch besser:

> Sind die Grenzen erst einmal geöffnet und ist die Freizügigkeit gesichert, werden all diese nationalen Organisationen, seien es Gewerkschaften, Kartelle oder Berufsverbände, ihre Monopolstellung verlieren und damit als nationale Organisationen ihre Macht, das Angebot ihrer Dienstleistungen oder Produkte zu kontrollieren.[19]

Klingen diese Zeilen nicht wie eine Vorwegnahme der berüchtigten »Viking«- und »Laval«-Urteile des Europäischen Gerichtshofs zur Entsendung von Arbeitnehmern von einem Mitgliedstaat in einen anderen, durch die Streiks und andere Maßnahmen der Gewerkschaften untergraben werden? Oder der Schwierigkeiten, vor denen Arbeitnehmerorganisationen heute stehen, wo es darum geht, ihre Politik europaweit zu koordinieren?

Ein Einwand gegen Hayeks Vorhersagen liegt auf der Hand: Föderale Institutionen werden ja wohl jene steuer- und wirtschaftspolitischen Kompetenzen an sich ziehen, die vormals Sache der Einzelstaaten waren, und so demokratische Beteiligungsmöglichkeiten auf einer höheren Ebene wieder einführen? Hayek hält dies freilich für unwahrscheinlich, und zwar vor allem aus einem Grund, der die zentrale Prämisse seiner gesamten Argumentation darstellt. Zum Thema Zölle, die bei ihm meist pars pro toto für alle Formen staatlicher Interventionen stehen, argumentiert er wie folgt:

> Im Nationalstaat machen es die herrschenden Ideologien verhältnismäßig leicht, dem restlichen Teil der Gemeinschaft die Überzeugung beizubringen, daß es in ihrem Interesse sei, »ihre« Stahlindustrie oder »ihre« Weizenproduktion oder was es sonst sein mag, zu schützen. Ein Moment des nationalen Stolzes auf »ihre« Industrie und die Überlegung, daß die Nation im Falle des Krieges dadurch stärker ist, läßt die Leute im allgemeinen diesem Opfer zustimmen. Das entscheidende in ihren Überlegungen ist, daß ihr Opfer Landsleuten zu gute kommt, deren Lage sie kennen und mitfühlen. Werden sich diese Motive auch zugunsten anderer Mitglieder des Bundes geltend machen? Ist anzunehmen, daß der französische Bauer bereit sein wird, für seinen Kunstdünger mehr zu bezahlen, um der englischen chemischen Industrie zu helfen? Wird der schwedische Arbeiter für seine Orangen mehr bezahlen wollen, um den kalifornischen Züchter zu unterstützen?[20]

Dieses Argument, das er als den »Mythos der Nationalität« bezeichnet, der die Unterwerfung unter den Willen der Mehrheit befördere, wird anschließend durch weitere Erörterungen untermauert, bei denen die größere Diversität innerhalb einer Föderation im Mittelpunkt stehen: Je diverser eine Föderation ist, desto schwieriger sei es, ihr irgendwelche wirtschaftspolitischen Einschränkungen aufzuerlegen, da die Vielfalt der Menschen, der Lebensbedingungen und der Traditionen es unwahrscheinlicher mache, dass Menschen sich zu Opfern für eine gemeinsame Sache bewegen lassen. Geradezu vergnügt prophezeit Hayek schließlich im Hinblick auf eine solche Föderation:

> Jedenfalls wird die Lenkung des Wirtschaftslebens in einem Bundesstaat einen viel engeren Spielraum haben als in einem Nationalstaat. Und da wie wir gesehen haben, die Macht der den Bundesstaat bildenden Staaten noch begrenzter sein wird, werden viele Eingriffe in das Wirtschaftsleben, an die wir gewöhnt sind, in einer föderativen Organisation völlig undurchführbar sein.[21]

Aus Hayeks Sicht können nur fehlgeleitete, im Zusammenhang mit Nationalismus und Krieg stehende Ideologien ansonsten vernünftige Individuen dazu bringen, einander zu »helfen«, indem sie beispielsweise für bestimmte Waren mehr als den Mindestpreis bezahlen, der sich (laut Hayek) ohne staatliche Einmischungen ins Wirtschaftsleben durchsetzen würde. Gerade der Fortbestand solcher – wenngleich durch den Markt entschärfter und transformierter – Ideologien, die dafür sorgten, dass die Menschen auch weiterhin in einzelne Nationen geteilt seien und dass der Wettbewerb zwischen Individuen, aber auch Staaten weitergehe, verhindere wirksames Regierungshandeln auf der föderalen Ebene. Eine erstaunliche logische Umkehrung: *Eben jener Nationalismus, der laut Hayek Solidarität innerhalb eines Nationalstaats möglich macht und staatliche Interventionen befördert, wird benutzt, um dies auf der zwischenstaatlichen Ebene zu blockieren.* Statt nationalistische Ideologien zu verdrängen, ist der Neoliberalismus wie ein Parasit von ihnen abhängig.

In dieser Hinsicht ist Europa lediglich das offensichtlichste Beispiel dafür, wie das internationale Wirtschaftssystem in den letzten 30 Jahren transformiert wurde. Ähnlich wie in Hayeks idealtypischer Föderation nutzt das internationale Kapital die mit dem Zusammenbruch von Bretton Woods entstandenen Risse, um Staaten gegeneinander auszuspielen. In den internationalen Beziehungen setzt es eine Marktlogik durch, bei der das primäre Ziel jeden Landes, jeder Region, jeder Stadt und jeder Gemeinde darin besteht, im globalen Wettbewerb um Investitionen attraktiv zu erscheinen. Sofern ein Land oder eine Stadt in diesem globalen Rennen nicht über eine besonders günstige Startposition und/oder außergewöhnliche soziopolitische Bedingungen verfügt, wird das in der Regel darauf hinauslaufen, niedrigere Löhne, Steuererleichterungen und minimale arbeitsrechtliche und ökologische Vorgaben anzubieten.[22]

Genau diese Logik der zwischenstaatlichen Konkurrenz erlaubt es den Finanzmärkten, als Wachhunde zu agieren, die darüber entscheiden, was als legitime Politik gelten kann und was nicht. Das »Marktvertrauen« – die Neigung des hoch mobilen Kapitals, in einem bestimmten Land sein Lager aufzuschlagen – wird zur Richtschnur dafür, was wünschenswert ist, während demokratische Prozesse sowie die Launen der sozialen Gerechtigkeit eingedämmt werden müssen, um Investoren nicht zu verschrecken. Nicht nur die schwächeren Länder machen gerade diese Erfahrung. Nichts bringt Donald Trumps ambivalente Beziehung zur »Globalisierung« besser auf den Punkt als sein Terminplan an jenem Tag, als er das transpazifische Handelsabkommen aufkündigte: Nachdem er am Morgen das Abkommen mit dem Argument beerdigt hatte, es sei für den Verlust von Industriearbeitsplätzen in den USA verantwortlich, traf er sich am Nachmittag mit den Vorstandsvorsitzenden einiger der wichtigsten amerikanischen Unternehmen. Bei diesem Treffen versicherte der Präsident ihnen, soziale, arbeitsrechtliche und ökologische Standards zu senken, damit es sich für sie lohne, wieder in den USA zu produzieren. Man hat also durchaus die Auswahl zwischen Freihandel und Protektionismus, solange sichergestellt ist, dass Arbeitskraft billiger wird. In den berühmten Worten von Henry Ford: Sie können das Modell T in jeder beliebigen Farbe haben – Hauptsache, es ist schwarz.

Der neoliberale »Globalismus« und ein nationales Verständnis der Politik sind keine Gegensätze, sondern sie gehören zusammen, und Ersterer hängt von Letzterem ab. Letztendlich läuft Hayeks Vorschlag darauf hinaus, dass staatliche Einmischungen in den Markt sich am effektivsten im Rahmen einer *ökonomischen Föderation mit nationalisierten Bürgern* beschränken lassen, die nicht über ihren nationalen Tellerrand hinausblicken und jenseits von Handel im engeren Sinne keinerlei Interesse an internationaler Kooperation haben.

In dem Zitat des englischen Malers und Sozialisten William Morris, das wir diesem Kapitel vorangestellt haben, steckt eine Einsicht, die sich erneut als wahr erweist: »Die modernen Nationalitäten sind lediglich künstliche Hilfsmittel für den Handelskrieg, dem wir ein Ende bereiten wollen, und werden gemeinsam mit ihm verschwinden.«[23] Morris schrieb diesen Satz 1889. Zwei Jahre zuvor hatte die britische Regierung verpflichtende Ursprungsbezeichnungen eingeführt, um britische Konsumenten dazu zu ermuntern, Produkte »made in Britain« zu kaufen – nicht die billigeren Alternativen »made in Germany«. Diese Strategie scheiterte, da insbesondere deutsche Produkte bald mit Qualität gleichgesetzt wurden. Morris sah eine Zeit des Neoliberalismus voraus, in der sich die Nationen selbst in Waren verwandeln würden – und in genau diese Welt führen Hayeks Pläne.[24]

Hayeks Argument ist nur dann plausibel, wenn wir zwei Dinge als gegeben akzeptieren: erstens dass Bürger einander ausschließlich aufgrund eines ideologischen Nationalismus »helfen« und aus keinem anderen Grund; und dass es zweitens wirklich kein föderales Äquivalent für diese Form des Nationalismus gibt.

Wenn Europa das fortgeschrittenste Beispiel für das Funktionieren dieser Logik ist, ist es zugleich auch der Ort, an dem diese Logik direkt herausgefordert wird – und das Resultat dieser Herausforderung wird weltweite Auswirkungen haben. Wenn Sie glauben, die Europäische Union sei eindeutig neoliberal, dann stellen Sie sich einmal folgende Fragen: Ist das Verhängen einer massiven Geldstrafe gegen Google neoliberal? Oder das Erlassen von Richtlinien, die eine wöchentliche Höchstarbeitszeit vorschreiben? Sind Gesundheits-, Sicherheits- und Hygienestandards neoliberal? Oder Strukturfonds, aus denen Investitionen in benachteiligten Regionen finanziert werden? Dass es EU-Verordnungen und -Richtlinien gibt, die durchaus gegen die Prinzipien des Neoliberalismus verstoßen, hat damit zu tun, dass die Europäische Union stark genug ist, um sich zu widersetzen und Alternativen vorzuschlagen. Tatsächlich ist die EU die einzige supranationale Organisation, die überhaupt irgendeine soziale Komponente hat; die jüngsten Bestrebungen, die Entsenderichtlinie zu reformieren und eine Europäische Arbeitsbehörde zu schaffen, unterstreichen, dass das Potenzial vorhanden ist, diese »soziale Säule« zu stärken, die in den letzten Jahren tatsächlich vernachlässigt wurde. Vor allem jedoch sind es gesellschaftliche und politische Prozesse, die von den Bürgerinnen und Bürgern Europas selbst vorangetrieben werden, die zeigen, wie falsch Hayek mit seiner Annahme lag, grenzüberschreitende Solidarität sei unmöglich. Ausgerechnet das Vereinigte Königreich war in diesem Bereich ein Vorreiter.

Wir sind die Löwen, Mr. Manager[25]

Hey sister, where are you going in the middle of the night?
I'm going down to London, to the bloody Grunwick fight,
Where a wee small band of immigrants are fighting for their rights,
So put your coat on, Jimmy man, and come and join the fight.
Hold the line! Hold the line!
We'll be there before dawn
To hold the picket line.

So lauten die erste Strophe und der Refrain des Kampflieds der Grunwick-Bewegung. Im August 1976 wurde Devshi Bhudia vom Filmkopierwerk Grunwick gefeuert, weil er zum Versand vorgesehene Fotografien zu langsam verpackt hatte. Aus Solidarität legten drei Kollegen die Arbeit nieder; als Jayaben Desai ihren Mantel anzog, um sich ihnen anzuschließen, wurde sie ebenfalls entlassen. Ihr Sohn trat aus Protest in den Streik und wandte sich an das lokale Citizens Advice Bureau. Er verkündete, sie wollten Streikposten aufstellen und gewerkschaftliche Vertretung einfordern. Die Ereignisse der folgenden zwei Jahre markieren einen der wichtigsten Momente in der Geschichte der britischen Arbeiterbewegung. Was als lokaler Konflikt um ungerechtfertigte Entlassungen und unbezahlte obligatorische Überstunden begann, verwandelte sich bald in eine landesweite Bewegung: Briefträger weigerten sich, Post aus dem Grunwick-Werk zu bearbeiten, Bergleute, Stahlarbeiter und Tausende weiterer Gewerkschafter aus dem ganzen Land kamen nach London, um die Streikenden zu unterstützen. Scharmützel mit der Polizei waren an der Tagesordnung. Prominente Anwälte, Ärzte, Journalisten und Politiker beteiligten sich an den Streikposten und teilten die Forderung nach gewerkschaftlicher Repräsentation.

Besondere Bedeutung erlangte der Streik durch die Tatsache, dass er von Immigrantinnen angeführt wurde, die vor allem aus Indien, Pakistan, Bangladesch und Ostafrika stammten und von den Medien als »Streikende in Saris« bezeichnet wurden. Die Gewerkschaft, an die man sie vermittelte, war die Association of Professional, Executive, Clerical and Computer Staff, eine kleine, eher konservative Organisation, die kaum Erfahrung mit Protesten hatte und mit Sicherheit nicht daran gewöhnt war, asiatische Arbeiterinnen zu vertreten. Man muss ihr jedoch zugutehalten, dass sie den meisten Berichten zufolge ihre Arbeit ordentlich machte. Die gesamte Gewerkschaftsbewegung des Vereinigten Königreichs beteiligte sich an einer umfassenden Diskussion über die Rechte der eingewanderten Arbeiterinnen und Arbeiter. Der Augenblick, in dem weiße männliche Arbeiter Solidarität mit migrantischen Arbeiterinnen zeigten, wird vielfach als Wendepunkt in den ethnischen Beziehungen im Vereinigten Königreich beschrieben. Das Ausmaß der Bewegung legt nahe, dass Solidarität unter Arbeiterinnen und Arbeitern nicht national ist, wenn Nationalismus ein rassistisches Konzept impliziert. Anders als Hayek vermutlich vorausgesagt hätte, nahmen weiße britische Arbeiter zugunsten eingewanderter Arbeiterinnen Kosten auf sich, weil sie überzeugt davon waren, dass Arbeitnehmerrechte der gesamten Arbeiterschaft zugutekommen sollten.

Während das langfristige Vermächtnis der Bewegung als bahnbrechend gelten kann, war den Streikenden kurzfristig kein Erfolg beschieden – weder in Bezug auf die Arbeitsbedingungen in der Fabrik noch was die vorherrschende Haltung in der Gewerkschaftsbewegung anging. Die damalige Labour-Regierung weigerte sich, den Arbeiterinnen zu helfen, auch der Gewerkschaftsdachverband (Trade Union

Congress, kurz TUC) entzog seine Unterstützung. Jayaben Desai verlor ihre Mitgliedschaft, als sie 1977 vor dem TUC-Gebäude in den Hungerstreik trat. Zwei Jahre darauf wurde Margaret Thatcher Premierministerin, und in den achtziger Jahren folgte ein breit angelegter Angriff auf die Macht der Gewerkschaften. Wie Bergleute und Stahlarbeiter, die sich damals an den Grunwick-Protesten beteiligten, auch heute noch betonen, ist es bemerkenswert, dass gewöhnliche Arbeiter erkannten, was in Grunwick auf dem Spiel stand, während die Führung der Gewerkschaften und der Labour Party dazu nicht imstande waren. Am Ende zahlten alle Arbeiterinnen und Arbeiter dafür den Preis.

Machen wir einen Sprung ins neue Jahrtausend: Auch heute sind häufig Immigranten die Speerspitze im Kampf für Arbeitnehmerrechte, und wie damals führen häufig Frauen diese Bewegung an. »Ein existenzsichernder Mindestlohn ist wichtig, weil wir Menschen sind und in der Lage sein müssen, ein anständiges Leben zu führen.« Laut ihren Angaben wurde Susana Benavides von ihrem Arbeitgeber entlassen, nachdem sie diesen Satz in einem Kampagnenvideo geäußert hatte. Die alleinerziehende Mutter aus Ecuador hatte bei der Einzelhandelskette Topshop in London als Reinigungskraft gearbeitet. Ihre Gewerkschaft, United Voices of the World, verklagte daraufhin die Britannia Service Group, ein Subunternehmen, das für Topshop Gebäudedienstleistungen erledigte (Britannia bestreitet Susanas Darstellung). Susana ist eine von vielen im Dienstleistungssektor tätigen migrantischen Arbeitnehmerinnen, die sich für eine Verbesserung der Arbeitsbedingungen in Großbritannien einsetzen. Mittlerweile laufen an vielen Londoner Universitäten »Justice for Cleaners«-Kampagnen, die von Studierenden aus der ganzen Welt unterstützt werden.

Die sogenannte Gig Economy ist ein weiterer Brennpunkt dieser Entwicklung. Auch die Londoner Deliveroo- und Uber-Streiks, die im Sommer 2016 begannen und sich bis 2017 fortsetzten, wurden in der Regel von Migranten angeführt. Dabei zeichnet sich ab, dass die Proteste in der Gig Economy zum Modell für selbstorganisierte, transnationale Streiks werden könnten. Nachdem eine erste Welle wilder Streiks in London abgeebbt war, begannen zwei Gewerkschaften, Deliveroo-Fahrer zu organisieren. Die Independent Workers Union of Great Britain (IWGB), die sich 2013 von einer größeren Gewerkschaft abspaltete, organisiert Arbeiter im Londoner Stadtteil Camden, dem Epizentrum der Sommerstreiks; die Industrial Workers of the World (IWW) setzen sich landesweit für Arbeitnehmerinnenrechte ein, insbesondere in Bristol und Leeds. »The Rebel Roo«, ein selbstorganisierter Newsletter von Deliveroo-Fahrern, hatte phasenweise bis zu 1500 Abonnenten und erreichte damit etwa zehn Prozent des Deliveroo-Personals. Im Oktober 2016 wurde dieses Modell auf Italien übertragen, als Zusteller in Turin koordinierte Proteste gegen den Lieferdienst Foodora starteten.[26] In Spanien traten am 2. Juli 2017 Deliveroo-Fahrer in Barcelona, Valencia und Madrid in den Streik. Die Beteiligung war hoch, nahezu zwei Drittel der Zusteller schlossen sich an. In jüngerer Zeit nahmen Arbeiter aus den Niederlanden, Österreich und Griechenland an internationalen Organisierungstreffen teil, die von deutschen, italienischen und spanischen Fahrern initiiert worden waren.[27] In Großbritannien wiederum kamen bei einer Konferenz der Transnational Social Strike Platform im Februar 2017 in London 160 Menschen von vierzig Organisationen aus neun Ländern zusammen, um über Sozialstreiks zu diskutieren und transnationale Streiks sowie andere Aktionen in der Gig Economy zu planen;[28] Nachfolgeveranstaltungen fanden im Juli in Berlin und im September in Turin statt.

Streiks und die Organisierung von Arbeitnehmerinnen finden heute immer häufiger über nationale Grenzen hinweg statt. Das müssen sie auch, wenn sie spürbare Folgen für die führenden Arbeitgeber und ihre Geschäftsmodelle haben sollen. Nehmen wir Amazon, das sich auf ein Netzwerk aus Logistikzentren stützt, in denen Waren gelagert, verpackt und an Kunden versandt werden. Die Praktiken, mit denen Amazon seine Beschäftigten ausbeutet, um das Funktionieren seines Just-in-time-Distributionsnetzwerks zu garantieren, sind mittlerweile wohlbekannt. Seit 2013 hat die deutsche Dienstleistungsgewerkschaft Verdi eine Reihe kurzfristig angesetzter Streiks organisiert, um Amazon dazu zu bewegen, die in den Tarifverträgen für den Einzel- und Versandhandel vorgesehenen Löhne zu bezahlen. In Zeiten hoher Nachfrage wendet Amazon jedoch eine einfache Methode an, um die Auswirkungen dieser Streiks zu begrenzen: Das Unternehmen nutzt Logistikzentren im benachbarten Polen, um Auftragsspitzen abzuarbeiten, unter anderem indem es von den dortigen Beschäftigten verlangt, dass sie Überstunden machen. Nach mehreren Treffen zwischen deutschen und polnischen Arbeitnehmerinnen schlug die Belegschaft des Amazon-Logistikzentrums in Poznań 2015 zurück: Als die Geschäftsführung versuchte, die Arbeiterinnen in Poznań während eines von Verdi organisierten Streiks in Deutschland zu Überstunden zu zwingen, arbeiteten diese absichtlich langsam. Mehrere Angestellte wurden aufgrund dieser Aktion entlassen. Die zuständige Gewerkschaft Inicjatywa Pracownicza unterstützt sie in Verfahren wegen ungerechtfertigter Kündigung und fordert von dem Unternehmen höhere Löhne. Inicjatywa Pracownicza (Arbeiterinitiative) ist eine relativ junge Gewerkschaft. Die Amazon-Angestellten in Poznań haben sich für sie entschieden, weil sie von ihren Initiativen zur Unterstützung polnischer Arbeiterinnen ebenso beeindruckt waren wie von ihrem Logo: einer wütend dreinblickenden Katze. Wie im Fall der Gig Economy steckt die transnationale Koordination hier zwar noch in den Kinderschuhen, sie nimmt jedoch zu, was unter anderem der erste simultane Streik italienischer und deutscher Amazon-Angestellter am Black Friday im November 2017 belegt.

Solche grenzüberschreitenden Aktionen stehen oft vor massiven Hindernissen: Hierarchien und Partnerschaften zwischen Gewerkschaften, die kreative Initiativen ersticken (beispielsweise ist Verdi in Polen traditionell mit der Solidarność verbündet, die den Streik nicht unterstützen wollte); Beschäftigungspraktiken, die es Arbeiterinnen und Arbeitern gezielt erschweren, sich zu organisieren; einer systematischen Schwächung des Arbeitsrechts in den meisten europäischen Ländern und der komplexen Aufgabe, sprachliche und geografische Barrieren zu überwinden. Zugleich bietet die erhöhte Mobilität der Arbeitnehmerinnen innerhalb großer Konzerne Möglichkeiten, die frühere Generationen von Gewerkschaftern in dieser Form noch nicht hatten. Viele der streikenden Amazon-Beschäftigten in Poznań hatten zusammen mit Arbeitnehmerinnen aus anderen europäischen Ländern an Trainingsseminaren in Großbritannien teilgenommen, wo sie Kontakte knüpfen und Arbeitsbedingungen sowie Löhne vergleichen konnten: »Wenn wir die besten Arbeiter in Europa sind, weshalb werden wir dann am schlechtesten bezahlt?«, fragten polnische Arbeiter ihre Geschäftsführung nach ihrer Rückkehr.[29] Tatsächlich bietet die Freizügigkeit der Arbeitskräfte innerhalb der EU beträchtliche Chancen für transnationale Organisierung und Solidarität von unten, wohingegen die Entsenderichtlinie und von oben durchgesetzte Maßnahmen zur Förderung des Wettbewerbs traditionelle, auf die einzelstaatliche Ebene beschränkte Strategien zunehmend schwieriger machen.[30] Aktionen wie jene in Poznań zeigen jedoch, dass paneuropäische Solidarität existiert und dass diese nicht nur durch Mitgefühl motiviert ist, sondern durch die politische Einsicht, dass sich Verbesserungen an einem Ort nur im Rahmen transnational koordinierter Kampagnen durchsetzen lassen.

Diese Erkenntnis breitet sich in Europa derzeit immer weiter aus. Tatsächlich könnten wir auch an dieser Stelle die Geschichte der *zwei Europas* erzählen.

Ein Streichholz anzünden

Sobald wir 2007 die ersten Aktivitäten von European Alternatives angekündigt hatten, kamen in London lebende Menschen aus ganz Europa, ja aus der ganzen Welt sowie Europäerinnen und Europäer, die anderswo lebten, auf uns zu, weil sie sich an unseren Aktionen beteiligen oder in ihren eigenen Städten ähnliche Veranstaltungen durchführen wollten. Uns war also schnell klar, dass wir nicht die Einzigen waren, die eine zivilgesellschaftliche, kulturelle und politische Organisation vermisst hatten, die sich für eine andere europäische Zukunft engagiert. Spätestens 2010 realisierten wir dann, dass es an der Zeit war, möglichst viele Menschen an einem Ort zusammenzubringen, um über die nächsten Schritte zu diskutieren. Also luden wir im September etwa 100 Menschen aus dem ganzen Kontinent zu einem Treffen in London ein. Als Veranstaltungsort wählten wir die um die Ecke von unserem provisorischen Büro im East End gelegene Hanbury

Hall. Die Location war billig, ganz in der Nähe und davon bedroht, in Luxusapartments umgewandelt zu werden. Das Gebäude hat jedoch auch eine bedeutsame Geschichte.

Hanbury Hall war 1719 ursprünglich von aus Frankreich geflohenen Hugenotten als Kapelle erbaut worden. Im 19. Jahrhundert trat Charles Dickens dort zu öffentlichen Lesungen auf, und 1888 hatte das Gebäude – das war uns besonders wichtig – als Treffpunkt der »Match Girls« fungiert, die beschlossen hatten, mit einem Streik gegen die Arbeitsbedingungen in der nahe gelegenen Streichholzfabrik Bryant and May zu protestieren. Die Arbeiterinnen waren unerträglich langen Arbeitstagen ausgesetzt, wurden miserabel bezahlt und mussten Bußgelder zahlen, wenn sie sich während der Arbeit unterhielten oder die Toiletten aufsuchten; außerdem stellte der bei der Streichholzproduktion verwendete Phosphor ein Gesundheitsrisiko dar. Die meisten der 1200 Frauen stammten aus Irland, viele waren gerade einmal zwölf Jahre alt. Sie wandten sich an den London Trades Council, der gegründet worden war, um ausgebildete Handwerker zu repräsentieren; arme Irinnen zählten also nicht zu seiner klassischen Klientel. Schließlich gelang es den Frauen, die Leute vom Trades Council zu überzeugen oder vielmehr so sehr zu beschämen, dass sie sich der Sache annahmen. Die Streichholzarbeiterinnen protestierten vor den Houses of Parliament und sorgten mit Unterstützung der führenden Sozialistin Annie Besant (die später unter anderem auch dem Indischen Nationalkongress beitreten sollte) für viel Lärm in den Medien. Der Erfolg dieser jungen Mädchen und Frauen, denen es tatsächlich gelang, ihrem Arbeitgeber Zugeständnisse abzuringen, führte zur Gründung der Union of Women Match Makers und war ein früher Meilenstein in der Geschichte der britischen Gewerkschaftsbewegung. In Hanbury Hall hatten bedeutende Sozialistinnen und Reformer wie Eleanor Marx und Herbert Burrows zu den Match Girls gesprochen, weshalb wir den Ort ziemlich perfekt für unsere eigene bescheidene Initiative fanden.

Unser Netzwerk versetzte uns in die Lage, überall auf dem Kontinent European-Alternatives-Aktionen auf die Beine zu stellen; so wurde aus unserem Londoner »Festival of Europe« das »Transeuropa Festival«, das an mehreren Orten gleichzeitig stattfindet. Das Netzwerk hat Kampagnen und Konferenzen zu Praktikantenrechten, neuen Formen der Gewerkschaftsarbeit, zu Prekarität und Arbeitnehmerinnenrechten in der EU organisiert. Der Geist seines Gründungsorts lebt also im Netzwerk fort. Wir machten die Erfahrung, dass es möglich ist, Bürgerinnen und Bürger in ganz Europa für gemeinsame Ziele zu mobilisieren, und dass so ein Prozess das Engagement einer Vielzahl unterschiedlicher Akteure sowie jede Menge Networking erfordert.

Ein gutes Beispiel dafür ist unsere Arbeit im Bereich der Commons, bei der wir uns einer Bewegung anschlossen, die für ein neues Wirtschaftsmodell jenseits von Staat und Markt eintritt. Im Jahr 2009 überführte Paris die Wasserversorgung als Gemeingut wieder in den städtischen Besitz. Kurz nach der Gründung unseres Netzwerks beteiligten sich mehr als 27 Millionen Italienerinnen und Italiener an einem Referendum, bei dem der Staat aufgefordert wurde, Wasser als »Gemeingut« zu betrachten und es den Kräften des Marktes zu entziehen; bald gründeten sich auch in Deutschland und weiteren Ländern ähnliche Initiativen. Aus der Debatte über die Commons – die in europäischen Aktivisten- und Akademikerinnenzirkeln schon länger intensiv geführt wurde – war plötzlich eine massive soziale Bewegung geworden, bei der es nicht länger nur um Wasser ging, sondern zum Beispiel auch um kulturelle Institutionen. In Italien wurden unter dem Slogan »Kultur ist ein Gemeingut« mehrere Theater besetzt, darunter mit dem Teatro Valle auch das älteste Theater Roms. Eine der ersten Aktivitäten des Netzwerks bestand darin, diesen Enthusiasmus über Ländergrenzen hinweg noch weiter zu verbreiten. Wir begannen dort, wo es am schwierigsten erschien – in Osteuropa. Zusammen mit weiteren Aktivistinnen und Aktivisten organisierten wir eine Tour durch die Region. Da Commons dort noch sehr nach Kommunismus klangen, kooperierten wir mit lokalen Bewegungen und Initiativen, um ein gemeinsames Vokabular zu erarbeiten, das solche historischen Restriktionen umging. Tatsächlich reisten wir sogar noch weiter in die Ferne: Wir initiierten ein Austauschprogramm, das europäischen Commons-Aktivisten einen einjährigen Aufenthalt in China ermöglichte.[31] Zurück in Europa, vernetzten wir Initiativen aus Serbien, Rumänien, Bulgarien und anderen Ländern mit Aktivisten aus so unterschiedlichen Bereichen wie Umweltschutz, digitale Rechte oder Solidarische Ökonomie, um gemeinsame Ideen und Forderungen zu formulieren. Es war uns wichtig, auch Städte in diesen Prozess einzubinden, weshalb wir die Bürgermeister von Paris und Neapel an einen Tisch brachten, um zu zeigen, dass die Kommunen der Ausgangspunkt für eine andere Art des Wirtschaftens sein können. Wir begannen sogar mit mehreren Partnern eine European Charter of the Commons zu entwerfen, und die Stadt Neapel erließ ein Gesetz, in dem sie zusagte, diese zu unterstützen. Der Prozess dauert immer noch an. 2016 trafen sich Hunderte Aktivistinnen und Aktivisten im Europäischen Parlament in Brüssel, um die European Commons Assembly ins Leben zu rufen, ein transnationales Koordinationsforum, das im Oktober 2017 im Rahmen des Madrider Transeuropa Festivals zu einem zweiten Treffen zusammenkam. Insgesamt stellten wir fest, dass transnationale Solidarität kein leeres Gerede sein muss – und dass es dabei um viel mehr geht als reine Wohltätigkeit.

Wir wollen eure Wohltätigkeit nicht

»Wir wollen eure Wohltätigkeit nicht«, platzte es aus Christos heraus. »Wir wollen, dass ihr begreift, dass ihr in derselben Scheiße sitzt wie wir, und zwar aus denselben Gründen! Und dann wollen wir, dass ihr gemeinsam mit uns kämpft!« Der griechische Aktivist war einer der Teilnehmer eines Organisationstreffens im Vorfeld der von Blockupy koordinierten Proteste gegen die Politik der Europäischen Zentralbank, die im Mai 2015 in Frankfurt stattfanden. Es war nicht das erste dieser Treffen, und schon ganz am Anfang hatte sich ein Diskurs der internationalen Solidarität etabliert, der jedem Aktivisten aus dem Globalen Süden vertraut sein wird, der je an einem internationalen Kongress teilgenommen hat. Geprägt wurde dieser Diskurs von Aktivistinnen aus dem Norden Europas, die argumentierten, Aktivisten aus wirtschaftlich mächtigen Ländern wie Deutschland und den Niederlanden stünden in der Pflicht, den südeuropäischen Ländern zu helfen, die besonders unter der Austeritätspolitik litten. Schnell wurden Stimmen laut – aus dem Süden, aber auch aus anderen Ländern –, die gegen diese Vorstellung von Solidarität als reine »Hilfe« protestierten: »Wir wollen eure Wohltätigkeit nicht.« Es folgte ein Vortrag über Minijobs in Deutschland,[32] der sich zu einer Analyse der Machtverhältnisse, der Ungleichheit und des ungleich verteilten wirtschaftlichen Wohlstands in Deutschland ausweitete. Aus einer Diskussion über internationale Wohltätigkeit wurde so schnell eine über transnationale Solidarität. Eine Erkenntnis machte sich breit: Es ging nicht in erster Linie darum, dass Deutschland Griechenland oder einem anderen unter Austerität, Armut oder Arbeitslosigkeit leidenden Land helfen sollte. Vielmehr mussten sich die Verlierer dieser Wirtschaftspolitik – seien es die Bürger Griechenlands, scheinselbstständige 450-Euro-Jobber in Deutschland oder junge Menschen mit prekären Zukunftsaussichten – zusammentun und gemeinsam für einen ökonomischen Kurswechsel in der EU eintreten. Auf diese Weise wurde im Zuge der Treffen der Blockupy-Bewegung nach und nach der neoliberale Mythos entlarvt, laut dem wir in Nationen geteilt sind, von denen manche wettbewerbsfähiger und daher erfolgreicher sind, woraus die Verpflichtung zu einer gewissen Wohltätigkeit gegenüber den »Verlierern« resultiert. Es ist höchste Zeit, dass wir uns von dieser Idee des Wettbewerbs lösen und einsehen, dass es angemessener ist, transnationale Solidarität als gemeinsamen Kampf gegen ein ungerechtes System zu begreifen, das wir nicht dem Schicksal verdanken, sondern politischen Entscheidungen – weshalb wir dieses System mit politischen Mitteln angehen müssen und nicht mit Wohltätigkeit.

Die Lichter ausschalten

Was soll man vor diesem Hintergrund zum Agieren des »offiziellen Europa« sagen, das auf einen ähnlichen griechischen Ruf nach gemeinsamen Anstrengungen eine völlig andere Antwort gab? In der Reaktion auf die europäische Schuldenkrise sehen wir, wie der neoliberale Globalismus, das anonyme Funktionieren des Marktes und der Nationalismus zusammenspielen und sich gegenseitig verstärken. Dies wird deutlich in der Antwort der Eurogruppe – des informellen, aber allmächtigen Gremiums der Finanzminister der Eurozone – auf das griechische Ersuchen um ein neues Schuldenmoratorium nach dem Wahlsieg von Syriza im Jahr 2015. »Man kann nicht zulassen, dass Wahlen die Wirtschaftspolitik beeinflussen«,[33] erklärte der damalige deutsche Finanzminister Wolfgang Schäuble. »Wir alle haben unsere eigenen Demokratien, und die Forderungen eines Landes dürfen nicht mehr Gewicht haben als die Forderungen von 18 anderen.« Seine Worte illustrieren die Annahme, Demokratie existiere nur innerhalb einzelner Länder und die Menschen gehörten automatisch separaten nationalen *Demoi* ohne gemeinsame Interessen an. Und auch wenn sie *nationale* Staatsbürger sein mögen, sind sie *heimatlose Weltbürger*, sobald es um gemeinsame Probleme geht. Das bedeutet, eine nationale Demokratie kann keinen Einfluss auf andere nationale Demokratien ausüben, während der Weg hin zu einer transnationalen Demokratie versperrt bleibt. Dies macht jeden Raum für eine Alternative – national oder transnational – zunichte und hinterlässt ein Gefühl von Machtlosigkeit und Niedergeschlagenheit: die kaputte Uhr der Demokratie. Tatsächlich taten die beteiligten Finanzminister alles, um diese Vision von getrennten Demokratien in verschiedenen Ländern zu befördern: Sie beleidigten und misstrauten einander, jeder berief sich auf seine eigenen »nationalen Interessen«, die es zu verteidigen galt. Anstelle ernsthafter Verhandlungen, anstelle einer öffentlichen Auseinandersetzung, in der Meinungen zum Gemeinwohl der Europäerinnen und Europäer hätten geformt werden können, wurden die europäischen Institutionen zu Instrumenten, die Menschen trennen, indem man den Bevölkerungen erzählte, sie stünden mit nicht vertrauenswürdigen Konkurrenten in einem Wettbewerb um knappe Ressourcen.

Dieser Mechanismus dient dazu, die Europäische Union in einem Status zu halten, der Hayeks Intuition nahekommt: dem einer intergouvernementalen Semiföderation, in der Interessen in internationalen Verhandlungen aufeinanderprallen, die in Räumen abgehalten werden, in die niemals ein Lichtstrahl fällt. Schiene Licht in diese Räume, würde jedoch sogleich offensichtlich, dass die herrschenden Eliten viele gemeinsame Interessen haben und dass das Spektakel der kollidierenden Interessen größtenteils Show ist. Das Paradox, das den Neoliberalismus am Leben erhält: *Nationalismus der Bevölkerungen gepaart mit föderierten Eliten.* Dass die regierenden Eliten so häufig gegen Vorschläge für eine stärkere Demokratisierung der EU-Institutionen und Entscheidungsprozesse stimmen, ist kein Zufall, würde die Entstehung einer transnationalen Demokratie doch Hayeks Falle der Nationalität neutralisieren und ihren geliebten Schachroboter zerlegen.

Das Argument eines konservativen Politikers und Philosophen wie Edmund Burke würde im heutigen Europa tatsächlich revolutionär klingen. In einer Dankesrede, die er 1774 kurz nach seiner Wahl zum Unterhausabgeordneten für Bristol hielt, gab er seinen Wählern Folgendes mit auf den Weg:

> Ein Parlament ist kein *Kongress* von Gesandten verschiedener und miteinander verfeindeter Interessen, deren unterschiedliche Interessen jeder als dessen Agent und Anwalt gegenüber anderen Agenten und Anwälten zu verteidigen hat. Ein Parlament ist vielmehr die *beratend*-abwägende Versammlung *einer* Nation, mit *einem* Interesse, dem des Ganzen. Dort dürfen nicht lokale Zwecke oder lokale Vorurteile die Richtschnur sein, sondern das Gemeinwohl, das aus der allgemeinen Vernünftigkeit des Ganzen resultiert. Sie haben sicherlich ein Mitglied (a member) gewählt; aber wenn Sie ihn gewählt haben, dann ist er nicht mehr ein Mitglied Bristols, sondern ein Mitglied des *Parlaments.*[34]

Die Herausbildung eines solchen gemeinsamen Interesses ist genau das, was die zwischenstaatliche Diplomatie zu verhindern sucht – wie wir sehen werden oftmals im Widerspruch zu den Forderungen von Europas direkt gewähltem Parlament.

»Nicht Staaten vereinigen wir, sondern Menschen«, sagte Jean Monnet, einer der frühen Architekten Europas.[35] In den letzten Jahren ähnelte die Europäische Union dank der unglückseligen Strategie des Neoliberalismus immer mehr einem Gefängnissystem, in dem die Bevölkerungen der Staaten separat in Einzelhaft sitzen und in dem jeder Gefangene der Wächter eines anderen Gefangenen ist. Das Ergebnis ist ein archipelartiges Strafvollzugssystem, das Elend für die Vielen bedeutet und gleichzeitig Straffreiheit für die Diebe verspricht.

Die Piratenföderation

Die herzliche Umarmung des Fahrers verblüffte Tove. Taxifahrten sind oft ein Barometer für die politische Stimmung in einer Stadt, doch diesmal war auf dem Weg zum Brüsseler Flughafen nur wenig geplaudert worden. Auch die beliebten Klagen über die Korruption der politischen Klasse oder die nicht enden wollenden Verhandlungen zwischen Flamen und Wallonen fielen aus. Tove, eine erfahrene internationale Aktivistin des European Network on Debt and Development, hatte stattdessen über Steueroasen geredet.

Das Thema Steuerflucht hat mit rasanter Geschwindigkeit den Mainstream erreicht. Tove hatte zuvor im Bereich Klimagerechtigkeit gearbeitet, wechselte dann aber das Feld, weil sie es »leid war zu hören, es gäbe kein Geld«. Das skandalöse

Ausmaß der Steuervermeidung entlarvt diese Behauptung als falsch. Nackte Zahlen sind für gewöhnlich keine effektive Kommunikationsstrategie, doch kürzlich bewies eine sehr kleine Zahl das Gegenteil: 0,005 Prozent. Dies war dank eines Freundschaftsdeals mit dem irischen Staat der Steuersatz für die meisten europäischen Gewinne Apples. Dabei handelt es sich nicht um einen Einzelfall. Ein heftiger Unterbietungswettbewerb drängt die europäischen Regierungen, die Steuersätze für große Unternehmen zu senken, sie so in ihren Zuständigkeitsbereich zu locken und ihren Nachbarn Steuereinnahmen zu »stehlen«, was wiederum zu unfairen Bedingungen für kleine und mittlere Unternehmen (KMU) führt.[36] Dieser Wettbewerb findet selbstverständlich weltweit statt, und so traten 2017 denn auch die USA und Europa in ein Wettrennen um die Senkung der offiziellen Steuersätze ein.

Steueroasen mögen nach einer tropischen Angelegenheit klingen, aber man findet dort ebenso häufig Eichen und Bier wie Palmen und Rum: In Europa existieren mindestens vier solcher Steueroasen – acht, wenn man britische Überseegebiete und die Kanalinsel Jersey dazuzählt.[37] Wir wissen genau, wie das System funktioniert, und ebenso wissen wir, was getan werden müsste, um es zu beenden. Die Verfahren variieren von Land zu Land, das lange Zeit am weitesten verbreitete ist unter dem vielsagenden Namen »Double Irish With a Dutch Sandwich« bekannt. Dieser Name ist wichtig, erinnert er uns doch daran, dass nationale Regierungen hinter diesem Betrug stecken. Das Verfahren (das 2020 durch die »Patentbox« ersetzt werden wird, bei der, abgesehen vom Namen, praktisch alles beim Alten bleibt) wird von so unterschiedlichen Unternehmen wie Apple, Google, Pfizer, Adobe, Johnson & Johnson oder Yahoo genutzt und erfordert die

Registrierung von zwei separaten Unternehmen in Irland: eins, das die europäischen Gewinne einsammelt, und eins, das die Patente für die verkauften Produkte hält, allerdings von einem anderen Ort aus (zum Beispiel den Bermudas) geführt wird. Sind die Gewinne einmal eingesammelt, nimmt das Geld auf dem profitablen Flug in Richtung Steuerimmunität (auf dem es ausschließlich Tickets für die erste Klasse gibt) einen kleinen Umweg, der eine Zwischenlandung in den Niederlanden vorsieht: Das erste Unternehmen überweist den Großteil der Gewinne in Form von Lizenzgebühren an ein weiteres Tochterunternehmen in den Niederlanden, wo dank spezieller gesetzlicher Regelungen keine Steuern auf Lizenzeinnahmen anfallen. Von dort wird es an das zweite in Irland registrierte Unternehmen überwiesen. Und was passiert nun mit diesem ganzen Geld? Würde man es nun beispielsweise in die Vereinigten Staaten überweisen, müsste man die US-Körperschaftssteuer zahlen, die zwar niedrig ist, aber dennoch einen beträchtlichen Prozentsatz ausmacht. Da ist es doch eine viel bessere Idee, es dorthin zu transferieren, wo die Zahl eine perfekte Null ist: Bermuda – wo das zweite in Irland registrierte Unternehmen zufälligerweise seinen eigentlichen Sitz hat. Irland – Niederlande – Bermuda: In diesem neuen Dreieck verschwindet der Großteil der Körperschaftssteuern, die einige der profitabelsten Unternehmen der Welt andernfalls bezahlen müssten.

Auch viele europäische Konzerne beteiligen sich an diesem Spiel, darunter der schwedische Riese Ikea, der beschuldigt wird, Steuern in Höhe von über einer Milliarde Euro umgangen zu haben, indem er seine europäischen Gewinne an seine holländische Niederlassung und von dort nach Luxemburg überwies, wo er für 15,6 Milliarden Euro die lächerliche Summe von 477 Millionen Euro, oder drei Prozent, an

Steuern entrichtete.[38] Ein Schnäppchen, wenn man bedenkt, wie viel KMU zahlen müssen.

Das Europäische Parlament und die Kommission sind sich der Ungerechtigkeiten, die dieses System produziert, nur allzu bewusst. Insbesondere das Parlament kämpft in seinem Versuch, die »Interessen des Ganzen« zu vertreten, seit Langem für eine Harmonisierung der Steuersätze und strengere Vorschriften gegen Steuervermeidung. Tove sagt dazu: »Eine harmonisierte Bemessungsgrundlage für die Körperschaftssteuer sollte keine Utopie sein, und sie ist auch kein Hexenwerk.« Bislang wurde jedoch außer einer oberflächlichen Reform nichts beschlossen. Weshalb? Ein Bericht des Europäischen Parlaments liefert eine gute Erklärung dafür, wenn er bemerkt, es gebe unter den Nationalstaaten ein weitverbreitetes Muster der systematischen Obstruktion, um jegliches Vorgehen gegen Steuervermeidung zu begrenzen und Informationen zurückzuhalten.[39] Die Staaten wachen ehrgeizig über die Interessen ihrer Lieblingsunternehmen und schützen deren Mauscheleien,[40] während sie nach neuen »Nischenmärkten« suchen, die sie besetzen können. Es ist ein hartes Rennen: Während sich Irland auf Hightech und die Niederlande auf Finanzdienstleistungen spezialisiert haben, hat das kleine Portugal beschlossen, sich einen Vorteil zunutze zu machen, über den seine nördlichen Konkurrenten nicht verfügen – die Sonne. Daher wirbt das Land nun mit Steuerfreiheit für ältere Europäer, die ihren Wohnsitz – und ihre unversteuerte Rente – an Europas Westküste verlagern wollen. Italien wiederum bietet europäischen oder ausländischen Superreichen, die in das Land ziehen möchten, eine Flat Tax an: ein Trick, den zum Beispiel berühmte Fußballer gerne nutzen.

Während die Staaten versuchen, einander in einem selbstzerstörerischen Unterbietungswettbewerb auszustechen, sind immer mehr Bürgerinnen und Bürger auf der Überholspur unterwegs. Tove ist nur eine Vertreterin einer transnationalen Bewegung für Steuergerechtigkeit, deren Mitstreiter die Falle der Nationalität erkannt haben.

Einmal mehr ist es gerade die Logik der zwischenstaatlichen Diplomatie, die es besonders schwer macht, grenzüberschreitende Steuervermeidung zu bekämpfen. Tove bringt es auf den Punkt: »An wen soll man entsprechende Forderungen richten?« Da alle Entscheidungen im Rahmen eines intergouvernementalen Prozederes getroffen werden, hat sie weder einen klaren Gegner noch einen eindeutigen Ansprechpartner. »Soll ich etwa darauf hoffen, dass der Europäische Rat das Problem bei einer seiner nichtöffentlichen Sitzungen löst?«, fragt sie rhetorisch. Dabei ist es ja die ureigene Funktion des intergouvernementalen Systems der EU, Macht in ein Gespenst zu verwandeln: etwas, das es offiziell nicht gibt, das sich aber als unglaublich effektiv erweist, wo es darum geht, die politische Handlungsfähigkeit der organisierten Bürgerschaft zu beschränken. Die unsichtbare Hand des Marktes ist zur unsichtbaren Hand einer in Geiselhaft genommenen politischen Klasse geworden, die das Prisma der Nation nutzt, um ihre Bürger zu teilen und über sie zu herrschen. Wir sehen, dass all das nicht unausweichlich oder natürlich ist – stattdessen handelt es sich um einen politischen Trick, den immer mehr Bürgerinnen und Bürger durchschauen. Der Ausgang dieses Kampfes wird darüber entscheiden, wie die Welt der Zukunft aussieht.

»Wie haben Sie sich gefühlt, während ich das Gedicht vorlas?«, fragt Pablo Neruda. »Es ist seltsam ... die Worte strömten vor und zurück, wie das Meer. Ich fühlte mich seekrank ... Ich fühlte mich wie ein Boot, das auf den Worten herumgewirbelt wird«, erwidert Mario Ruoppolo, der Briefträger. Am Ende dieses berühmten Dialogs aus dem Film *Il Postino* fragt Neruda seinen neuen Freund mit einem Lächeln: »Weißt du, was du gerade getan hast, Mario? Du hast eine Metapher erfunden!«

Wir haben in diesem Buch immer wieder betont, dass Europa seit je eine Metapher gewesen ist, ein Mythos, der es uns erlaubt, unsere Zwickmühle mit all ihren Versprechen und in all ihrer Gewalt zu verstehen. Es gibt aber auch Handlungsspielräume in diesem Mythos, in dem es in Wirklichkeit um uns geht, die Leserinnen und Leser, die Bürgerinnen und Bürger.

Wenn der politisch und wirtschaftlich am stärksten integrierte Kontinent in eine Lage zurückfällt, in der feindselige Nationalstaaten einander bekämpfen, wäre dies ein dramatischer Vorgeschmack auf die kommende globale Unordnung. Im Grunde würde sich damit ein ganzer Kontinent dem Weltbild des Neoliberalismus unterwerfen; bürgerliche Handlungsfähigkeit und menschliche Autonomie würden durch den falschen Automatismus der Märkte, Konsumismus und die Kommodifizierung von allem und jedem ersetzt. Wenn Europa sich hingegen in einen riesigen Nationalstaat verwandelt, mit noch mehr staatlicher Kontrolle im Inneren und größeren Machtansprüchen nach außen, wenn die EU »Europa zuerst!« ruft und ihre Grenzen militarisiert, verkommt der politische Horizont Europas zu einem »Weiter so« in größerem Maßstab.

Wäre Europa hingegen in der Lage, eine echte grenzüberschreitende Politik aufzubauen, würde es demonstrieren, dass gemeinsames Handeln über nationale Grenzen hinweg möglich ist. Würde es sich auf die Bürgerinnen und Bürger konzentrieren, die in ihrem Alltag ständig nationale Grenzen überschreiten, könnte das die Welt insgesamt verändern. Damit meinen wir nicht einfach, dass ein politisch geeintes Europa »groß genug« wäre, um seiner Stimme auf der internationalen Bühne Gehör zu verschaffen. Für sich genommen würde dies wohl keinen großen Unterschied machen oder sich gar als kontraproduktiv erweisen. Immerhin hat auch Donald Trump eine laute Stimme. Der Haken ist jedoch: Damit Europa erstens eine solche Stimme erlangt – und zu einem glaubwürdigen politischen Akteur wird –, muss es zunächst die ergebnislose Kakophonie der intergouvernementalen Diplomatie und den Wettbewerb zwischen den Staaten überwinden. Genau dieses System ist es schließlich, das Europa im wirtschaftlichen Status quo gefangen hält und jede ernsthafte gemeinsame Initiative lähmt. Und damit diese europäische Stimme dann auch wirklich anders klingt, müsste es zweitens die Stimme *der Bürgerinnen und Bürger* in ihrer Vielfalt sein, nicht die *des Staates*, der Bürokratie und ihres limitierten Denkens. Darauf werden wir im vierten Kapitel dieses Buches ausführlicher zu sprechen kommen, wo wir eine neue Form einer transnationalen politischen Partei vorstellen, mit der es gelingen könnte, in einer von Interdependenz geprägten Welt eine transnationale Demokratie aufzubauen. Für den Augenblick wollen wir festhalten, dass die Etablierung einer transnationalen Demokratie in Europa an sich bereits einen der mächtigsten Mechanismen zerstören würde, der die Unterwürfigkeit der Politik gegenüber den Märkten bislang garantiert. Das würde voraussetzen, dass die Bürgerinnen auf der Überholspur, die wir oben kennengelernt haben, Erfolg haben. Angesichts der Größe und der wirtschaftlichen Bedeutung der EU wäre dies ein Schritt mit weltweiten Auswirkungen. Listen wir einige davon auf.

Von der Konkurrenz zur Kooperation

Würde es beispielsweise gelingen, mithilfe einer gemeinsamen Steuerpolitik, wie Tove sie anstrebt, sämtliche Steueroasen auf dem europäischen Kontinent trockenzulegen, hätte dies augenblicklich Folgen überall auf der Welt. Hat Europa seine Abhängigkeit von – und sein künstliches nationales Interesse an – der Steuervermeidung erst einmal überwunden, ist es nur noch ein kleiner Schritt, auch noch die restlichen Pirateninselstaaten auszuschalten und eine weltweite Neuorganisation der Steuersysteme anzugehen. Dieser Punkt lässt sich verallgemeinern: Auf nationaler Ebene fehlen uns effektive Mechanismen, um die zunehmend konzentrierten Vermögen gerecht zu besteuern. Als Folge streiten sich die europäischen Staaten um die Brotkrumen und können bestenfalls die Haushaltsdefizite erhöhen. Solange das internationale System diesen organisierten Diebstahl toleriert, ja sogar ermöglicht, dürfen wir uns nicht damit zufriedengeben, um das Bisschen zu kämpfen, was in der Kasse noch übrig bleibt.

Auf ähnliche Weise ließe sich eine echte europäische Finanztransaktionssteuer auf jede Bank anwenden, die in Europa aktiv ist oder Geschäfte mit einer europäischen Bank macht. Eine solche Steuer hätte global immensen Einfluss, wo es darum geht, mehr Nachvollziehbarkeit und Verantwortlichkeit in ein System zu bringen, das ständig Gefahr läuft, außer Kontrolle zu geraten – ganz abgesehen davon, dass sie auch öffentliche Einnahmen generieren würde.

Der springende Punkt besteht bei diesen zwei Vorschlägen darin, dass sie besonders effektiv wären, wenn die Zuständigkeit direkt bei europäischen Behörden läge. Man stelle sich einmal vor, es gäbe gemeinsame europäische Steuern für Internetriesen und Finanztransaktionen: Beträchtliche Ressourcen, die zuvor einfach ins Ausland abflossen, würden einen unabhängigen Haushalt für Investitionen und Sozialprogramme speisen. Das böte finanziellen Spielraum für die gemeinsamen Interessen der Europäerinnen und Europäer.

Sich vom Prinzip des »Teilens und Herrschens« zu lösen, das die Staaten der Eurozone im starren Korsett einer Währungsunion einschnürt, die niemandem gegenüber rechenschaftspflichtig ist, würde bedeuten, die europäische Wirtschaftspolitik zu politisieren. An die Stelle fiskalpolitischer Automatismen und veralteter Defizitregeln könnte dann eine länderübergreifende öffentliche Diskussion darüber treten, wie eines der größten Finanzministerien der Welt agieren sollte. Ein gemeinsamer Eurozonen-Haushalt unter der demokratischen Kontrolle der Bürgerinnen und Bürger würde die Bedingungen für gemeinsame Investitionen in einem Volumen schaffen, das ausreichend wäre, um unser Produktionsmodell auf ein neues Level zu heben und nachhaltigen Einfluss auf die Weltwirtschaft zu nehmen, etwa im Bereich eines ökologischen Umbaus der Ökonomie.

Ein transnationales Europa müsste anerkennen, dass einige Güter für das menschliche Leben unabdingbar sind und dass sie niemandem gehören: keinem Unternehmen und keinem Staat. Diese Güter dürfen nicht zum Spielball der Märkte werden und sollten unter maximaler Partizipation der Bürgerinnen und Bürger verwaltet werden. Wasser, Kultur, Wälder und Energie sind Gemeingüter und oftmals ihrem Wesen nach transnational. In den Händen des Staates sind sie nicht immer optimal aufgehoben, der Markt beutet sie aus. Indem Europa die Gemeingüter dem Markt entzieht, könnte es einige der grundlegenden Mechanismen unterminieren, über die das Konglomerat aus Neoliberalismus und Staat die Bürgerinnen und Bürger essenzieller Güter enteignet. Zur Verwaltung dieser Güter brauchen wir demokratische Strukturen, die auch für Menschen von außerhalb der EU offen sein sollten. Die European Commons Assembly ist ein Vorbote dieses Wandels.

Weder Silicon Valley noch die Große Firewall von China

Von den fünf Konzernen, die 2007 die Liste der größten US-Unternehmen nach Marktkapitalisierung anführten, ist zehn Jahre später nur noch eines auf den vorderen Plätzen zu finden (Microsoft). Verschwunden sind die Ölfirmen, Banken und Industriekonzerne, hinzugekommen sind Google, Amazon, Apple und Facebook. Die amerikanische Dominanz über die Digitalwirtschaft ist nahezu unangefochten. Mit einer Ausnahme: einmal mehr China. Das Land ist das einzige andere digitale Ökosystem, das Riesenkonzerne hervorgebracht hat, die um die weltweite Führungsposition konkurrieren und die Zukunft unserer digitalen Standards beeinflussen. Chinesische Giganten wie Tencent und Alibaba fordern Google und Amazon heraus, für jedes Facebook gibt es ein Renren, für jedes Twitter ein Weibo, für jedes eBay ein JD.com. In diesem digitalen Rennen spielt Europa merkwürdigerweise überhaupt keine Rolle.[41] Gut, das muss uns Autoren nicht groß beunruhigen, immerhin sind wir keine europäischen Nationalisten, und es geht hier auch nicht um die Frage, wie man Europa wieder »great« machen könnte. Dennoch sollte ein demokratisches Europa seine Bürger in die Lage versetzen, nicht zwischen zwei gleich schlechten Optionen wählen zu müssen: dem Silicon Valley und der Großen Firewall von China. Derzeit werden wir jedenfalls gleichsam dazu erpresst, unsere Daten entweder von großen US-Unternehmen und der National Security Agency sammeln und zu Geld machen zu lassen oder von großen chinesischen Unternehmen und der Kommunistischen Partei. Wir brauchen kein eigenes »nationalistisches« Internet. Die Herausforderung besteht eher darin, das Internet zu schaffen, das die Welt benötigt. Wir müssen *die Kontrolle darüber zurückerobern*, wie unsere digitalen Ökosysteme funktionieren, unseren Umgang mit Daten – dem Öl des 21. Jahrhunderts – drastisch überdenken und uns entscheiden, ob quasinatürliche digitale Monopole nicht eher wie öffentliche Versorgungsbetriebe behandelt werden sollten. Sind Daten nicht ebenfalls Gemeingüter, die wieder unter öffentliche Kontrolle gebracht werden müssen, so dass Unternehmen sie zwar gegen eine Gebühr nutzen, aber niemals besitzen können?[42] Wir brauchen die Macht, nicht nur im Rahmen demokratischer Verfahren gemeinsam über solche Fragen zu *entscheiden*, sondern solche alternativen Formen der digitalen Commons durch unsere Aktionen und Interaktionen auch *durchzusetzen und zu kreieren* – im Rahmen kooperativer Unternehmensmodelle oder mithilfe neuer Rechtsformen für Eigentum im Besitz der Allgemeinheit.

Der europäische Binnenmarkt ist noch immer der größte der Welt, was ihm potenziell enormen Einfluss verleiht. Wenn wir wollen, dass die Vision von Jayaben Desai, Christos oder den Aktivistinnen, die heute grenzübergreifende Streiks in der Gig Economy organisieren, in Erfüllung geht, brauchen wir eine wirklich transnationale Arbeitsmarktpolitik und transnationale Gewerkschaften, um ein Ende des Sozialdumpings, höhere Löhne und bessere Standards durchzusetzen. Handelsabkommen der EU könnten die neoliberale Globalisierung zivilisieren, indem sie auch außerhalb der EU für anständige Löhne und menschenwürdige Arbeitsbedingungen sorgen, statt all dies der Erschließung neuer Märkte unterzuordnen, wie es gegenwärtig der Fall ist. Die EU könnte damit auch für andere Teile der Welt ein wichtiges Zeichen setzen. Man denke etwa an den Unterbietungswettbewerb zwischen den USA und Mexiko: Um einen Anreiz für die Verlagerung von Produktionsstandorten zu bieten, werden die mexikanischen Löhne niedrig gehalten – eine Lose-lose-Situation für die Arbeiterinnen und Arbeiter auf beiden Seiten der Grenze.

Ein transnationales Europa würde auch eine Demokratisierung des internationalen Handelsrechts bedeuten, dessen Entwicklung heute vor allem von Konzernen und vom Großkapital vorangetrieben wird. Anstelle von Geheimverhandlungen und Schiedsgerichten, vor denen Unternehmen Staaten verklagen können, hätte ein demokratisches Europa die Ressourcen, um sich für offene und transparente Prozesse einzusetzen, zu denen auch Bürger und Nichtregierungsorganisationen Zugang haben. Das internationale Handelsrecht wird so lange die Unternehmen begünstigen, wie die Staaten uneinig sind und gegeneinander ausgespielt werden können, da das Rechtssystem tendenziell aktivistische Unternehmen bevorzugt – das erwähnte Instrument der Investitionsschiedsverfahren, das in Tausenden von Handelsabkommen eingebaut wurde, ist hier nur ein Beispiel. Transnationale NGOs, die sich für das Gemeinwohl engagieren, dürfen nicht aus Gerichtssälen ausgeschlossen sein. Das Rechtssystem ist zu wichtig, um es allein Unternehmen, Regierungen und Richtern zu überlassen. In der neuen transnationalen Politik gilt es, aktivistische Bürgerinnen und Bürger zu ermächtigen, nicht aktivistische Unternehmen.[43] Die Demokratie muss mit der Ökonomie Schritt halten: Wo Unternehmen grenzüberschreitend Handel treiben und investieren, müssen auch Parlamente grenzüberschreitend zusammenarbeiten, um sicherzustellen, dass Handelsgesetze das öffentliche Interesse schützen. Das Europäische Parlament könnte hier eine Vorreiterrolle einnehmen, indem es Delegationen aus anderen Parlamenten einlädt, um gemeinsam über diese Themen zu entscheiden.

Metaphern haben Auswirkungen in der realen Welt, selbst auf dem unpoetischsten aller Gebiete, der Weltwirtschaft. Wenn wir Europa als etwas begreifen, das über die falsche Opposition von Nationalismus und neoliberalem Globalismus hinausgeht, wenn wir in ihm ein Symbol dafür sehen, dass unsere Leben weder lokal noch global sind, sondern stattdessen verstrickt in verschiedene Netze der Solidarität, der ähnlichen Umstände und gemeinsamen Interessen, die Kollaboration und Kreativität erfordern, dann eröffnet Europa Räume für transnationale Kämpfe, die eine wirtschaftliche Transformation möglich machen. Im letzten Kapitel werden wir sehen, wie sich solche Räume eröffnen lassen, damit die Vision einer transnationalen Demokratie sich aus einem Tagtraum in eine realistische Perspektive verwandelt.

Bürgerinnen und Bürger, die in Europa den Nationalstaat hinter sich lassen, würden die Welt noch in einer weiteren Hinsicht tief greifend transformieren: Sie würden unsere Vorstellung davon revolutionieren, wer oder was ein politischer Akteur sein kann, und damit auch das Verhältnis von Selbst, Anderem und Welt verändern. Die Einheit Europas kann nicht die Art von Einheit sein, die wir von den Nationen kennen, nur größer und mit mehr Macht. Die Einheit der Europäerinnen und Europäer muss auf einem echten Überschreiten von Grenzen basieren, auf einer radikalen Transformation der Bedeutung von Bürgerschaft an sich. Das ist das Thema, dem wir uns im nächsten Kapitel zuwenden wollen.

3. Wenn Europa eine Festung ist, sitzen wir alle im Gefängnis

[T]atsächlich leben wir in einer Welt, in welcher bloße menschliche Wesen schon eine geraume Weile nicht mehr existieren. Die Gesellschaft hat mit der Diskriminierung das soziale Mordinstrument entdeckt, mit dem man Menschen ohne Blutvergießen umbringen kann; Pässe oder Geburtsurkunden, und manchmal sogar Einkommenssteuererklärungen, sind keine formellen Unterlagen mehr, sondern zu einer Angelegenheit der sozialen Unterscheidung geworden.

Hannah Arendt, 1943

Die unerträgliche Ungleichheit der Freizügigkeit

Wenn Sie mit dem Zug von Norditalien nach Südfrankreich fahren, von Mailand nach Nizza zum Beispiel, ist Ventimiglia die letzte Station auf der italienischen Seite. Es kann gut sein, dass sie dort von einem Mann angesprochen werden, der fragt, ob er sich zwischen Ihren Gepäckstücken verstecken könne. Wahrscheinlich wird Ihnen nun durch den Kopf gehen, dass er vermutlich nicht rechtmäßig in der EU ist und sich nicht frei von einem Staat in einen anderen bewegen kann. Was sollen Sie tun? Ihm sagen, er solle verschwinden? Ihn zwar ignorieren, aber auch nicht davon abhalten, dass er sich zwischen Ihren Taschen versteckt? Die Polizei rufen? Ihm helfen, sich zu verstecken?

Welche Option Sie auch wählen, wird der Rest Ihrer Reise wohl davon überschattet sein. Statt aus dem Fenster aufs Mittelmeer zu blicken und sich Tagträumen hinzugeben, denken Sie nun wahrscheinlich über die Not jener Menschen nach, die große Gefahren auf sich nehmen, um es zu überqueren. Vielleicht sind Sie besorgt über das Schicksal des Mannes, dem Sie begegnet sind. Vielleicht machen Sie sich auch Sorgen, dass der Mann, der sich zwischen Ihrem Gepäck versteckt, entdeckt werden könnte und Sie deswegen Ärger bekommen …

Die europäische Migrationskrise stellt jene von uns, die das Glück hatten, in einem EU-Land geboren zu sein, vor eine elementare Frage: Was rechtfertigt *unseren* Aufenthalt in der Europäischen Union und unser Privileg, uns über Grenzen hinweg frei bewegen zu können, wenn dieses Recht so vielen verwehrt wird, die besonders dringend auf Mobilität angewiesen sind (etwa weil sie vor Krieg, Verfolgung oder Armut fliehen)? Als das Migrationsdrama noch nicht so deutlich sichtbar war, haben nur wenige solche Fragen formuliert. Bilder von im Mittelmeer treibenden Leichen, von Menschen, die unter oft unzumutbaren Bedingungen in Auffanglagern festgehalten werden, die in den spanischen Exklaven Melilla oder Ceuta versuchen, über stacheldrahtbewehrte Zäune zu klettern, die an der ungarischen, mazedonischen oder bulgarischen Grenze der Armee ausweichen oder in Calais von der französischen Polizei mit Tränengas angegriffen werden, lassen diese Frage für jeden unausweichlich werden, der nicht vorsätzlich die Augen davor verschließt.

Konfrontiert mit dieser Frage, versuchen manche Menschen, ihre Privilegien damit zu rechtfertigen, dass Rechte nun einmal für einige gelten und für andere nicht und dass es von natürlichen Verdiensten (in diesem Fall dem, mit den richtigen Eltern hier geboren worden zu sein) oder einem natürlichen Mangel (anderswo geboren zu sein) abhängt, wer in ihren Genuss kommt. Diese Leute projizieren ihre Ängste dann womöglich auf Fremde und finden stets genügend angebliche Beweise dafür, dass diese Ängste berechtigt sind. Andere wiederum fühlen sich durch Szenarien wie das eben entworfene vielleicht eher an die schlimmsten Momente der europäischen Geschichte erinnert und machen sich Sorgen, der Kontinent könne erneut diesen Weg einschlagen.

Das Fehlen einer humanen europäischen Migrationspolitik hat zur Folge, dass es keine perfekte Antwort auf die Frage gibt, wie Sie sich in jenem Zug verhalten sollten. Solange man nicht darauf vertrauen kann, dass das Justizsystem zumindest jenen, die laut der Genfer Konvention Anspruch auf Asyl haben, dieses auch gewährt, lässt es sich nur schwer rechtfertigen, den Mann an die Behörden zu übergeben. Gleichzeitig wissen Sie noch nicht einmal, ob der Mann überhaupt ein Geflüchteter ist, geschweige denn, aus welchem Grund er die Grenze überqueren möchte. In Situationen wie der beschriebenen haben wir in der Regel weder die Zeit noch hinreichend Anhaltspunkte, um Antworten zu finden. Wahrscheinlich besteht die einzig vertretbare Reaktion darin, dem Mann in irgendeiner Form beim Verstecken zu helfen, aber wir operieren hier mit Wahrscheinlichkeiten, nicht mit Gewissheiten, und die Entscheidung könnte sich ebenso gut als falsch herausstellen. Selbst wenn es moralisch gesehen die richtige Entscheidung sein mag, bekommen Sie am Ende vielleicht Schwierigkeiten, weil ein Polizist denkt, dass Sie Beihilfe zu irregulärer Migration leisten. Diese mit Scham verbundene Spannung kennzeichnet die unerträgliche Lage, in der wir privilegierten Europäer uns gezwungenermaßen befinden und in der jeder von uns buchstäblich zu einem Grenzpolizisten wird. Und das in einem Moment, wo sogar die echten Grenzpolizisten oft nicht wissen, was sie tun sollen. Schließlich sind auch sie häufig hin- und hergerissen zwischen der Verantwortung für ihre Mitmenschen, inkohärenten und widersprüchlichen Anweisungen von oben und gelegentlichen Aufrufen zu Feindseligkeit. Natürlich ist die Lage für die Migrantinnen und Migranten selbst noch viel schlimmer – während die privilegierten Europäer lediglich verunsichert sind, geht es für sie allzu oft um das nackte Überleben. Dennoch ist es wichtig zu erkennen, dass in dieser verbreiteten europäischen Verunsicherung und sogar Scham womöglich der Grund dafür liegt, dass Migration die öffentliche Meinung so sehr polarisiert. Wollen wir die »Migrationskrise« anpacken, ist es also entscheidend, sich mit dem Versagen der Politik zu befassen, das sich hinter dieser Verunsicherung verbirgt. Diese Krise ist nie eine der Zahlen gewesen – die Zahl der Migrantinnen, die in Europa ankommen, ist im Vergleich zur europäischen Bevölkerung gering; sie war schon immer eine Krise der europäischen Einstellungen, die wiederum für viele Migranten zu einer Krise auf Leben und Tod wird.

Schizophrenie

Das Gedankenexperiment, das wir soeben durchgeführt haben, ist für viele Menschen in europäischen Grenzregionen alltägliche Realität. Die Fälle von Pierre-Alain Mannoni und Cédric Herrou illustrieren beispielhaft die öffentliche und rechtliche Schizophrenie rund um das Thema Migration.

Am 17. Oktober 2016 traf Pierre-Alain Mannoni, ein Universitätsdozent aus Nizza, sich im Royatal zwischen Italien und Frankreich mit Freunden zum Abendessen. Er hatte von der 1991 aufgegebenen Ferienanlage der französischen Eisenbahngesellschaft SNCF gehört, die Aktivistinnen einige Tage zuvor besetzt hatten, um dort Migrantinnen und Migranten unterzubringen. Auf dem nächtlichen Rückweg nach Nizza kam er an dem Gebäude vorbei und schaute sich um. Es gab weder fließendes Wasser noch Strom. Unter den etwa 60 Menschen, die sich dort aufhielten, waren drei junge Eritreerinnen mit Verletzungen an den Beinen. Die Aktivisten baten Mannoni, sie nach Nizza zu fahren, wo sie einen Zug nach Marseille nehmen wollten, um sich medizinisch versorgen zu lassen. Da sie durchgefroren, erschöpft und verletzt waren, willigte er ein. Als sie bei La Turbie die französische Grenze passiert hatten, wurden sie an einer Mautstation angehalten. Polizisten konfiszierten Mannonis Wagen und führten ihn in Handschellen ab. Der Vorwurf lautete auf »Beihilfe zur illegalen Einreise und zum unerlaubten Aufenthalt« in Frankreich; darauf stehen bis zu fünf Jahre Haft und eine Geldstrafe von bis zu 30000 Euro. Am 23. November forderte der Staatsanwalt in Nizza sechs Monate auf Bewährung; Mannoni müsse bestraft werden, um »eine ernste Warnung« auszusenden: »Man kann Hilfe leisten, das ist eine Pflicht, Beihilfe zum illegalen Grenzübertritt stellt jedoch einen Verstoß gegen das Gesetz dar. Diese Handlungen fallen nicht unter das Leisten von Hilfe. Sie leugnen die Existenz einer Grenze und das Recht des Staates, Gesetze zu erlassen.« Das Gericht in Nizza folgte der Empfehlung des Staatsanwalts nicht und sprach Mannoni frei, da er gehandelt habe, um die Würde der jungen Eritreerinnen zu schützen. Christian Estrosi, der Präsident des Regionalrats der Region Provence-Alpes-Côte d'Azur und spätere Bürgermeister von Nizza, kritisierte das Urteil scharf und behauptete, es »bringe Franzosen in Gefahr«. Der Staatsanwalt ging in Berufung. Im September 2017 wurde Mannoni in Aix-en-Provence zu einer zweimonatigen Gefängnisstrafe auf Bewährung verurteilt.

Cédric Herrou war einer der Aktivisten, die die stillgelegte SNCF-Ferienanlage zu einer Flüchtlingsunterkunft umfunktioniert hatten. Herrou, ein Olivenbauer aus dem Royatal, begleitet regelmäßig Migranten über die Grenze und bietet ihnen Zuflucht. Im Februar 2017 verhängte ein Gericht in Nizza eine Geldstrafe in Höhe von 3000 Euro gegen ihn. Der Staatsanwalt ging auch in diesem Fall in Berufung, und im August wurde Herrou vom Berufungsgericht in Aix zu einer viermonatigen Bewährungsstrafe verurteilt. Anders als das Gericht in Nizza betrachteten die Richter in Aix die illegale Besetzung des SNCF-Gebäudes als eine Straftat und verdonnerten Herrou zu 1000 Euro Schadenersatz an die Bahngesellschaft. Herrou habe keine Beweise dafür beibringen können, dass die Menschen, denen er geholfen hatte, sich tatsächlich in Gefahr befunden hätten. Herrou sagte nach dem Urteil:

> Ich möchte die Mitglieder des Gerichts ins Royatal einladen, um mit den Angehörigen jener 15 Menschen zu sprechen, die beim Versuch, die Grenze zu überqueren, ums Leben gekommen sind. Ich werde weiterkämpfen. Wenn sie mich aufhalten wollen, sollten sie mich lieber ins Gefängnis stecken, das wäre einfacher ... Wo der Staat versagt, stehen die Bürger in der Pflicht zu handeln.

Die Fälle von Herrou und Mannoni wurden von der französischen Öffentlichkeit aufmerksam verfolgt. Die widersprüchlichen Urteile der verschiedenen Gerichte sind das Resultat der Ambiguität eines entscheidenden Gesetzes: Es erkennt zwar an, dass humanitäre Hilfe legal ist, wo es darum geht, die Würde von Menschen zu schützen, indem man sie medizinisch versorgt oder in Sicherheit bringt, kriminalisiert jedoch die Unterstützung beim Überqueren von Grenzen.

Diese Ambiguität hat in Frankreich eine lange Geschichte, die eng mit der Geschichte der Menschenrechte verknüpft ist.

Zu Beginn der Französischen Revolution bot das Land all jenen die Staatsbürgerschaft an, die der Tyrannei entfliehen und in Freiheit leben wollten. Ab 1793 befand Frankreich sich dann jedoch im Krieg, man fürchtete sich vor feindlichen Eindringlingen, und der Nationalkonvent verabschiedete ein Gesetz, nach dem es illegal war, dem Migrationsrecht unterliegende Personen vor den Behörden zu verstecken. Zu Beginn des 20. Jahrhunderts war Frankreich dann das europäische Land, das die meisten Migranten aufnahm, und nach dem Ersten Weltkrieg stiegen die Zahlen noch weiter an. Im Gefolge der Weltwirtschaftskrise drehte sich in den dreißiger Jahren erneut die Stimmung gegen Flüchtlinge aus Spanien, Nazideutschland und dem faschistischen Italien. 1938 führte die Regierung den Straftatbestand der Beihilfe zur illegalen Einreise und zum unerlaubten Aufenthalt ein. (Dieses Gesetz war die direkte Inspiration für eine 1941 erlassene Vorschrift des Vichy-Regimes, die verfügte: »Personen, die Juden […] beherbergen, müssen beim Polizeikommissariat eine Sondererklärung abgeben. Diese Erklärung muss innerhalb von 24 Stunden nach Ankunft des Juden abgegeben werden.«) Nach der Befreiung Frankreichs wurde das Gesetz von 1938 unverändert übernommen; seither wurden die Strafandrohungen immer wieder verschärft.

Während der Präsidentschaft François Hollandes versprach die Regierung des Landes der Freiheit, Gleichheit und Brüderlichkeit im Jahr 2012, dieses Gesetz zu ändern und das »Solidaritätsdelikt« (*délit de solidarité*) abzuschaffen. Seither sind juristische Beratung, medizinische Versorgung und andere Formen der Unterstützung, die dem Schutz der Menschenwürde dienen, nicht länger strafbar, sofern sie ohne finanzielle Gegenleistungen erfolgen. Hilfe beim illegalen Grenzübertritt bleibt jedoch illegal und ist weiterhin mit einer Geldstrafe von bis zu 30000 Euro bedroht. In Situationen, in denen der Schutz der Menschenwürde Grenzübertritte unabdingbar macht, führt dies zu juristischer Schizophrenie.

Angesichts großen politischen und öffentlichen Drucks schwankten die Gerichte in den Fällen von Mannoni und Herrou zwischen Solidarität und Strafe, zwischen Gastfreundschaft und Grenzen. Für Herrou und Mannoni bedeutet dieses Schwanken andauernde juristische Schikanen; sie werden nie in der Lage sein, ihre Namen wieder vollständig reinzuwaschen. In einer historischen Entscheidung schaffte der französische Verfassungsrat am 6. Juli 2018 in Reaktion auf Anfragen von Herrou, Mannoni und von mehreren Verbänden das »Solidaritätsdelikt« teilweise ab und begründete dies mit dem Verfassungsrang des Prinzips der Brüderlichkeit. Die Verfassung garantiere die Freiheit, anderen aus humanitären Gründen zu helfen. Ein erster Schritt, um humanitäre Hilfe besser von bezahltem Menschenschmuggel abzugrenzen. Außerdem stellte der Verfassungsrat klar, dass es nicht strafbar sei, Migranten bei der Fortbewegung innerhalb Frankreichs zu unterstützen. Hilfe bei der illegalen Einreise bleibt jedoch strafbar, was der Rat damit begründete, eine solche Handlung erzeuge »prinzipiell eine rechtswidrige Situation«. Die schizophrene Lage, dass man Menschen jenseits einer Grenze dann nicht aus humanitären Gründen helfen darf, wenn diese Hilfe es notwendig macht, die betroffene Person über die Grenze zu bringen, bleibt also weiterhin bestehen.[1] Besonders schizophren ist das insofern, als Grenzen innerhalb des Schengenraums für EU-Bürger praktisch nicht existieren, während sie für Nicht-EU-Bürger relevant bleiben. Auf diese Weise entsteht ein gespenstisches Modell der Grenz-Apartheid.

Dieses kafkaeske Muster gibt es auch in anderen europäischen Ländern. Unter dem Deckmantel des Kampfes gegen den Menschenhandel erklärte die italienische Regierung 2018 die Arbeit von NGOs, die im Mittelmeer Menschen retten, quasi für illegal, indem sie diese Arbeit gleichsetzte mit der von … Menschenhändlern. Auf dem Balkan wird die Errichtung militarisierter Zäune als Beitrag zur Rettung von Migranten präsentiert, die dann anderswo bei dem gefährlichen Versuch ertrinken, das Meer zu überqueren. Wenn Migrantinnen und Migranten in Libyen festgehalten werden, wo sie Übergriffen, Vergewaltigungen und Folter ausgesetzt sind, wird dies damit verteidigt, man erspare ihnen die gefährliche Überfahrt … Auf diesem Politikfeld herrscht eine derartige Verwirrung, dass alles zugleich sein Gegenteil bedeutet, und die Einzigen, die von diesem Durcheinander profitieren, sind jene, die die Situation der Migranten dadurch ausbeuten, dass sie diese über Grenzen schmuggeln, dass sie Staaten mit Ausrüstung zur Militarisierung ihrer Grenze beliefern oder dass sie versuchen, politischen Profit aus dem Leid der Flüchtenden zu ziehen, indem sie sich an einem Spiel namens »Wer schlägt die brutalsten Töne an?« beteiligen.

Die offizielle europäische Reaktion: Realitätsverweigerung

Die Reaktion der europäischen Regierungen auf den jüngsten Anstieg der irregulären Migration ist unentschuldbar und aus Sicht anderer Länder in höchstem Maße zynisch. Die Vereinten Nationen schätzen, dass Ende 2015 weltweit 65 Millionen Menschen auf der Flucht waren, und über

85 Prozent dieser Menschen leben in ärmeren Ländern wie Tunesien, der Türkei, Jordanien, dem Libanon oder den Palästinensischen Autonomiegebieten. 2015 erreichten über eine Million Migranten die EU auf »irreguläre« Weise, doch die Europäische Union hat eine Einwohnerzahl von über 500 Millionen und ist eine der reichsten Regionen der Welt. Seit 2015 hat sich die Zahl der in Europa Ankommenden reduziert – was von Politikern, die dem Problem aus dem Weg gehen wollen, als Erfolg gepriesen wird, in Wirklichkeit jedoch schlicht bedeutet, dass viele von jenen, die auf der Suche nach Schutz fliehen, nun woanders danach suchen müssen. Eine beschämende Situation für die EU, die behauptet, sie gründe sich auf Werte wie die Achtung der Menschenwürde und die Wahrung der Menschenrechte (so Artikel 2 des Vertrags über die Europäische Union).

Für einen kurzen glorreichen Augenblick im Sommer 2015 versuchte Angela Merkel, wie die wahre Anführerin Europas zu handeln. Sie erklärte die Situation zu einer humanitären Notlage und betonte gegenüber den Bürgern Deutschlands, es gebe einen moralischen Imperativ, die Geflüchteten willkommen zu heißen. Sie räumte ein, dies stelle eine große Herausforderung dar, ermutigte sie jedoch mit der Versicherung »Wir schaffen das«. Unglücklicherweise war Deutschland nicht darauf vorbereitet, eine so beträchtliche Anzahl von Migranten aufzunehmen, und hatte Probleme damit, rasch zusätzliche Kapazitäten aufzubauen. Vor allem aber war Deutschland nun in einer außergewöhnlichen Umkehr der Rollen an der Reihe, das zu erfahren, was Griechenland bereits unfreiwillig zu spüren bekommen hatte: Ein zwischenstaatliches System, das kurzfristiges Denken und nationale Egoismen fördert, führte dazu, dass mehrere Länder gegen Merkels moralischen Führungsanspruch opponierten, ihre Grenzen dichtmachten und die Idee, »Europas Tore zu öffnen«, als unvernünftig und rücksichtslos brandmarkten.

Als immer mehr Migranten auf griechischen Inseln strandeten und einige EU-Staaten jede Lösung blockierten, die sie verpflichtet hätte, Geflüchtete aufzunehmen, sah Merkel sich im März 2016 gezwungen, ein unmoralisches, inhumanes, ineffektives und politisch leichtsinniges Abkommen mit der Türkei zu schließen. Dieser Deal macht Menschen praktisch zu Handelswaren: »schlechte« Geflüchtete, die irregulär auf griechischen Inseln landen, werden gegen »gute« Geflüchtete eingetauscht, die in der Türkei ankommen. Das mag die Überfahrten über die Ägäis reduziert haben, doch die Probleme in Griechenland bestehen unverändert fort. Viele Asylsuchende bleiben in der Türkei in gefährlichen Händen zurück; der demagogische türkische Präsident Erdoğan wurde in seinem Selbstbewusstsein bestärkt; verzweifelte Menschen sehen sich genötigt, auf noch gefährlichere Routen auszuweichen. Vor allem aber hat der Deal nichts dazu beigetragen, dass jene Menschen, die Asyl brauchen, es auch bekommen können. Doch das Ziel der politischen Klasse Europas bestand ohnehin darin, Menschen vom Ankommen abzuhalten, anstatt Menschen aufzunehmen, die auf der Suche nach Sicherheit fliehen. Trotz alledem gilt der Türkei-Deal als Erfolg, und man überlegt, mit Staaten wie Libyen ähnliche Abkommen zu schließen.

Es hätte nicht so kommen müssen. Die Migrationsströme und das Sterben im Mittelmeer sowie an anderen europäischen Grenzen begannen nicht urplötzlich im Jahr 2015. Dass es irgendwann zu größeren Migrationswellen aus von Kriegen erschütterten, politisch instabilen, unter Umweltproblemen und Armut leidenden (Nachbar-)Staaten kommen würde, hatte sich lange abgezeichnet. Spätestens als

1991 bis zu 20000 Albaner auf dem Frachtschiff Vlora in der italienischen Hafenstadt Bari ankamen, war klar, dass eine neue Ära der Notfall-Migration nach Europa angebrochen war. Während der Jugoslawienkriege war die EU – noch ohne Gemeinsames Europäisches Asylsystem, ohne Frontex oder einen Europäischen Flüchtlingsfonds – in der Lage, Asyl für Hunderttausende Bosnier, Kosovaren, Kroaten, Serben und andere zu organisieren, auch wenn die europäischen Anstrengungen, zu einer Beendigung des Genozids beizutragen, zu wünschen übrig ließen. Die in diesen Jahren geschaffenen Ad-hoc-Mechanismen zur Aufnahme und Verwaltung von Notfall-Migration wurden von der Europäischen Kommission 2001 in der Richtlinie zum vorübergehenden Schutz zusammengefasst, die eine schnelle Möglichkeit etablieren sollte, Menschen Schutz zu bieten, die nicht in ihre Heimatländer zurückkehren können, insbesondere wenn der Zustrom das System der individuellen Asylverfahren überfordert. Schockierenderweise wurde im Jahr 2015 oder danach nie ernsthaft darüber diskutiert, diese bereits existierenden Gesetze zu nutzen. Hätte die EU-Kommission diese Option frühzeitig und energisch ins Spiel gebracht und diejenigen, denen Schutz zugestanden wurde, mit Schengen-Visa ausgestattet, wäre dies einer wirklichen Europäisierung der Herausforderung gleichgekommen. Die Kommission vollzog diesen Paradigmenwechsel jedoch nicht und bestand darauf, das Problem durch Quoten für die Mitgliedstaaten zu renationalisieren. Damit rückten wieder die einzelnen nationalen Regierungen in den Mittelpunkt, die das System durch Nichtanwendung blockieren konnten. Anstatt die Selbstverantwortung und Handlungsfähigkeit der Migranten anzuerkennen, die dorthin ziehen würden, wo sie am adäquatesten unterkommen und Arbeit finden könnten, sperrt die internationale Antwort sie in den Staat, in dem sie angekommen sind, was zu einseitigen und kaum zu kontrollierenden Belastungen der Erstaufnahmeländer führt. Es ist, als wollten die europäischen Regierungen gar keine Lösung finden und als hofften sie einfach darauf, das Problem werde von selbst wieder verschwinden.

Nun holt das Problem die europäischen Regierungen erneut ein, da der in den Ersteintrittsländern verbreitete Zorn über jene, die sich einer europäischen Lösung verweigern, nur allzu leicht von rechtsextremen Parteien wie der italienischen Lega ausgenutzt werden kann: Diese Parteien argumentieren, Kooperation auf der europäischen Ebene habe sich als unmöglich erwiesen, weshalb nur noch eine brutale Politik irgendetwas erreichen könne. Wenn das bedeutet, die Leben von Migrantinnen und Migranten aufs Spiel zu setzen, indem man ihnen einen sicheren Hafen verwehrt, wie es die italienische Regierung im Sommer 2018 getan hat, ist das nur umso besser, um Schlagzeilen und Aufmerksamkeit zu erzeugen. Wenn solche Taktiken mit Erfolg belohnt werden, wird Europa zu einem Musterbeispiel für die Schockstrategie moralischer Tabubrüche und eine barbarische Form des Geiselnehmens werden. Doch solange sich nichts ändert und kein echter Vorschlag für eine europäische Migrationspolitik auf den Tisch kommt, wird die Attraktivität solcher Skandale weiter wachsen. (Die extreme Rechte ist sich dessen nur zu bewusst, weshalb sie geschickt eine Konstellation herbeiführt, in der sie einerseits nach einer neuen Politik ruft, diese aber andererseits verhindert – und damit gleich doppelt profitiert.)

Während die politischen Eliten den Kopf in den Sand steckten, mobilisierten zivilgesellschaftliche Gruppen für Solidarität mit jenen, die vor Krieg, Armut oder dem Klimawandel fliehen. Der ermutigende Anblick Tausender Freiwilliger, die Geflüchteten bei ihrer Ankunft an europäischen Küsten oder in Bahnhöfen helfen, Refugees-Welcome-Kampagnen und die vielen Willkommensinitiativen und -projekte sind Früchte einer langen zivilgesellschaftlichen Tradition der Gastfreundschaft. Wieder einmal sehen wir *zwei Europas*, die nebeneinander existieren.

Das beste Hotel Europas

Wenn Sie auf die Website des City Plaza Hotels in Athen gehen, finden Sie dort den Slogan: »Kein Pool, keine Minibar, kein Room Service, dennoch das beste Hotel Europas!«[2]

Das City Plaza Hotel stand bereits jahrelang leer, als es am 22. April 2016 von Aktivistinnen wiedereröffnet wurde, um Migrantinnen und Migranten kostenlos zu beherbergen. Bei ihrer Ankunft werden die Migranten und Asylsuchenden gefragt, ob sie in Griechenland um Asyl ersuchen, am europäischen Relocation-Programm teilnehmen möchten oder ob sie darauf warten, irgendwo anders in Europa mit ihrer Familie zusammengeführt zu werden. Im Hotel halten sich bis zu 400 Migrantinnen und Migranten gleichzeitig auf, darunter in der Regel die Hälfte Kinder. Sie leben dort mit Dutzenden Freiwilligen, die aus ganz Europa angereist sind, um zu helfen, und die nun die sechste Etage des Gebäudes bewohnen.[3]

Erfahrungen wie im City Plaza werden mittlerweile überall in Europa gemacht. In der italienischen Hauptstadt Rom gibt es praktisch keine offiziellen Strukturen, um Migranten, die über die gefährliche Mittelmeerroute ankommen, aufzunehmen und ihnen Orientierung zu bieten. Auch diese Lücke wurde von Bürgern gefüllt, die dort handeln, wo die Institutionen versagen. Das Baobab-Zentrum hilft jeden Tag Hunderten Migrantinnen ohne jede staatliche Unterstützung – allein dank der beharrlichen Arbeit von Freiwilligen, die Kleidung und Nahrungsmittel verteilen, temporäre Unterkünfte organisieren sowie rechtliche und psychologische Unterstützung anbieten. Wir könnten noch unzählige solcher Geschichten erzählen.

Die Zivilgesellschaft sorgt allerdings nicht nur für einen humanen Empfang und zeigt das menschliche Gesicht Europas. Sie formulierte schon Lösungsvorschläge, als die führenden europäischen Politiker der irregulären Migration und den damit zusammenhängenden Problemen noch überhaupt keine Aufmerksamkeit schenkten. Um nur ein Beispiel zu nennen: Nach dem Bootsunglück vor Lampedusa, bei dem am 3. Oktober 2013 mehr als 360 Menschen ums Leben kamen, trafen sich Vertreter Hunderter zivilgesellschaftlicher Gruppen und sozialer Bewegungen auf der italienischen Mittelmeerinsel, um genau das zu tun, was die europäischen Staaten unverhohlen verweigerten: eine politische Antwort anzubieten. Das Ergebnis war die Charta von Lampedusa, an deren Entwurf auch wir, die Autoren dieses Buches, beteiligt waren. Die Charta präsentiert detaillierte Vorschläge und beleuchtet das Phänomen aus unterschiedlichen Blickwinkeln. Das Dokument beginnt mit der Erkenntnis, dass unsere politischen Institutionen umgestaltet werden müssen, um der Realität der menschlichen Mobilität Rechnung zu tragen. Es artikuliert die dafür notwendigen Paradigmenwechsel in Bezug auf Staatsbürgerschaft, Bildung, Gesundheitswesen, Arbeit, Familienrecht und andere Bereiche.[4]

Im Kontrast zur Weitsicht der europäischen Zivilgesellschaft basierte die offizielle europäische Antwort auf die Migrationskrise auf Realitätsverweigerung. Sie ging von der

Vorstellung aus, die Migrationsströme seien erstens nur temporär und es sei zweitens möglich, die Routen nach Europa so gefährlich zu machen, dass die Menschen lieber woanders hingehen oder dortbleiben, wo sie sind. Wir wissen, dass diese Annahmen sowohl vollkommen unrealistisch als auch unmoralisch sind. Die Migration nach Europa wird nicht so schnell aufhören – Kriege, Umweltveränderungen, demografischer Wandel und wirtschaftliche Gründe werden dafür sorgen, dass die Migration nach Europa weiterhin zunehmen wird, während die Unterscheidung zwischen »Wirtschaftsmigration« und Migration aus anderen Gründen sich immer weiter verwischt. Und sofern man keine Kanonenboote ins Mittelmeer schicken und die Grenzen vollkommen militarisieren will, lässt sich kaum erkennen, wie die Route so gefährlich gestaltet werden soll, dass es nicht trotzdem viele Menschen versuchen, wenn man bedenkt, welch enorme Risiken sie bereits heute auf sich nehmen. Die europäische Strategie, die sich des Problems angeblich annimmt, lässt sich zusammenfassen als »Aus den Augen, aus dem Sinn«. Die Regierungen wollen den Weg versperren, damit Asylsuchende erst gar nicht auf europäischem Boden ankommen und daher auch nicht unter die »europäische Verantwortung« fallen. Asylsuchende und andere Migranten werden, vor den Blicken der Öffentlichkeit geschützt, in Internierungslagern festgehalten, während die Regierungen versuchen, Mauern und Barrieren zu errichten, als ließe sich das Problem damit aus der Welt schaffen.

Bürgerinnen, die sich über Grenzen hinweg organisieren, sind ein entscheidender Faktor dafür, dass die Notlage der Migranten weder aus den Augen noch aus dem Sinn gerät. Unsere Aktivitäten im Zusammenhang mit geschlossenen Lagern für Migranten bieten dafür ein gutes Beispiel.

Schätzungen zur Zahl der Asylsuchenden und irregulären Migranten, die in Europa in geschlossenen Lagern festgehalten werden, variieren zwischen 50 000 und einigen hunderttausend.[5] Laut dem Aktivistennetzwerk Migreurop existieren in der EU und an ihren Grenzen mindestens 390 dieser Zentren.[6] Es ist nicht einfach, solche Informationen zusammenzutragen, da die Regierungen hier überaus verschwiegen sind und keine Zahlen veröffentlichen. Sie wollen nicht, dass ihre Bürger zu viel über die Zustände in den Lagern erfahren, in denen Frauen, Männer und oftmals Kinder allein deshalb bis zu 18 Monaten (in Ländern wie Großbritannien sogar auf unbestimmte Zeit) festgehalten werden können, weil man ihnen vorwirft, gegen Einreisegesetze verstoßen zu haben. Also sind Forscherinnen und Aktivisten darauf angewiesen, sich durch Besuche und Interviews zumindest ein fragmentarisches Bild zu machen. Dabei geht es nicht nur um Migranten von außerhalb der EU: Im Vereinigten Königreich wurden 2016 schätzungsweise 4500 EU-Bürger festgehalten, die man verdächtigte, migrationsbezogene Delikte begangen zu haben; ihre Zahl ist seit 2009 dramatisch gestiegen.[7] Während die Regierungen darauf achten, dass Journalistinnen, NGOs und die allgemeine Öffentlichkeit möglichst wenig über diese Zentren erfahren, setzen sie zugleich darauf, dass ihre Existenz sich unter Migranten herumspricht, etwa durch vormals Internierte. Geschlossene Lager sind zwar ein ausgesprochen ineffektiver Weg, um Menschen aus einem Land zu bringen – Schätzungen gehen davon aus, dass mehr als die Hälfte der im Vereinigten Königreich und in Italien festgehaltenen Migranten nicht abgeschoben, sondern einfach irgendwann freigelassen wurden –, sie können jedoch zu einer

»feindlichen Umgebung« für Migration beitragen und stellen insofern ein Mittel der Abschreckung dar.[8]

Eine der ersten größeren Aktionen von European Alternatives war eine Konferenz, die wir 2010 gemeinsam mit dem Netzwerk Migreurop organisierten. Migrationsaktivistinnen und -aktivisten aus ganz Europa trafen sich in Paris, um über das »Stockholmer Programm« der EU zu diskutieren, ein Bündel von Maßnahmen in den Bereichen innere Sicherheit und Migration, die 2009 beschlossen wurden und bis 2014 umgesetzt werden sollten. Ein Jahr zuvor war bereits die Rückführungsrichtlinie verabschiedet worden, die es den Mitgliedstaaten erleichterte, Migranten aus Drittstaaten festzuhalten und abzuschieben; nun zeichnete sich ab, dass das europäische Grenzregime insgesamt deutlich verschärft werden sollte. Nachdem Ärzte über die miserablen Bedingungen in einigen Abschiebezentren berichtet hatten, beschlossen wir, in den nächsten Jahren eine Aufklärungskampagne durchzuführen.

Aber wie sollten wir vorgehen? Migreurop war es zwar gelungen, eine Karte mit vielen dieser Abschiebezentren zu erstellen; Zugang zu diesen Lagern zu bekommen und dort Informationen zu sammeln erwies sich jedoch als außerordentlich schwierig. In manchen Mitgliedstaaten darf überhaupt niemand hinein, in anderen ist dies nur bestimmten NGOs gestattet, die wiederum ein Interesse daran haben, diesen exklusiven Zugang nicht zu verlieren (weshalb sie besonders belastende Informationen bisweilen zurückhalten). Wir wussten allerdings, dass Mitglieder des Europäischen und der nationalen Parlamente qua Amt das Recht haben, die Lager zu betreten – und so war die Idee für die Kampagne geboren: Wir würden Journalisten und zivilgesellschaftliche Organisationen mobilisieren, Zugang zu Abschiebezentren in Europa und angrenzenden Ländern zu verlangen. Falls man ihnen den Zugang verwehrte, würden wir Abgeordnete auffordern, die Zentren zu besuchen und dabei Journalisten und Vertreter der Zivilgesellschaft mitzunehmen. Wer es in die Lager schaffte, sollte dokumentieren, was er oder sie dort sah, zu welchen Bereichen sie Zutritt bekamen und zu welchen nicht.

2011 und 2012 führten wir in mehreren Wellen die Kampagne »Open Access Now« durch. Wir beantragten Zugang zu Internierungslagern in Städten und auf dem Land, in Häfen und Flughäfen (wo Migranten vor dem Passieren der Einreisekontrolle in Transitzonen festgehalten werden), auf dem europäischen Festland, aber auch in der Türkei, in den spanischen Exklaven Melilla und Ceuta, in Marokko und Mauretanien. In einigen Ländern durften Journalisten die Lager betreten, in den meisten wurde ihnen der Zugang jedoch verwehrt. Unter anderem in Frankreich und Bulgarien wurden Journalisten, die Lager von außen fotografieren wollten, eingeschüchtert oder gar verhaftet. Falls die Behörden überhaupt Gründe für die Verweigerung des Zutritts nannten, waren diese häufig höchst fragwürdig: Man verwies auf die Ausnahmesituation angesichts des Zustroms von Migranten nach dem Arabischen Frühling oder auf anstehende nationale Wahlen. In Italien hieß es oft, Besuche könnten in den Lagern Aufstände auslösen, während man sich in Rumänien auf die »Gewalttätigkeit der Internierten« berief. In Belgien verweigerten die Behörden den Zutritt zu den Zentren, nach denen die Journalisten gefragt hatten, und boten an, sie könnten stattdessen ein neues Zentrum besichtigen, das noch vollkommen leer stand.

Wo Menschen in die Zentren gelangten, berichteten sie hinterher oftmals von schockierenden Zuständen: von Orten, die eher Gefängnissen glichen (der Europäische Gerichtshof hat eindeutig festgestellt, dass gegen Drittstaatenangehörige nicht allein wegen der illegalen Einreise in die EU eine Freiheitsstrafe verhängt werden darf), von fensterlosen Räumen, inakzeptablen Betten und Mahlzeiten, die in Plastiktüten ausgegeben wurden, von fehlendem Warmwasser, einem Mangel an Dolmetschern, beschränktem oder keinem Zugang zu juristischer Beratung, schlechter oder gar nicht vorhandener Gesundheitsversorgung etc. Kurz: Migranten werden teilweise schlimmer behandelt als Häftlinge und bisweilen unter Bedingungen festgehalten, die höchstens für Tiere geeignet wären, was zum Ausdruck bringt, wofür die Internierungslager eigentlich stehen: die Negierung der Menschlichkeit der Insassen, die man vor den Blicken ihrer Mitmenschen abschirmt und denen ihre Handlungs- und Bewegungsfreiheit allein deshalb vorenthalten wird, weil sie willkürlich gezogene Grenzen übertreten haben.

Open Access Now wollte die riesige Ungerechtigkeit sichtbar machen, die sich hinter einer weiteren Ungerechtigkeit verbirgt, die darin besteht, dass uns in Demokratien das Recht verwehrt wird, zu erfahren, wie andere Menschen mit unseren Steuergeldern und in unserem Namen behandelt werden. Indem wir Journalisten in die Kampagne einbanden, gewannen wir wichtige Verbündete. Sie halfen uns, ein öffentliches Bewusstsein für die Notlage der Migrantinnen und Migranten zu wecken. Da sich die Situation seit 2012 weiter verschlechtert hat, verfolgen wir mit der Kampagne nun das weiter gehende Ziel einer Schließung dieser Lager, zumal viele Organisationen und Akteure immer mehr Beweise für die Ineffektivität und Brutalität der Internierung liefern und zeigen, welch ernste psychologische Auswirkungen sie hat – für die Inhaftierten, aber auch für diejenigen, die die Lager führen.[9]

Warum ist die politische Antwort auf die Migrationskrise so konfus, zögerlich und ineffektiv ausgefallen? Liegt es daran, dass die politisch Verantwortlichen boshaft und herzlos sind? Auf einige mag das zutreffen, aber wir glauben nicht, dass es der Hauptgrund ist. Liegt es an der institutionellen Architektur der EU, die aus sich heraus zur Schaffung einer militarisierten Grenze tendiert, um die Mobilität zu regulieren und zu kontrollieren? Das ist unserer Ansicht nach ein wichtiger Punkt, der durch die dysfunktionale intergouvernementale Struktur der EU noch verstärkt wird. Letztendlich ist dies jedoch die *Folge* eines zivilisatorischen Wandels, nicht dessen *Ursache*. Im Grunde ist Europa in einem Dilemma mit tiefen historischen Wurzeln gefangen. »Migrationskrise« ist nur einer der Namen für dieses Dilemma, zu dessen Gesicht die Migranten geworden sind. Wenn wir dem menschlichen Leid der Migrantinnen und Migranten einmal ins Auge gesehen haben, können wir die mit unserer eigenen Staatsbürgerschaft verbundenen Privilegien nicht länger rechtfertigen, und diese moralische Krise hat politische Auswirkungen, deren erste darin besteht, dass die Nationalstaaten versuchen, das Problem zu leugnen. In dieser Krise geht es nicht um Migranten oder Asylsuchende, es geht um die Staatsbürgerschaft an sich, weshalb wir uns genauer mit diesem Konzept befassen müssen. Wir sind der Ansicht, dass jenseits der angesprochenen Realitätsverleugnung in den letzten Jahren ein Angriff auf die Staatsbürgerschaft und damit jede Form des sinn- und wirkungsvollen politischen Lebens stattgefunden hat – mit der Folge, dass diejenigen, deren Bürgerrechte infrage gestellt werden, nun ihrerseits anderen diese Rechte verweigern. Dieser Krieg gegen die Staatsbürgerschaft ist Teil eines historischen Prozesses, in dem Nationen sich immer stärker verschanzen. Man hat uns beigebracht, über Staatsbürgerschaft auf eine Weise nachzudenken, die nicht nur der Migrationskrise vollkommen unangemessen ist, da sie uns in einer schizophrenen Lage gefangen hält, sondern die zugleich unsere politische Handlungsfähigkeit untergräbt. Hinter der Migrationskrise steht also in Wirklichkeit eine Krise der Staatsbürgerschaft – einer der Aspekte, die wir im Sinn haben, wenn wir von »heimatlosen Weltbürgern« sprechen.

Beginnen wir bei einem der Ursprünge der modernen Vorstellung von Staatsbürgerschaft. Im Zuge der Französischen Revolution verkündete die verfassunggebende Nationalversammlung im August 1789 die »Erklärung der Menschen- und Bürgerrechte«. Schon der Titel bringt die Spannung zwischen dem Universellen und dem Partikularen zum Ausdruck, die das Konzept kennzeichnet.[10] Die Erklärung formuliert nicht etwa eine Liste mit Rechten, die für alle Menschen gelten, und eine andere mit Rechten, die für Staatsbürger reserviert sind. Stattdessen enthält sie die universellen Grundsätze, dass alle Menschen »frei und gleich an Rechten geboren« sind und dass der »Zweck jeder politischen Vereinigung« darin besteht, diese Rechte zu erhalten. Ehrgeizige universalistische Ideale verschränken sich hier also mit der positiven Verbriefung konkreter Rechte. Des Weiteren findet sich dort die folgende Idee: »Le principe de toute souveraineté réside essentiellement dans la nation« – der Ursprung jeder Souveränität liegt ihrem Wesen nach in der Nation.

Die Nation ist einerseits die Instanz, die Menschen- und Bürgerrechte garantiert, und andererseits der Raum des kollektiven Handelns, durch das die Bürger ihre Rechte vorantreiben. Als *die Nation* formulieren die Menschen den »allgemeinen Willen« – doch wer darf dieser Nation angehören?

Die Französische Revolutionsverfassung von 1791 vollzog hier einen radikalen Bruch und dehnte die Staatsbürgerschaft auf im Ausland geborene Personen aus, die mindestens fünf Jahre ununterbrochen in Frankreich gelebt hatten. Zuvor war es dem König vorbehalten gewesen, Menschen zu französischen Untertanen zu machen; der Status wurde *gewährt*, statt vom Staat anerkannt zu werden. Die Revolutionäre waren zunächst vor allem mit der Überwindung der Spaltung der Gesellschaft in Stände bzw. Klassen befasst; sie führten leidenschaftliche Debatten darüber, ob auch Frauen, Menschen mit anderer Hautfarbe und Besitzlose Staatsbürgerinnen sein sollten; wie mit Ausländern zu verfahren sei, die nach Frankreich kamen, spielte anfänglich keine große Rolle. 1792 verlieh die Republik »Weltbürgern« wie Thomas Paine, Anacharsis Cloots, Joseph Priestley, George Washington oder Jeremy Bentham ehrenhalber die französische Staatsbürgerschaft.[11] Das war auch ein symbolischer Ausgleich dafür, dass man Franzosen, welche die Republik aus dem Ausland bekämpften, die Bürgerrechte aberkannt hatte. Bereits 1793 war der Ausländer dann jedoch zum Inbegriff des Feindes geworden. Paine und Cloots, die man zuvor in den Nationalkonvent gewählt hatte, wurden gefangen genommen und zum Tode verurteilt. Cloots wurde hingerichtet, Paine kam nur deshalb mit dem Leben davon, weil ein Wärter das Zeichen, dass auch er zum Schafott geführt werden sollte, auf der falschen Seite der Zellentür angebracht hatte. Dies betraf freilich in erster Linie die Eliten, während zwischen 1789 und 1793 Hunderte, wenn nicht gar Tausende sich in Frankreich aufhaltender Ausländer von der automatischen Einbürgerung profitierten.[12]

Diese Ereignisse aus den frühen Jahren der Französischen Revolution, durch die das moderne Verständnis der Staatsbürgerschaft überhaupt erst begründet wurde, illustrieren die Konflikte und Widersprüche rund um das Thema: Welche Gruppen sollen in den Genuss der Bürgerrechte kommen? Auch Frauen, Sklaven und Arme? Welchen Ermessungsspielraum hat der Staat hier? Kann er »Staatsfeinden« die Staatsbürgerschaft entziehen? Was ist dann mit gewöhnlichen Kriminellen? Welche Rechte, aber auch Pflichten ergeben sich aus diesem Status? Bei diesen Fragen, welche die demokratische Politik in der Moderne seit je umgetrieben haben, handelt es sich nicht um juristische Spitzfindigkeiten, sondern sie haben auch eine gesellschaftliche, wirtschaftliche und kulturelle Dimension.

Auf die eine oder andere Weise beschäftigen uns diese Fragen (weitere kamen später hinzu) noch heute. In der Gegenwart stellen sie sich jedoch in einem anderen Kontext, auf den sich auch politische Initiativen einstellen müssen, die auf diesem Gebiet aktiv sind. Dass sich die Bedingungen derart radikal ändern, ist, historisch betrachtet, natürlich kein Novum: Schon im Zuge von Imperialismus und Kolonialismus haben sich die Koordinaten der Auseinandersetzungen um die Staatsbürgerschaft grundsätzlich verschoben. Heute ist der springende Punkt allerdings, dass das emanzipatorische Potenzial der Bürgerrechte gelähmt wird, wenn man den Kampf ausschließlich darum führt, wer als Mitglied einer *Nation* gelten soll. Das wiederum hängt nicht zuletzt damit zusammen, dass man der Nation so eine Bedeutung einräumen würde, die ihr nicht länger zukommt.

Das soll nicht heißen, dass der Nationalstaat verschwunden wäre; allerdings ist er heute nur noch ein (wichtiger) Akteur, der im Zusammenspiel mit einer ganzen Reihe von globalen und regionalen Regimes über Fragen der Staatsbürgerschaft entscheidet. Zu diesen neuen, unterschiedlich einflussreichen Akteuren zählen internationale Gerichte und Institutionen wie die Vereinten Nationen und der Europarat, supranationale Körperschaften wie die Europäische Union, aber auch einzelne Anwälte, NGOs und die Menschen selbst – Bürger sowie jene, denen man ihre Bürgerrechte verwehrt. Nationalstaaten mögen noch immer die wesentlichen Akteure sein, wo es darum geht, Staatsbürgerschaft zu gewähren oder zu entziehen; ihr Einfluss wird aber in vielfacher Hinsicht durch ein komplexes Menschenrechtsregime infrage gestellt, das sich in den letzten Jahrzehnten herausgebildet hat; mit der Einführung der Unionsbürgerschaft ist hier auch die EU zu einer wichtigen Instanz geworden. Progressive politische Kräfte müssen diese transnationale Landschaft der Rechte, Akteure und Institutionen im Blick haben und ihre Strategien entsprechend anpassen. Die reaktionäre Rechte hat das schon lange erkannt.

Angesichts dieser tief greifenden Veränderungen und der Aktivitäten jener »linken Menschenrechtsanwälte«, von denen Theresa May in ihrer »Citizens of Nowhere«-Rede im Oktober 2016 sprach, besteht eine Strategie, mit der die Nationalstaaten ihre Autorität zu behaupten suchen, darin, ein Verständnis von Staatsbürgerschaft zu befördern, das diese in ein exklusives Privileg verwandelt, das man einigen gewährt, anderen jedoch nicht, und das jederzeit wieder entzogen werden kann. Dieser Angriff auf die Bürgerrechte vollzieht sich hauptsächlich auf drei Wegen: erstens indem man Fragen der Staatsbürgerschaft in ein Register der Sicherheit transponiert, wodurch eine Kategorie von Menschen entstanden ist, die wir als »Wegwerfbürger« bezeichnen; zweitens durch eine strategische Allianz mit dem Kapitalismus, bei der Staatsbürgerschaft in ein Luxusgut verwandelt wird, weshalb es nun etwas gibt, das man »Luxusbürger« nennen könnte; und drittens – diese Entwicklung ist besonders gefährlich – indem man die Demokratie selbst dadurch in Geiselhaft nimmt, dass Ausländer als Bedrohung dargestellt werden, was die Kategorie der »Geiselbürger« hervorbringt. Wir werden uns diesen drei Angriffen im Folgenden ausführlicher widmen, möchten aber bereits an dieser Stelle festhalten, dass ihr gemeinsamer Effekt darin besteht, Staatsbürgerschaft als Form der politischen Handlungsmacht zu unterminieren und sie in eine bloße Kategorie der gesellschaftlichen Abgrenzung zu verwandeln. In einer Zeit, in der die Nationalstaaten das Monopol über die Kontrolle der Bürger zu verlieren drohen, versuchen sie, die radikale Idee der Bürgerschaft auszuhöhlen. Genau deshalb ist es so wichtig, hier eine Vision jenseits des nationalen Rahmens zu entwickeln.

Wegwerfbürger

Es wurde bereits so viel darüber geschrieben, dass jedem klar sein dürfte, dass die Anschläge vom 11. September 2001 bald von allen möglichen Regierungen auf alle möglichen Weisen instrumentalisiert worden sind: um Kriege im Ausland zu legitimieren, um Überwachungsmaßnahmen auszubauen, um willkürliche Verhaftungen zu rechtfertigen ... Ein oft übersehener Aspekt dieser Entwicklung ist die Schwächung des Instituts der Staatsbürgerschaft selbst. Großbritannien – insbesondere Theresa May in ihrer Zeit als Innenministerin – nahm eine Vorreiterrolle ein, wo es darum ging, Bürgerrechte unter dem Vorwand der Terrorismusbekämpfung an bestimmte Bedingungen zu knüpfen. Zwischen 2006 und 2015 entzog das Home Office mindestens 35 Britinnen und Briten die Staatsbürgerschaft. Nötig ist dazu allein die Überzeugung des Innenministeriums, »dass eine solche Aberkennung dem öffentlichen Wohl zuträglich ist«. Dank neuer Gesetze, deren Verabschiedung vor allem Theresa May vorangetrieben hat, ist es seit 2014 sogar möglich, Menschen auszubürgern, wenn sie dadurch zunächst staatenlos werden, solange »vernünftige Gründe« für die Annahme bestehen, dass die betreffende Person eine andere Staatsangehörigkeit beantragen kann – ein klarer Verstoß gegen das Übereinkommen zur Verminderung der Staatenlosigkeit aus dem Jahr 1961.[13]

Zwar ist das Vereinigte Königreich hier besonders weit vorgeprescht, die Idee der Ausbürgerung findet aber auch anderswo zunehmend Unterstützer. Nach dem Anschlag auf *Charlie Hebdo* und der Angriffsserie vom 13. November 2015 schlug der französische Präsident François Hollande eine entsprechende Verfassungsänderung vor, die laut Umfragen von einer großen Mehrheit der Bevölkerung unterstützt wurde, letztendlich aber im Parlament scheiterte. Donald Trump hat schon mehrfach damit gedroht, US-Bürgern, die seinen Widerwillen geweckt haben, ihre Staatsbürgerschaft zu entziehen, und in der nationalen Einwanderungs- und Ausländerbehörde hat er eine Task Force ins Leben gerufen, um Personen zu identifizieren, die ausgebürgert werden können.[14] Solche Überlegungen stellen das noch unheilvollere Gegenstück zu den Tests dar, mit denen über die Einbürgerung entschieden wird: Wo es unter Umständen gerechtfertigt sein mag, von potenziellen Neubürgern Grundkenntnisse über ein Land zu erwarten, führt die Idee, dass es möglich sein sollte, Menschen ihre Staatsbürgerschaft abzuerkennen, schnurstracks zu einem Szenario, in dem eine Regierung das Volk auflöst, weil ihm dessen Ansichten oder Handlungen nicht passen (und sich anschließend möglicherweise ein anderes wählt, wie es in Brechts berühmtem Gedicht »Die Lösung« heißt).

Die Geschichte kennt schreckliche Vorläufer dieses Denkens. So bürgerte beispielsweise die Sowjetunion mindestens 1,5 Millionen Menschen aus. Die Nationalsozialisten entzogen Juden, Menschen mit Behinderungen, Roma und Homosexuellen die Bürgerrechte, bevor sie sie in die Vernichtungslager schickten. Nach dem Zweiten Weltkrieg reagierte die internationale Gemeinschaft auf diese Ereignisse, indem sie das Recht auf Staatsangehörigkeit in der »Allgemeinen Erklärung der Menschenrechte« und in dem bereits erwähnten Übereinkommen zur Verminderung der Staatenlosigkeit festschrieb und ein Entziehen der Staatsbürgerschaft untersagte.

Selbst wenn wir von solchen Extremen heute weit entfernt sein mögen, kommt die Aberkennung der Staatsbürgerschaft einer Beleidigung für die Welt als Ganzes sowie einer Abdankung gleich, wo es darum geht, dass Staaten die Verantwortung für ihre eigenen Bürger übernehmen. Diese werden stattdessen ausgestoßen – sollen andere Regierungen sich mit ihnen herumschlagen. Wir sehen hier dieselbe Haltung des »Aus dem Land, aus dem Sinn, aus der Verantwortung«, der wir bereits im Zusammenhang mit Geflüchteten begegnet sind. Im Namen der Sicherheit werden Menschen zu etwas, das man wegwerfen kann. Sobald sie Probleme machen, lässt man sie fallen. Man braucht kein besonders ausgeprägtes globales Bewusstsein zu haben, um zu erkennen, wie ausgesprochen kurzsichtig dieser Lösungsansatz ist.

Wenn die Befugnisse des Staates, Bürgerrechte abzuerkennen, ausgedehnt werden, führt dies unweigerlich zu einem Zuwachs an staatlicher Kontrolle über die Bürgerinnen und Bürger. Wo Staatsbürgerschaft ihrem modernen Verständnis nach ursprünglich Schutz gegenüber dem Souverän sowie die Möglichkeit zu kollektivem Handeln garantieren sollte, läuft der Diskurs der Sicherheit auf etwas ganz anderes hinaus: Der absolute Schutz, den die Bürgerrechte einst bieten sollten, wird beseitigt. Staatsbürgerschaft wird in das Ermessen von Beamten, Richtern oder Ministerinnen gestellt, die sie im Namen der Sicherheit der Mehrheit aberkennen können. Was früher als universelles Recht gedacht war, verwandelt sich in ein exklusives Privileg.

Luxusbürger

Die Zeiten, in denen die französischen Revolutionäre Bürgerrechte ehrenhalber an bedeutende Aufklärer, Aktivisten und Politiker verliehen, die sich um die Sache der Freiheit verdient gemacht hatten, sind lange vorbei. Stattdessen geht der Trend heute dazu, Staatsbürgerschaft im Rahmen des globalen Wettbewerbs um ausländische Direktinvestitionen in eine Ware zu verwandeln. Das erste Land, das ein entsprechendes Programm auflegte, war 1984 der karibische Inselstaat St. Kitts und Nevis; seit der Jahrtausendwende nahm dann sowohl die Zahl der Länder, die eine »ökonomische Staatsbürgerschaft« oder »Goldene Visa« anbieten, als auch der Menschen signifikant zu, die sich diesen Status kaufen. Schätzungen zufolge gehen in diesem Geschäft jährlich bis zu sieben Milliarden US-Dollar über den Tisch – Tendenz stark steigend.[15] Um ein Bürger von St. Kitts und Nevis zu werden, muss man lediglich 250 000 Dollar an die Stiftung zur Diversifizierung der Zuckerindustrie überweisen; falls Sie lieber den Pass von Dominica wollen, reicht eine Investition von 100 000 Dollar – als Bonus werden Sie damit zugleich Bürger des Commonwealth. In der EU knüpft Malta die Einbürgerung an eine Zahlung von etwa 1,5 Millionen Euro, außerdem muss man dort seit zwölf Monaten einen Wohnsitz haben; Zypern wiederum verlangt eine Immobilieninvestition in Höhe von zwei Millionen, dafür entfällt die Sache mit dem Aufenthalt. In beiden Ländern gibt es die Unions- und Commonwealth-Bürgerschaft obendrauf. Allein Zypern soll damit seit 2014 vier Milliarden Euro verdient haben.[16] Großbritannien, die USA, Frankreich, Australien, Spanien und andere reiche und mächtige Länder haben ähnliche Programme, allerdings mit höheren Gebühren und meist weitaus strengeren Wohnsitzauflagen.[17]

Wie auf jedem Markt haben die Anbieter auch hier ein Interesse daran, dass ihre eigenen Pässe als besonders attraktiv gelten, während ihr Marktwert unter Fälschungen oder schlechtem Produktmanagement leiden kann. Die in London ansässige Kanzlei Henley & Partners, laut eigenen Angaben Weltmarktführer im Bereich »Residence and Citizenship Planning«, erstellt jedes Jahr einen »Passport Index«, der Auskunft über die besten Staatsbürgerschaften gibt, die man für Geld kaufen kann. Die Kanzlei berät auch Regierungen, die in das Geschäft mit der Staatsbürgerschaft einsteigen wollen. Ihre Spezialisten geben unbeschwert Dinge von sich wie: »Ich habe mehr Programme scheitern, als sich behaupten sehen. Belize ist bei Pässen mittlerweile ein Synonym für illegal«[18] – als ginge es allein um ein schlechtes Investment. Wie so ein Satz in den Ohren von Menschen klingt, die ihre belizische Staatsbürgerschaft nicht gekauft haben, sondern damit geboren wurden, ist offenkundig egal. Die Blase mag irgendwann platzen, aber das ist nun mal der Lauf der Welt.

Doch selbst wenn der Markt nicht zusammenbricht, höhlt der An- und Verkauf von Pässen das Institut auf eine grundlegende Weise aus. Er verleitet uns dazu, Staatsbürgerschaft nicht als Grundlage politischer Handlungsfähigkeit zu begreifen, sondern als eine Ware, deren Preis Schwankungen unterworfen ist, die sich mit anderen Angeboten messen lassen muss – und die wir, wie jeden anderen Luxus, auch wieder verlieren können (denn was ist schon luxuriöser als etwas Verzichtbares?).

Für die wirklich Wohlhabenden gibt es natürlich noch einmal ganz andere Möglichkeiten als den formalen Erwerb einer neuen Staatsbürgerschaft. Man denke nur an den schwerreichen französischen Schauspieler Gérard Depardieu, dem Russland und Belgien 2013 ehrenhalber ihre Staatsbürgerschaft verliehen, als er keine Lust auf die von François Hollande eingeführte Reichensteuer von 75 Prozent hatte. Den Reichsten stehen somit stets Fluchtmöglichkeiten offen, während die Ärmsten den Marktzugang verlieren. Normale Bürger müssen dabei zusehen, wie Staatsangehörigkeit in eine Währung verwandelt und damit entwertet wird.

Geiselbürger

Eine besonders perfide Weise, mit der Staaten versuchen, ihre Autorität über die Staatsbürgerschaft geltend zu machen, besteht darin, die Demokratie selbst in Geiselhaft zu nehmen. Wir sind oben dem französischen Staatsanwalt in Nizza begegnet, der eine strenge Gefängnisstrafe für Pierre-Alain Mannoni forderte. Über Mannonis Tat, die darin bestand, drei junge Frauen über die Grenze zu fahren, die dringend medizinische Versorgung benötigten, sagte er, sie leugne »die Existenz einer Grenze und das Recht des Staates, Gesetze zu erlassen«. Das impliziert, dass ohne abgeriegelte Grenze der demokratische Charakter eines Landes untergraben wird, da nicht länger klar ist, wer dort Stimmrecht hat. Das Argument konstruiert einen Gegensatz zwischen humanitärer Hilfe und Demokratie und behauptet, um Letztere zu schützen, müsse Erstere eingedämmt werden. Angesichts einer zunehmend interdependenten und komplexer werdenden Welt lautet die Antwort der Nationalisten: »Um unsere Demokratie zu schützen, brauchen wir starke Grenzen.« Wir stoßen hier auf die Vorstellung der Stadtmauer, der von bewaffneten Wächtern kontrollierten Grenze der Polis.

Das Argument wird häufig zusätzlich untermauert, indem man Bevölkerungsgruppen innerhalb eines Landes instrumentalisiert, die ohnehin schon weitgehend von jeglicher Teilhabe ausgeschlossen sind. Auf diese zynische Logik stoßen wir beispielsweise in einer Rede des ehemaligen slowakischen Ministerpräsidenten Robert Fico, der anlässlich des Jahrestags des Slowakischen Nationalaufstands mit folgenden Worten gegen die von der EU beschlossene Flüchtlingsquote protestierte: »Lasst uns nicht so tun, als ob wir das Problem lösen könnten, indem wir alle mit offenen Armen empfangen. […] Wie sollen wir denn Menschen mit einer ganz anderen Lebensweise und Religion integrieren, wenn wir nicht in der Lage sind, unsere eigenen Roma-Mitbürger zu integrieren?«[19] Dass es bereits eine diskriminierte Minderheit gibt, wird zu einem Argument gegen Flüchtlinge. Dahinter steht die Annahme, dass Menschen, die sich nicht integrieren lassen, den Staat und die Gesellschaft überfordern. Die Slowakei, ein Land mit etwa 5,5 Millionen Einwohnern, sollte laut den Plänen der EU 802 Asylsuchende aufnehmen. Ganz offenkundig ist es lächerlich, zu behaupten, eine solche Anzahl an Menschen könnte ein ganzes Land in die Knie zwingen.[20]

Kurz nachdem Matteo Salvini im Juni 2018 Flüchtlinge zu Geiseln gemacht hatte, indem er den Booten, die sie aus dem Mittelmeer gerettet hatten, die Einfahrt in italienische Häfen verwehrte, begann er, über die Ausweisung von Roma zu schwadronieren. In beiden Fällen missbrauchte er schwache Gruppen als Sündenböcke, um bei seinen Anhängern zu punkten, und schuf somit ein zunehmend rassistisches Klima.

Solche Aussagen und Handlungen sind nicht nur moralisch hochproblematisch, in ihnen verbirgt sich ein weiteres grundsätzliches Problem: Sie nehmen allein die Perspektive der staatlichen Kontrolle und Souveränität ein und blenden aus, dass Staatsbürgerschaft in Demokratien auf dem produktiven Spannungsverhältnis zwischen dem Staat und seinen Bürgerinnen und Bürgern basiert, die sich gemeinsam für politische Ziele engagieren. Die Argumente von Politikern wie Fico und Salvini negieren, dass Demokratie da entsteht, wo Bürger zusammenarbeiten, und dass Demokratie auch bedeuten kann, dass sich Bürgerinnen unterschiedlicher Nationalitäten zusammenschließen. Kurz: Diese Argumente sind schlicht autoritär. In diesem Sinne war es ein politischer Akt, als Mannoni die drei Eritreerinnen mitnahm, um sie ins Krankenhaus zu bringen – kein Akt der Wohltätigkeit, sondern ein politischer Akt der Humanität. Die bürokratische Logik des Nationalstaats besteht darin, Menschen zu kategorisieren und so voneinander zu trennen: Bürgerinnen und Nicht-Bürger, Ausgeschlossene und Eingeschlossene, Arbeiter und Investoren, Roma und Nicht-Roma, Junge und Alte. Der Staat strebt Gewissheit und klare Grenzen an, weshalb ein starker und entschlossener Staat in Augenblicken politischer Verwirrung und Veränderung so verlockend wirkt. Eine anspruchsvollere, von den Bürgerinnen und Bürgern ausgehende Vorstellung von demokratischer Politik sollte jedoch – gerade nach den Erfahrungen des Totalitarismus – von der Einsicht ausgehen, dass das wahre Leben zu komplex ist, als dass solche bürokratischen Kategorien ihm gerecht werden könnten, ohne Menschen Gewalt anzutun. Die gefährlichen Tendenzen des Autoritarismus müssen daher stets durch Menschenrechte, Konsultation, Dialog und dadurch im Zaum gehalten werden, dass man es den Bürgern erlaubt, Widerspruch zu äußern und gemeinsam zu handeln. Im Gegensatz zu einer Top-down-Logik des Regierens setzt eine emanzipatorische Logik der Bürgerschaft auf Gleichheit, Nichtdiskriminierung und Solidarität. Der polizeilichen Überwachung von Grenzen steht somit stets das entgegen, was Michel Foucault die »Solidarität der Regierten« genannt hat. In einer Presseerklärung zur Gründung eines Komitees zum Schutz vietnamesischer Boat People, an dem sich unter anderem Aktivisten von Médecins du Monde beteiligten, verkündete Foucault 1981 in Genf:

> Es gibt eine internationale Bürgerschaft, die ihre Rechte hat, die ihre Pflichten hat und die dazu verpflichtet, sich gegen jeden Machtmissbrauch zu erheben, wer auch immer dessen Urheber ist und wer auch immer dessen Opfer sind. Schließlich sind wir alle Regierte und insofern miteinander solidarisch verbunden.[21]

Wenn der Nationalstaat versucht, die Kontrolle über die Bewegungsfreiheit der Menschen zurückzuerlangen, indem er die Demokratie als Geisel nimmt, läuft das darauf hinaus, die Wiederherstellung der demokratischen Handlungsfähigkeit der Bürger zu *versprechen*, während man gleichzeitig die Quellen dieser bürgerschaftlichen Energie beseitigt. Souveränität wird auf das Versprechen reduziert, man könne bestimmte Gruppen *aus der Sphäre des Politischen ausschließen*, und als die Macht rekonfiguriert, darüber zu entscheiden, wer seine oder ihre Rechte verlieren soll. Das ist das genaue Gegenteil jener oben beschriebenen Idee von demokratischer Politik, in der die Bürgerinnen und Bürger zusammen handeln und dadurch die Macht haben, etwas Neues zu schaffen.

Das skizzierte Top-down-Denken führt unweigerlich zu menschlichen Tragödien an den Küsten der Europäischen Union und zu einer Vervielfachung der administrativen und anderen Grenzen, die unsere Länder und Städte durchziehen. Durch die Versuche, Menschen am Zugang zu öffentlichen Leistungen oder zum Arbeitsmarkt, am Mieten einer Wohnung oder am Eröffnen eines Kontos zu hindern, werden überall *Sans papiers* hervorgebracht, Menschen ohne rechtliche Ansprüche. Ein Teil der Bevölkerung verliert seine Rechte und ist einem höheren Ausbeutungsrisiko ausgesetzt. Die Zunahme bürokratischer Grenzen und Kontrollen lässt ein generalisiertes Misstrauen entstehen, das eine zutiefst entfremdende Wirkung hat und uns davon abhält, als Menschen solidarisch zu handeln. Letztendlich trennt der Grenzstaat Menschen voneinander und isoliert sie – indem er sie physisch interniert oder abschiebt oder indem er dafür sorgt, dass wir alle zuerst die bürokratische Frage nach der Nationalität und dem Aufenthaltsstatus einer Person im Kopf haben, wenn wir überlegen, ob wir jemandem Hilfe anbieten sollen. Der Grenzstaat verhindert gemeinsames politisches Handeln – ganz im Gegensatz zu dem, was die französischen Revolutionäre im Sinn hatten, als sie über Souveränität nachdachten.

Zuerst holten sie die Roma

Wenn Sie im rumänischen Cluj-Napoca in einen Bus einsteigen, könnten Sie versucht sein, einen Pariser Fahrschein zu entwerten. Viele der öffentlichen Busse sind nämlich alte Renaults der Betreibergesellschaft RATP, die in Paris das Rentenalter erreicht hatten und daraufhin nach Cluj verkauft wurden. Bis vor Kurzem zeigten viele von ihnen noch immer die Namen von Pariser Haltestellen und Busrouten an, und manche hatten sogar noch französische Nummernschilder. Als wir mit European Alternatives in den Jahren 2010, 2011 Richtung Osten expandierten und ein Büro in Cluj-Napoca aufmachten, wurde dieses charmante Déjà-vu-Erlebnis allerdings von etwas Finsterem überlagert.

Im Juli 2010 hielt Nicolas Sarkozy in Grenoble eine Rede, in der er die Roma in einen Zusammenhang mit Kriminalität, unkontrollierter Migration und Gewalt brachte. Kurz darauf intensivierte die französische Regierung ihr brutales Programm zur Abschiebung von Menschen, die man als Bewohner von Roma-Lagern identifiziert hatte. Diese Aktionen lösten in Frankreich und im Ausland Entrüstung aus. Kritiker prangerten diese Form der rassistischen Diskriminierung an und wiesen darauf hin, dass viele der Betroffenen EU-Bürger waren und sich somit rechtmäßig in Frankreich aufhielten. Die damalige EU-Justizkommissarin Viviane Reding fand deutliche Worte für Sarkozys Vorgehen und verglich es mit Massenvertreibungen im Zweiten Weltkrieg. Aus einem Schreiben des französischen Innenministeriums ging hervor, dass die Roma-Lager systematisch zerstört werden sollten; Roma wurden kollektiv abgeschoben, ohne dass zuvor eine vom EU-Recht eigentlich vorgeschriebene Einzelfallprüfung durchgeführt worden wäre. Trotz des Einsatzes von Reding und vieler zivilgesellschaftlicher Organisationen, darunter auch European Alternatives, stoppte die Kommission die Vertreibungen nicht, und die französische Regierung mobilisierte Unterstützer, die ihr Vorgehen verteidigten. Der damalige britische Premierminister David Cameron und Angela Merkel, die ihrerseits damit beschäftigt war, Tausende Roma aus Deutschland in den Kosovo abzuschieben, verurteilten Redings Ausdrucksweise. Der mächtige Präsident Sarkozy bat um Mitgefühl, verwies auf seinen verletzten Stolz und erklärte: »Ich denke nicht, dass es der Rolle einer europäischen Kommissarin entspricht, sich auf eine Weise zu äußern, die ihre eigenen Kollegen blamiert.« Sarkozy selbst hatte freilich kein Problem damit, sich auf eine Weise zu äußern, die einige der verletzlichsten Menschen auf dem Kontinent stigmatisierte – und diesen Worten auch Taten folgen zu lassen. Es war, als existierte die Unionsbürgerschaft nicht.

In Rumänien – das wie Ungarn, die Tschechische Republik, die Slowakei und Bulgarien eine große Roma-Bevölkerung hat – wurde diese Angelegenheit besonders genau verfolgt. Das hatte nicht nur damit zu tun, dass viele der aus Frankreich abgeschobenen Bürger nach Rumänien zurückgeschickt wurden, sondern vor allen Dingen damit, dass Rumänien (gemeinsam mit Bulgarien) 2007 der Europäischen Union beigetreten war und Ambitionen hatte, sich auch dem Schengenraum anzuschließen, in dem Grenzkontrollen weitgehend abgeschafft worden sind. Nun fürchtete man, die Aufregung um die Roma könne sich als Hindernis erweisen. Bulgarien war schnell dabei, mit dem Finger auf Rumänien zu zeigen, und Ministerpräsident Bojko Borissow versicherte Pressevertretern, Bulgarien könne dem Schengenraum auch ohne Rumänien beitreten: »Wir sind nicht mit Rumänien föderiert, und ich verstehe nicht, weshalb wir gemeinsam überprüft werden sollten«, protestierte er. Dass ihr altvertrautes Spiel, stets alle Probleme auf die Roma zu schieben, nun auch von den mächtigsten Vertretern der EU betrieben wurde, ermutigte bulgarische und rumänische Politiker, die bereitwillig noch mehr Öl ins Feuer gossen. Der damalige rumänische Präsident Traian Băsescu bediente sich einer barbarischen Rhetorik, als er erklärte, Rumänien werde benachteiligt, da die Ähnlichkeit der Worte »Rumänien« und »Roma« manche auf die Idee bringe, alle Rumänen seien Roma, was natürlich eine Beleidigung sei! Ein treuer Handlanger Băsescus namens Silviu Prigoană brachte im Parlament einen Gesetzentwurf ein, der für das Problem eine ganz einfache Lösung vorsah: den offiziellen Namen der »Roma« (was auf Romani »Mensch« bedeutet) in »Tigan« zu ändern, was auf das griechische Wort für »Unberührbare« zurückgeht.

In jener Zeit führte die Stadtverwaltung von Cluj gerade eine Zwangsräumung durch, bei der Roma, die zuvor in einer Straße im Zentrum gewohnt hatten, in die Nähe einer Mülldeponie am Stadtrand umgesiedelt wurden. Die Gegend heißt im Volksmund »Pata-Rât«, und dass die Bedingungen dort potenziell lebensgefährlich sind, wird jedem sofort klar, der sie besucht. Viele der 300 dort lebenden Familien berichten von Atemwegserkrankungen, Hautproblemen und erhöhten Krebsraten. Familien, deren Mitglieder teilweise noch immer im Zentrum arbeiteten und deren Kinder dort zur Schule gingen, waren im kalten Dezember 2010 aus ihrem Zuhause vertrieben worden und konnten seitdem nicht mehr zurückkehren. European Alternatives protestierte gemeinsam mit den lokalen Initiativen Amare Phrala, Desire Foundation und GAS sowie Studierenden und Dozenten der Babeş-Bolyai-Universität gegen diese Maßnahme, und wir sind dort auch weiterhin aktiv. Wo die Abschiebungen aus Frankreich zeigten, wie ein Teil der Bevölkerung als vertreibbar behandelt werden kann, zeigten die parallelen Aktionen in Cluj, wie die gleiche Bevölkerungsgruppe als wegwerfbar behandelt werden kann. In beiden Fällen wurde versucht, Männer und Frauen in etwas Unberührbares zu verwandeln, das sowohl aus der Politik als auch aus der Stadt ausgeschlossen wird. Im Fall der Roma sind diese Prozesse seit Jahrhunderten im Gange, was kein gutes Licht auf alle Bekenntnisse wirft, in Europa würden die grundlegenden Menschenrechte respektiert. Die Ereignisse seit 2010 illustrieren, wie sich dieser Rassismus über Grenzen hinweg ausbreitet. Wir müssen für die Rechte jeder einzelnen Gruppe eintreten, sonst können bald die Rechte aller Gruppen auf dem Spiel stehen, wenn die Idee der Bürgerrechte erst einmal infrage gestellt wird. Der nächste Bus könnte kommen, um uns abzuholen.

Die Staatsbürgerschaft aus dem Gefängnis befreien

»Migrationskrise« ist die falsche Bezeichnung, denn bei dieser Krise geht es nicht um Migration. Es gibt tatsächlich eine Krise, aber es ist eine Krise der Staatsbürgerschaft, was bedeutet, dass es um *uns* und unsere Rechte geht, nicht nur um die *anderen*. Dass Menschen in Bewegung sind, ist normal und lässt sich nicht aufhalten. Der Preis dafür, dass wir so tun, als sei dies möglich, sind bereits heute jährlich Tausende Menschenleben sowie eine wachsende zivilisatorische Panik in Europa, die sich aus der Erkenntnis speist, dass dieser Blutzoll noch höher werden wird. Während Politikerinnen und Politiker viel Energie auf den vergeblichen Versuch verwenden, Europa und unsere Länder in Festungen zu verwandeln, kümmert sich niemand darum, Bürgerinnen und Bürger, Städte und Organisationen mit den notwendigen pädagogischen, kulturellen und finanziellen Mitteln auszustatten, um einen zivilisatorischen Wandel in unserem Verständnis von Staatsbürgerschaft und Solidarität herbeizuführen oder die Form sowie die Reaktionsfähigkeit unserer politischen Institutionen zu verändern. Eine Welt ohne Grenzen jedweder Art mag eine Illusion sein. Eine Welt mit radikal transformierten Grenzen, die man gefahrlos überqueren kann, die dem bürgerschaftlichen Engagement der Menschen nicht im Weg stehen und die nicht länger über die Lebensperspektiven von Individuen bestimmen, ist jedoch eine sehr realistische Utopie. Es wird Zeit kosten, die zivilisatorische Krise der Staatsbürgerschaft zu meistern, aber es gibt Maßnahmen wie die unten aufgelisteten, die sich relativ schnell umsetzen lassen.

Eine menschliche und effektive Migrationspolitik

Die Europäische Union muss dafür sorgen, dass es legale Routen für jene gibt, die Asyl suchen. An erster Stelle stehen dabei humanitäre Korridore für Kriegsflüchtlinge. Die »Aus den Augen, aus dem Sinn«-Politik muss beendet werden, und die EU darf nicht länger so tun, als trage Europa keine Verantwortung für Migrantinnen und Migranten, wenn diese nicht auf europäischem Territorium ankommen. Wenn die EU in der Lage ist, Internierungslager jenseits ihrer Grenzen zu finanzieren, kann sie auch ordentliche Zentren für die Bearbeitung von Asylanträgen einrichten, um Menschen, die sich in Sicherheit bringen wollen, davor zu bewahren, gefährliche Reisen auf sich zu nehmen, in die Hände von Menschenschmugglern zu geraten oder Schlimmeres. Angesichts der Schwierigkeit, sauber zwischen Geflüchteten und sogenannten »Wirtschaftsmigranten« zu unterscheiden, sollte auch der Zugang zu Arbeitsvisa erleichtert werden. Notwendig sind hier großzügige jährliche Kontingente und die Möglichkeit, schon im Herkunftsland einen Antrag zu stellen. Irreguläre Migration über lebensgefährliche Routen kann man nur eindämmen, indem man sichere, reguläre Alternativen anbietet, und sei es mit einer Warteliste.

Internierungszentren sind nicht tolerierbar und müssen geschlossen werden. Als Sofortmaßnahme sollte Journalisten und zivilgesellschaftlichen Organisationen Zugang zu diesen Lagern gewährt werden. Ferner sollten die EU und die Mitgliedstaaten einen Zeitplan für die Schließung der Zentren vorlegen und stattdessen Meldepflichten für Asylsuchende einführen. Die Internierung von Kindern muss augenblicklich gestoppt werden.

Das Dublin-Abkommen, gemäß dem Asylsuchende in dem Land Asyl beantragen müssen, in dem sie zuerst in die EU eingereist sind, ist offensichtlich gescheitert, da es Staaten an der EU-Außengrenze unverhältnismäßig viel Verantwortung aufbürdet. Es sollte durch ein europäisches System ersetzt werden, das Asylsuchende in die Lage versetzt, sich entsprechend ihren familiären Verbindungen, ihren Kompetenzen und den verfügbaren Arbeitsgelegenheiten innerhalb Europas frei zu bewegen.

Die Europäische Union muss sicherstellen, dass alle EU-Bürger eine gleichwertige Staatsbürgerschaft genießen, ob es sich nun um Roma oder um irgendjemand anderen handelt. Der metaphorische Bus der Diskriminierung, den wir zwischen Frankreich und Rumänien haben pendeln sehen, ist ein Omnibus, der irgendwann uns alle befördern wird, wenn wir ihn nicht aufhalten. Jede Diskriminierung durch Mitgliedstaaten erfordert eine entschiedene und sofortige Antwort, die auch Vertragsverletzungsverfahren und die Aufhebung von Stimmrechten im Europäischen Rat umfassen sollte.

Die Europäische Union muss den Verkauf von Staatsbürgerschaften verbieten. Staatsbürgerschaft ist kein Luxusgut. Falls die Kommission hier nicht zuständig sein sollte – was strittig ist, da die Unionsbürgerschaft, in den Worten des Europäischen Gerichtshofs, »dazu bestimmt ist, zum grundlegenden Status der Europäer zu werden« –, dann müssen die Mitgliedstaaten gemeinsam handeln, um diese Praxis zu unterbinden. Da EU-Pässe zu den begehrtesten der Welt gehören, hätte ein solcher Schritt globale Auswirkungen auf den Markt.

Zugleich sollte der Erwerb der Unionsbürgerschaft all jenen erleichtert werden, die eine wirkliche Verbindung zu dem Kontinent haben, ob durch Geburt, Familie oder Wohnsitz. Menschen nur aufgrund des Zufalls der Geburt in einer Lage zu halten, in der sie weniger Rechte haben als ihre Nachbarn, ist eine rassistische Beleidigung der egalitären Logik von Bürgerschaft und Demokratie. In der heutigen globalisierten Welt sind Einschränkungen der doppelten Staatsbürgerschaft nicht mehr sinnvoll und dienen lediglich dazu, Menschen von ihren Rechten auszuschließen. Alle europäischen Länder sollten doppelte Staatsbürgerschaften anerkennen.

Die EU muss dafür sorgen, dass Staatsbürgerschaft nicht willkürlich aberkannt werden kann – und zwar nicht nur dann, wenn im Fall einer Aberkennung Staatenlosigkeit droht. Bürger sind keine Wegwerfwaren. Es mag Konstellationen geben, in denen sich ein Entzug der Staatsbürgerschaft rechtfertigen lässt (wenn sie etwa auf betrügerische Weise erworben wurde oder wenn eine Person sich im Kriegsfall den feindlichen Truppen anschließt), aber selbst dann sollte eine solche Entscheidung Gerichten vorbehalten sein, die Möglichkeit einer Berufung zulassen und lediglich in Ausnahmefällen erfolgen.

Die genannten Maßnahmen müssen von den europäischen Regierungen und der EU schnellstmöglich umgesetzt werden. Unabhängig davon brauchen wir aber eine langfristige Strategie gegen die Krise der Staatsbürgerschaft in Europa. Zwei Dinge sollten dabei im Mittelpunkt stehen: Es gilt erstens, die Voraussetzungen für gelebte Solidarität zu schaffen, indem die Bürgerinnen und Bürger dazu ermächtigt werden, gemeinsam zu handeln; außerdem müssen zweitens flexible und zugängliche transnationale politische Institutionen errichtet werden, die auf dem Prinzip der Freizügigkeit basieren. Die Bewegungen von Menschen können chaotisch sein, aber die einzelnen Bürgerinnen und Bürger zeigen eine bemerkenswerte Fähigkeit, gemeinsame Lösungen zu finden und Probleme nicht mit Gewalt, sondern auf demokratischem Weg anzugehen, wenn man ihnen die dafür notwendigen Mittel an die Hand gibt. Es wird nicht im Handumdrehen möglich sein, die Institutionen der europäischen Demokratie so zu verändern, dass sie den Bewegungen der Bürgerinnen und

Bürger sowie deren grenzüberschreitendem Handeln Rechnung tragen. Diese Transformation muss jedoch von der Erkenntnis ausgehen, dass man zwischen der Innen- und Außenpolitik einzelner Mitgliedstaaten sowie der EU als Ganzer nicht länger sauber trennen kann. Aus diesem Grund brauchen wir einen konstanten demokratischen Dialog zwischen der Europäischen Union und ihren Nachbarländern, nicht nur auf Regierungsebene, sondern – noch wichtiger – auch auf der Ebene der Bürgerinnen und Bürger.

Festungen mit klar abgesteckten Grenzen, ob es sich dabei um Städte, Länder oder Kontinente handelt, vermitteln ein völlig falsches Bild. Wir sollten uns die Europäische Union lieber als einen Ort des Übersetzens vorstellen (auch in der zweiten Bedeutung des Wortes: *von einem Ufer ans andere fahren*) und am Aufbau einer Demokratie arbeiten, die linguistische, kulturelle, ethnische und andere Grenzen überwindet. Statt sich vor der Realität der menschlichen Mobilität zu verstecken, vor all den Phänomenen, die Grenzen überschreiten und sie verkomplizieren, muss die EU dafür sorgen, dass all dies *sichtbar*, *erkennbar* und *human* wird. Auch die einzelnen Bürgerinnen und Bürger müssen zu Übersetzerinnen und Übersetzern werden. Es gilt, sie mit den kulturellen und pädagogischen Ressourcen auszustatten, die notwendig sind, um selbstbewusst mit Fremdheit umzugehen und um dort Verständnis und Zusammenarbeit zu stiften, wo heute noch Unverständnis und Angst herrschen. All dies erfordert beträchtliche Investitionen in die Bildung und eine umfassende Neuorientierung der europäischen Politik sowie des europäischen Diskurses, aber das ist der Preis für eine Humanisierung der brutalen Globalisierung. Wir müssen dafür sorgen, dass Übersetzer, Dolmetscher und all jene, die in Solidarität handeln, den Polizisten und Grenzschützern zahlenmäßig überlegen sind – aus Prinzip, aber auch aus strategischen Gründen.

Am Ende ist die Bewegung der Menschen politisch, weil in ihr unsere wechselseitige Abhängigkeit zum Ausdruck kommt – sie ist von Natur aus ein Akt in Relation zu anderen. Wir benötigen neue Formen von politischen Bewegungen, Parteien und Institutionen, die auf eine Weise kämpfen, diskutieren und regieren können, die dieser Realität entspricht, statt sie zu leugnen. Ihnen wenden wir uns als Nächstes zu.

4. Über den Internationalismus hinaus: Eine Partei der transnationalen Interdependenz

Wären sozialistische Parteien aktive Kräfte, hätten sie bereits eine europäische Partei aufgebaut, deren politische Struktur, Institutionen und interne Solidarität auf eine europäische Revolution ausgerichtet wären.

Carlo Rosselli, 1936

Statt Komitees zu verbrennen, richtet euer eigenes ein.

Jacek Kuroń, 1970

Die Macht von Niemand

Odysseus und seine Männer werden ans Ufer der Insel des Kyklopen Polyphem gespült, der zwei von ihnen auffrisst und Odysseus und die anderen in eine Höhle sperrt. Am folgenden Morgen frisst er zwei weitere und bringt danach seine Schafe auf die Weide. Als er später am Tag betrunken zurückkehrt, fragt der Riese Odysseus nach seinem Namen. »Ich heiße der Niemand«, antwortet der Grieche, »alle Welt nennt mich Niemand, Mutter, Vater heißen mich so, und bei allen Freunden bin ich so geheißen.« Odysseus hat einen Plan ausgeheckt: Er stößt Polyphem einen Pfahl ins Auge, und als der Geblendete die anderen Kyklopen zu Hilfe holen will, ruft er: »Niemand, Niemand bringt mich um, ihr Freunde! Niemand tut es mit Arglist!« Seine Freunde lachen und kümmern sich nicht weiter um ihn. Auf diese Weise entkommt der listige Odysseus und erteilt uns eine Lektion darin, wie ein anonymer Niemand trotz allem mächtig sein kann. Spätere Revolutionäre von Václav Havel (man denke an die Ausführungen zur »Macht der Ohnmächtigen« in seinem berühmten Essay »In der Wahrheit leben«) bis zum Internetkollektiv Anonymous haben sie ebenfalls beherzigt.

Mitte des 18. Jahrhunderts, im Vorfeld der Französischen Revolution, verfasste ein anderer Typus von »Niemand« regelmäßig politische Publikationen. In dieser Ära explodierte die Zahl der Pamphlete, Traktate und Essays, die Projekte für den Weltfrieden, eine Weltföderation und eine Versöhnung der Nationen Europas vorstellten, oftmals veröffentlicht von anonymen Autoren, die sich selbst Namen wie »Weltbürger«, »Freund der Humanität« oder »Doktor Menschenfreund« gaben. Hier finden sich sogar frühe Pläne zu so etwas wie einer Europäischen Union. Das bekannteste (wenn auch nicht anonym veröffentlichte) dieser Traktate ist heute vielleicht Immanuel Kants *Zum ewigen Frieden: Ein philosophischer Entwurf*. Ein Grund für die Anonymität war sicher die Angst vor Fürsten und ihren Zensoren, aber dies ist nur ein Teil der Erklärung; tatsächlich war die wahre Identität der Verfasser häufig ein offenes Geheimnis. Die Autoren scheuten keine Mühe, um theatralisch zu versichern, sie seien ganz gewöhnliche Menschen, ohne besondere Qualifikationen, Titel oder Ämter – was ganz offensichtlich nicht stimmte, da die meisten gewöhnlichen Menschen zu jener Zeit nicht imstande waren, in literarischem Französisch oder Latein zu schreiben, aber solche Bescheidenheitsgesten werden seit je mit dem Kosmopolitismus assoziiert. Immerhin stellte sich schon Diogenes der Kyniker, der erste »Weltbürger«, dem mächtigen Alexander dem Großen als Hund vor. In der Gelehrtenwelt des 18. Jahrhunderts war das Auftreten als *Niemand* sowohl eine Publikationstaktik, um der Zensur zu entgehen, als auch eine Strategie des Autors, die nötige Glaubwürdigkeit zu erlangen, um für die gesamte Menschheit zu sprechen.

Als Michel Foucault 1981 in Genf eine Rede zur Unterstützung von Amnesty, Médecins du Monde und Terre des Hommes hielt, die Hilfe für die vietnamesischen Boatpeople mobilisierten, stellte auch er sich als ein Niemand vor:

> Wir sind hier nur Privatmenschen, die keinen anderen Anspruch darauf haben zu sprechen und gemeinsam zu sprechen als eine gewisse gemeinsame Schwierigkeit, das zu ertragen, was geschieht. [...] Wer hat uns also beauftragt? Niemand. Und das genau macht unser Recht aus.

Eben darauf basiert das, was er bezeichnet als »eine internationale Bürgerschaft, die ihre Rechte hat, die ihre Pflichten hat und die dazu verpflichtet, sich gegen jeden Machtmissbrauch zu erheben, wer auch immer dessen Urheber ist und wer auch immer dessen Opfer sind«. Nicht nur zu reden und zu protestieren, sondern *einzugreifen*, *zu handeln*. Foucault ist der Ansicht, die NGOs hätten ein neues Recht geschaffen: »das Recht der privaten Individuen, wirksam in den Bereich der Politiken und der internationalen Strategien einzugreifen«.[1] Die Niemande ohne formelle Macht oder Privilegien haben das Recht, auf der internationalen Ebene zu handeln. Die Bedeutung des Adjektivs »international« hat sich dabei seit seinen Ursprüngen deutlich verschoben.

Nationalismus und Internationalismus

Das Wort »international« wurde zum ersten Mal 1780 von Jeremy Bentham verwendet und sollte ursprünglich den Ausdruck »Völkerrecht« ersetzen, der das Recht bezeichnete, das die Beziehungen zwischen souveränen Staaten regelte.[2] Bentham zählte zu jenen Persönlichkeiten, denen die französischen Revolutionäre die Ehrenstaatsbürgerschaft verliehen, er korrespondierte mit Mirabeau, einem der führenden Abgeordneten der Konstituante, und war mit dem »universalen Venezolaner« Francisco de Miranda befreundet. Dieser hatte aufseiten der Spanier im Amerikanischen Unabhängigkeitskrieg gekämpft und als General in der französischen Revolutionsarmee gedient, bevor er mit seinen Vorgesetzten aneinandergeriet, inhaftiert wurde und sich später zuerst nach England begab, bevor er nach Lateinamerika zurückkehrte und sich am venezolanischen Unabhängigkeitskrieg beteiligte.

Diese Zusammenhänge und Verbindungen machen deutlich, dass das Wort »international« in einer Zeit erfunden wurde, als das Konzept der »Nation« einen dramatischen politischen Bedeutungswandel erlebte. Nachdem der Begriff »nationes« an frühen europäischen Universitäten wie der berühmten Sorbonne ab dem 13. Jahrhundert Verbindungen von Studenten einer bestimmten Sprache oder Herkunft bezeichnet hatte, erfuhr er eine politische Aufladung, die schließlich in der Französischen Revolution und dann in den Unabhängigkeitskriegen zwischen Kolonialmächten und nationalen Befreiungsbewegungen explodierte, die das 19. und einen großen Teil des 20. Jahrhunderts dominierten. In diesen Kämpfen ging es um Territorien und Macht, vor allem aber ging es um unterschiedliche Vorstellungen davon, wie die Welt organisiert sein sollte. Die »Erklärung der Menschen- und Bürgerrechte« verkündete die Souveränität der Nation und begründete damit die Französische Republik, aber das Schicksal dieser neuen politischen Form – der republikanischen Nation – war noch unbestimmt und Gegenstand politischer Auseinandersetzungen. Außerdem stellte sich nun die Frage, in welchem

Verhältnis eine bestimmte Nation zu den übrigen Nationen, zu Weltreichen, der Kirche und allen weiteren politischen Akteuren stand.

1805 wurde in Genua, das damals zum Französischen Kaiserreich gehörte, Giuseppe Mazzini in dieses Zeitalter der Revolutionen hineingeboren, das sein Leben und seine Gedanken prägte. Vermutlich verkörpert niemand die Figur des progressiven internationalistischen Republikaners besser als er: Zuerst in Marseille, später im Schweizer und schließlich im Londoner Exil warb Mazzini für nationale Emanzipation, er initiierte Verbindungen wie das Junge Italien, das Junge Polen, das Junge Deutschland und sogar das Junge Frankreich, wobei die »Vereinigten Staaten von Europa« seine nationale Revolution krönen sollten. Sein frühes Europäertum bestand nicht nur aus Worten, er gründete auch die zunächst blühende, aber kurzlebige Sammlungsbewegung Junges Europa, die von Bern aus die Aktivitäten koordinieren sollte. Mazzini hatte die Vision, dass unabhängige, republikanische Nationalstaaten die Ketten des Ancien Régime, der Fürsten und Geheimpolizeien abschütteln und gemeinsam eine europäische Republik erschaffen sollten, die auf dem freiwilligen Zusammenschluss freier Nationen gründete. Republikanischer Nationalismus und Internationalismus gingen Hand in Hand. In Mazzinis Worten:

> Genau wie es ohne Arbeitsteilung und -organisation keine effiziente Produktion geben kann, kann es ohne unabhängige Länder keinen Fortschritt der Menschheit als Ganzes geben. Genau wie die Bürger die individuellen Komponenten der Nation sind, sind die Nationen die individuellen Komponenten der Menschheit. Genau wie jeder Mensch ein zweifaches Leben lebt, ein nach innen gerichtetes sowie ein nach außen orientiertes, in Beziehung zu anderen stehendes, gilt dies auch für jede Nation.[3]

Während des 19. Jahrhunderts und bis zum Zweiten Weltkrieg war diese republikanische Sicht unter progressiven Intellektuellen und Politikern wie Woodrow Wilson, Jean Jaurès, Sun Yat-sen oder Gandhi weitverbreitet. Es ist wichtig festzuhalten, dass der progressive Nationalismus für die meisten von ihnen das genaue Gegenteil von Fremdenfeindlichkeit oder einem kriegerischen Chauvinismus darstellte. Die Aufteilung der Welt in Nationen wurde stattdessen als Möglichkeit gesehen, aggressives Verhalten zu verhindern. Als Fundament des internationalen Rechts sollte dieses Modell den Frieden sichern. Marcel Mauss, der diesem Thema auch seine unvollendete und zu wenig beachtete Studie *Die Nation* widmete, schrieb dazu nach dem Ersten Weltkrieg eloquent:

> Ein Internationalismus, der seinen Namen verdient, ist das Gegenteil des Kosmopolitismus. Er leugnet die Nation nicht, sondern er verortet sie. Inter-Nation ist das Gegenteil von Nicht-Nation. In diesem Sinne ist der Internationalismus auch das Gegenteil von Nationalismus, der die Nation isoliert.[4]

Die politische Bedeutung des Begriffs »international« und seine Beziehung zum Nationalstaat waren jedoch nie unumstritten, und Mazzinis Ansatz war nur eine Sichtweise unter vielen, wie die Debatten der Internationale zeigen.

Die Internationale

Eine der Schwachstellen des mazzinischen Nationalismus wurde von einem anderen Bewohner Londons und Gegner des italienischen Revolutionärs bereits früh erkannt. Einen »alten Esel« nannte Karl Marx Mazzini gewohnheitsmäßig und beschuldigte ihn, den sozialen Konflikt zu pazifizieren, indem er eine Zusammenarbeit zwischen den Klassen forderte, um das Ancien Régime zu stürzen. Die Nation ist aus Marx' Sicht nicht der unumstrittene Motor der Freiheit und Emanzipation, als den sie der Italiener darstellte. Ganz im Gegenteil: Sie kann ein Feigenblatt sein, um Klassenunterschiede und Ausbeutung zu überdecken. Während der historische Fortschritt die Überwindung alter Reiche und die Entstehung einer nationalen Bourgeoisie erfordere, verankere der Italiener mit seiner Forderung nach einer Versöhnung der Klassen, um gemeinsam die nationale Unabhängigkeit zu erkämpfen, ein reaktionäres System, in dem die Menschen auch weiterhin unterjocht würden – wenn auch durch das Kapital statt durch fremde Armeen.

Die internationale Kooperation war für Marx so entscheidend wie für Mazzini, aber sie musste sich an klaren Klassengrenzen orientieren. Kaum bekannt ist, dass die beiden Männer sich im Vorfeld der 1864 erfolgten Gründung der Internationalen Arbeiterassoziation, die später als »Erste Internationale« bekannt werden sollte, einen heftigen und lange offenen Kampf um die Hegemonie über die Organisation lieferten, den der Deutsche schließlich im Namen der grenzüberschreitenden Einheit der Arbeiterklasse für sich entschied.

Die Internationale Arbeiterassoziation war zunächst eine ausgesprochen europäische Angelegenheit: ein Treffen deutscher, italienischer, französischer und englischer Arbeiter, in Solidarität mit den polnischen Arbeitern, die sich gegen den russischen Imperialismus erhoben. Im weiteren Verlauf des 19. Jahrhunderts entwickelte sich die Internationale weiter, Delegierte aus mehr und mehr Ländern wurden aufgenommen, allerdings tobten in der Organisation diverse Grabenkämpfe, die schließlich zu ihrer Spaltung führten. Wir können hier nicht die gesamte Geschichte der Internationale wiedergeben und arbeiten stattdessen anhand dreier biografischer Skizzen heraus, wie zentrale Figuren der Bewegung die Konflikte um die Bedeutung des Internationalismus erlebten. Zur ersten Spaltung, der zwischen Marxisten und Anarchisten, kam es wegen der Rolle von Parlamenten beziehungsweise des Staates ganz allgemein. In diesem Moment kam auch ein anderes Wort ins Spiel, das im 18. Jahrhundert politische Sprengkraft gewonnen hatte, nämlich das der »Föderation«.

Eine Föderation wovon?

Giuseppe Fanelli begann seine politische Laufbahn in Mazzinis Jungem Italien, wo er für nationale Selbstbestimmung kämpfte – und zwar international. Er war am ersten Italienischen Unabhängigkeitskrieg von 1848/49 sowie an der kurzlebigen Römischen Republik von 1849 beteiligt und schloss sich 1860 Garibaldis Feldzug nach Sizilien an. Nach der Einigung Italiens zog er weiter, um für die nationale Sache zu kämpfen, diesmal in Polen. 1865 kehrte er nach Italien zurück, wo er in das neu gebildete Nationalparlament gewählt wurde. Kurz darauf nahmen sein Leben und seine Weltsicht eine Wende, als er 1866 Michail Bakunin kennenlernte und beschloss, vom nationalen Republikanismus zum Anarchismus überzuwechseln. Neben Mazzini und Marx kämpfte auch Bakunin um die Hegemonie über die spätere Erste Internationale, weshalb Fanelli nach Spanien geschickt wurde, um dort die anarchistische Sache zu befördern und neue Mitglieder für die Internationale Arbeiterassoziation zu gewinnen. Fanelli gilt als erster Funke, der den Anarchismus auf der Iberischen Halbinsel entfachte. Die Spanier stellten bald die größte anarchistische Bewegung im modernen Europa.

»Nehmt den radikalsten Revolutionär und setzt ihn auf den Thron aller Russen oder verleiht ihm eine diktatoriale Macht ..., und ehe ein Jahr vergeht, wird er schlimmer als der Zar geworden sein.«[5] Bakunins durchaus prophetische Kritik am Marxismus zielte auf die Idee, mittels des Staates gesellschaftlichen Wandel herbeizuführen. Bakunin und die Anarchisten glaubten nicht daran, dass die Diktatur des Proletariats den Staat transformieren könne, und forderten deshalb, die Gesellschaft müsse sich als eine Föderation von Kollektiven neu organisieren, in der

> [j]edes Land, jede Nation, jedes Volk, klein oder groß, schwach oder stark, jede Region, Provinz oder Gemeinde [...] das absolute Recht [besitzen], über ihr Schicksal zu verfügen, ihre eigene Existenz zu bestimmen, ihre Bündnisse zu wählen, sich zu vereinigen und zu trennen, nach ihrem Willen und Bedürfnis, ohne Rücksicht auf die sogenannten historischen Rechte und auf die politischen, kommerziellen oder strategierten Notwendigkeiten der Staaten [...].[6]

Das Wort »Föderation« selbst drückt die Idee eines freien Zusammenschlusses, von Einverständnis, Einigung oder Vertrauen aus und erfreute sich unter politischen Schriftstellern ab der Mitte des 18. Jahrhunderts zunehmender Beliebtheit, insbesondere im Kontext der Amerikanischen Revolution. Wo einige nach einer Föderation der Staaten riefen und andere nach einer Föderation der Nationen, riefen die Anarchisten letztlich nach einer Föderation der Individuen, in der jedes Individuum frei sein sollte, den Zusammenschluss wieder zu verlassen, wenn es ihm oder ihr beliebt.

Olga Benário wurde 1908 in München in eine jüdische Familie hineingeboren. Nachdem sie sich mit 15 Jahren der Kommunistischen Partei angeschlossen hatte, verliebte sie sich in einen älteren Kämpfer, Otto Braun. Als dieser verhaftet und ins Gefängnis in Berlin-Moabit gebracht wurde, organisierte Olga seine bewaffnete Befreiung. Das Paar floh nach Moskau, wo es politisch und militärisch ausgebildet wurde. Mitte der dreißiger Jahre begleitete Olga als Leibwächterin den brasilianischen Revolutionär Luís Carlos Prestes, um in dessen Heimat die Revolution zu schüren. Otto hingegen schickte man ans andere Ende der Welt nach China, wo er Mao Zedong und die aufstrebende Kommunistische Partei militärisch beraten sollte. Auf der langen Schiffsreise verliebte Olga sich in Prestes. Sie drang tief in den tropischen Urwald vor und schloss sich dem brasilianischen kommunistischen Aufstand an. Otto dagegen erreichte China, wo er als einziger Ausländer am Langen Marsch teilnahm. Der Aufstand in Brasilien schlug fehl. Olga wurde verhaftet und an die Gestapo übergeben. Sie wurde nach Deutschland deportiert und starb in einem Konzentrationslager. Otto ging nach Moskau, wo er die Kriegsjahre verbrachte, ehe er 1954 nach Berlin in der neu gegründeten DDR zurückkehrte.

Wie schon bei den Revolutionären des 19. Jahrhunderts erwies sich der bewaffnete politische Kampf als Nährboden einer neuen Weltbürgerschaft. Dieses Mal bestand das Ziel jedoch nicht in der Gründung organischer Nationen, sondern im Sturz der bürgerlichen Staatsgewalt überall auf der Welt.

Die Zweite Internationale, die 1889 in Paris ohne die Anarchisten gegründet wurde (die englischen Gewerkschaften spalteten sich ab), um die Arbeit der Ersten Internationale weiterzuführen, diskutierte erneut die Frage der Nationen und der sozialistischen Revolution. Hatten Marx und Engels noch betont, der Sozialismus in einem Land sei unmöglich und die Revolution werde auf einen Schlag als »Weltrevolution« erfolgen, sobald die Entwicklung der Produktivkräfte dies erlaube, vertraten auch orthodoxe Anhänger wie Karl Kautsky nun eine moderatere Sichtweise.[7] Über das 1891 verabschiedete Erfurter Programm der Sozialdemokratischen Partei schrieb Kautsky einen Text, der jahrzehntelang als Einführung in die politischen Prinzipien der marxistischen Sozialdemokratie diente.[8] Darin argumentiert er, sobald die Ausbeutung der Arbeiter beendet sei, werde jede sozialistische Kooperative, solange sie die Größe eines modernen Staates habe, genug für ihren eigenen Konsum produzieren, weshalb der internationale Handel abnehme und jede Volkswirtschaft unabhängig sei, abgesehen von ein paar »überflüssigen« Gütern. Eine solche Entwicklung setze jedoch voraus, bemerkt Kautsky, dass jeder einzelne Staat auf eine Größe anwachse, die seine Autarkie garantiere.

Die Zweite Internationale löste sich bei Ausbruch des Ersten Weltkriegs auf, als sich die Hoffnung zerschlug, die deutschen und französischen Arbeiter würden gemeinsam streiken, statt gegeneinander mobilzumachen. In dieser Zeit wurde die Möglichkeit des Sozialismus in einem Land, ein Thema, das für die Zweite Internationale nur ein Randaspekt gewesen war, für einen ihrer Teilnehmer zu einer wichtigen Frage: Wladimir Iljitsch Lenin. Die Frage, ob eine sozialistische Revolution in einem wirtschaftlich rückständigen Land wie Russland möglich sei und ob sie gegebenenfalls auch dann überleben könne, wenn es andernorts – vor allem in großen Volkswirtschaften wie Deutschland, Frankreich und England – nicht gleichzeitig zu Revolutionen käme, war unter den Bolschewiki Anfang des 20. Jahrhunderts und in der Zeit der Sowjetunion umstritten. Während Trotzki behauptete, Russland könne durch eine permanente Revolution als Avantgarde agieren, allerdings müssten andere Länder dazu gedrängt werden, rasch zu folgen, beharrte Stalin darauf, der Sozialismus in einem Land sei möglich, wenn nicht gar der vollkommene Kommunismus. Am Ende erwiesen sich diese Differenzen für Trotzki als tödlich, da er im mexikanischen Exil auf Stalins Befehl hin umgebracht wurde. Olgas und Ottos weltweite Odysseen in der ersten Hälfte des 20. Jahrhunderts fielen in die Zeit, in der dieser Streit über die Form und die Grenzen der sozialistischen internationalen Revolution voll im Gange war.

Die Internationale im Schatten

Ursula Hirschmann wurde 1913 in Berlin geboren. In einem Abschnitt ihrer bemerkenswerten, jedoch unvollendeten Autobiografie *Noi senza patria* (Wir ohne Vaterland) schildert sie, wie sie in der Nacht vom 30. auf den 31. Januar 1933, nachdem Hitler zum deutschen Reichskanzler ernannt worden war, gemeinsam mit ihrem Bruder Albert mit dem Fahrrad zum Hauptquartier der Kommunistischen Partei in Berlin fuhr.[9] Zusammen mit anderen, die sich dort in Erwartung irgendeiner Reaktion versammelt hatten, blickten sie zu den erleuchteten Fenstern des Karl-Liebknecht-Hauses hinauf, wo das Zentralkomitee der Partei beratschlagte. Allerdings kam kein Aufruf zum Handeln, und die kleine Gruppe löste sich nach und nach wieder auf, die niedergeschlagenen Leute gingen einzeln und schweigsam nach Hause. »Das große rote

Berlin schien in einen unglaublichen Traum versunken, während die Nazi-Horden unter den Fenstern des Reichstags ihre erste Begegnung mit der Machttrunkenheit feierten«, schreibt sie.[10] Zwar sollte die Rote Armee im Zweiten Weltkrieg noch eine große Rolle spielen, aber für Ursula und viele andere, die an jenem Tag vor der Berliner Parteizentrale standen, war der Glaube an die Kommunistische Partei bereits lange vor den Schrecken des Stalinismus verdampft.

Ursula erzählt weiter, wie die Sozialdemokratische Partei während des gesamten Februars 1933 öffentliche Versammlungen abhielt, doch die Partei wies ihre Mitglieder an, nicht gewaltsam auf die Machtübernahme der Nazis oder die Provokationen der Faschisten zu reagieren. »Genossen, lasst eure Waffen ruhen!«, hieß der Befehl, als die riesige Menschenmenge in der Nacht vom 27. auf den 28. Februar unter Absingen der Internationale und der Hymne der deutschen Sozialisten, »Brüder, zur Sonne, zur Freiheit«, den Berliner Sportpalast verließ. Draußen wurde sie von einer großen Zahl von Polizisten und dem Ruf empfangen: »Der Reichstag brennt!« Es war der Vorwand, den Hitler benötigt hatte, um die Bürgerrechte der Weimarer Verfassung außer Kraft zu setzen und de facto den Ausnahmezustand auszurufen.

Ursula und Albert blieben noch mehrere Monate in Berlin, wo sie sich dem Widerstand anschlossen. Als die Lage für Juden wie die Hirschmanns immer gefährlicher wurde, gingen sie zunächst nach Paris, wo Albert sein Studium der Wirtschaftswissenschaften fortsetzte. Anschließend kämpfte er auf der Seite der Republik im Spanischen Bürgerkrieg, bevor er 1938 in Triest seine Dissertation abschloss.[11] Ursula wiederum heiratete den Politiker und Philosophen Eugenio Colorni und trat der antifaschistischen Widerstandgruppe Giustizia e Libertà bei, weshalb sie schließlich von Mussolini zusammen mit Colorni, Altiero Spinelli und Ernesto Rossi auf der Insel Ventotene inhaftiert wurde. Aus ihren Diskussionen auf der Insel entstand das Manifest von Ventotene, ein Aufruf zu einem freien und vereinten Europa, das Ursula von der Insel schmuggelte. 1943 wurde es zur programmatischen Grundlage des in Mailand gegründeten Movimento Federalista Europeo. Colorni schloss sich der Resistenza an. Unmittelbar vor der Befreiung Roms wurde er im Mai 1944 von Faschisten angeschossen, kurz darauf erlag er seinen Verletzungen. Ursula und Altiero Spinelli heirateten später. Während Altiero die föderalistischen Bemühungen im Europäischen Parlament vorantrieb, kämpfte Ursula für die Gleichstellung der Geschlechter und die europäische Einheit.

In der Einleitung ihrer Autobiografie reflektiert Ursula über ihr Leben und erläutert den Titel *Noi senza patria*:

> Ich bin nicht italienisch, auch wenn ich italienische Kinder habe, und ich bin nicht deutsch, auch wenn Deutschland einmal mein Vaterland war. Und ich bin noch nicht einmal jüdisch, auch wenn ich nur durch Zufall nicht festgenommen und in einem der Öfen der Vernichtungslager verbrannt wurde.[12]

Wie für viele andere, die im Widerstand überlebten, ist das einzige Adjektiv, mit dem sie sich identifizieren kann, »europäisch«.[13] Dieser aktivistische Europagedanke des antifaschistischen Widerstands und der Solidarität ist eine der vergessenen Wurzeln der Europäischen Union.

Jenseits von Anarchie, Staat und Klasse

Wie hart der im 19. Jahrhundert zwischen Mazzini, Marx und Bakunin, zwischen internationalem Republikanismus, sozialistischem Internationalismus und anarchistischem Föderalismus ausgetragene Kampf auch gewesen sein und wie unerbittlich Stalin und Trotzki um den »Sozialismus in einem Land« gestritten haben mögen, die neoliberale Globalisierung scheint diese Ansätze letztendlich miteinander in Einklang gebracht und dabei ihr radikales Potenzial neutralisiert zu haben. Erstens basiert die neoliberale Globalisierung, wir haben das oben bereits erläutert, auf der Logik der inter-nationalen und inter-gouvernementalen Diplomatie; sie nutzt den Mythos der Nationalität, um Bevölkerungen auch weiterhin zu spalten und die Demokratie erpressbar zu halten. Zweitens ist durch genau diesen Prozess eine transnationale Klasse politischer »Repräsentanten« und ökonomischer Eliten entstanden, die kaum noch soziale Bindungen an ihre Herkunftsnation kennen (das berühmte eine Prozent, dessen Angehörige untereinander viel mehr gemeinsam haben als die übrigen 99 Prozent). Drittens wird der Staat dadurch in erster Linie zu einer Grenzschutzagentur, für die wir alle arbeiten und die innerhalb ihres Territoriums die bürokratischen sowie rechtlichen Grenzen derartig vervielfacht, dass die Vorstellung, der Staat könne als Werkzeug der kollektiven Emanzipation genutzt werden, höchst problematisch wird. Und schließlich lebt der Neoliberalismus von der Behauptung, angesichts des marktbasierten Wettbewerbs seien wir alle Einzelkämpfer, während es mittlerweile praktisch unmöglich ist, sich diesem System zu entziehen, da unser soziales Leben selbst zu einer Ware wird – wie jeder Facebook-Nutzer nur zu gut weiß. Der Neoliberalismus nimmt den Anarchismus und macht ihn zu Geld.

Die Verfasser des Ventotene-Manifestes betrachten im Jahr 1941 verständlicherweise den Krieg als das größte der mit dem Nationalismus verbundenen Risiken. Sie fordern, aus der Asche des Krieges müsse sich eine revolutionäre Partei für Europa erheben, und diese Partei müsse zugleich *sozialistisch* und *föderalistisch* sein: sozialistisch, da sie die Emanzipation der Arbeiterklasse zum Ziel habe und die Wirtschaft in den Dienst des menschlichen Wohlergehens stellen werde, und *föderalistisch*, da sie die Nationalstaaten Europas vereinen werde. Doch entgegen den Wünschen, Warnungen und dem Aktivismus von Spinelli, Hirschmann und anderen kam es nach dem Zweiten Weltkrieg zu einer Wiederauferstehung der Nationalstaaten Europas, die die Europäische Union in der Folge als Hilfsmittel und Deckmantel nutzten – und dies hat eine paradoxe neue strategische Situation erzeugt: eine zwischenstaatliche Union, in der Souveränität in einigen Bereichen föderalisiert wurde, die in den Köpfen ihrer Bevölkerung jedoch weiterhin nationalisiert ist. In dieser Kombination aus undemokratischen zentralisierten Kräften und eingesperrten Menschen und Bevölkerungen ist dieser »europäische Archipel«, den wir im zweiten Kapitel erkundet haben, eine Metapher für die neoliberale Globalisierung, und wie jede gute Metapher erlaubt sie es, den Vergleichsgegenstand in einem neuen Licht zu sehen und zugleich über diese Sichtweise hinauszugehen. Ohne diesen geopolitischen und ideologischen Wandel zu berücksichtigen, agieren viele, die heute den Namen Spinelli im Mund führen (darunter das Europäische Parlament, über dessen Brüsseler Eingang sein Name prangt), willentlich oder unwillentlich als Apologeten der Vorherrschaft des internationalen Kapitals und berauben die auf der Insel Ventotene geborene Vision einer grenzüberschreitenden sozialistischen Gesellschaft jeglichen progressiven Inhalts.

Von Foren, sozialen und unsozialen

Die Strukturen, die die neue Phase der neoliberalen Globalisierung steuern sollen, sind wohlbekannt. Die in der Bretton-Woods-Ära entstandenen Institutionen wurden so transformiert, dass der IWF und die Weltbank zu vorgehaltenen finanziellen Waffen wurden, um zuerst die aufstrebenden und später die entwickelten Volkswirtschaften mit Strukturanpassungsprogrammen zu reformieren. Als man diesen Prozess gerade auf den Weg gebracht hatte, wurde ein lockeres internationales Forum der führenden Volkswirtschaften eingerichtet: Die G7 entstanden 1975, im Auge des Sturms, der den Übergang von der sozialen Marktwirtschaft der Nachkriegszeit zur Periode der neoliberalen Hegemonie markierte. Die Welthandelsorganisation (WTO) wurde 1995 auf dem Höhepunkt dieser Hegemonie gegründet, die G20 dann 1999, als die Finanzkrisen in Asien und Russland ihre Fragilität aufgedeckt hatten. Zur selben Zeit und mit wachsender Geschwindigkeit schossen weitere elitäre Zusammenkünfte aus dem Boden, die als informelle Foren zur Steuerung der Weltwirtschaft dienen sollten. Das berühmteste dieser Treffen, das Weltwirtschaftsforum, findet einmal im Jahr im Schweizer Kurort Davos statt.

Die radikalen Internationalisten unserer Zeit, die sich der Herrschaft der etablierten Mächte widersetzen, haben auf diese Entwicklungen reagiert, indem sie ihrerseits mit neuen Formen der internationalen Koordination experimentierten. Ab den sechziger Jahren des 20. Jahrhunderts entstanden mit Greenpeace, Amnesty International oder den Médecins du Monde (die riesige Kampagne für nukleare Abrüstung wäre hier als wichtiger Vorläufer zu nennen) Organisationen, die Bürgerinnen und Bürgern eine Möglichkeit boten, ihrem globalen Bewusstsein Ausdruck zu verleihen und die internationale Ordnung direkt zu beeinflussen. Mit den unerwartet heftigen Protesten gegen den WTO-Gipfel in Seattle 1999 begann rund um die Jahrtausendwende eine außergewöhnlich fruchtbare Periode der Kritik an einer Welt, die von den Eliten begeistert gefeiert wurde. Es entstand eine wahrhaft globale (auch als Global Justice Movement bekannte) Bewegung für eine andere Globalisierung, die Aufmerksamkeit schuf für die Ausbeutung des Globalen Südens, die Verarmung wachsender Teile des Globalen Nordens, die ökologische Unmöglichkeit unseres Entwicklungsmodells und die hemmungslose und zerstörerische Macht der internationalen Finanzwelt (Probleme, die von der Politik damals weithin ignoriert wurden, heute jedoch mit voller Wucht auf die Tagesordnung zurückgekehrt sind).

Es stimmt, dass die globalisierungskritische Bewegung der neunziger und der frühen nuller Jahre gespalten war in eine Strömung der Globalisierungsgegner, die keine Globalisierung wollte, und eine andere, die eine alternative Globalisierung anstrebte. Die etablierten Medien konzentrierten sich fast ausschließlich auf Erstere, um die Bewegung insgesamt als rückwärtsgewandt zu brandmarken. Dabei war es vor allem Letztere, die politische Innovationen vorantrieb und sich weigerte, die Idee einer anderen Welt und einer anderen Globalisierung aufzugeben.

In diesem Kontext entstand ein neues Forum für Weltbürgerinnen und -bürger, das Elemente des republikanischen Internationalismus, der sozialistischen Internationale und des Anarchismus miteinander verband. Im Januar 2001 fand in der brasilianischen Stadt Porto Alegre parallel zum Davoser Weltwirtschaftsforum das erste Weltsozialforum (WSF) statt. Die Veranstaltung übertraf alle Erwartungen und brachte unter dem Motto »Eine andere Welt ist möglich« Zehntausende Aktivistinnen und Aktivisten aus aller Welt zusammen: lateinamerikanische Bauernverbände und europäische Gewerkschaften, indische »Unberührbare« und afrikanische Anti-Rassismus-Bewegungen. Das WSF bot eine von Bürgerinnen und Bürgern organisierte Alternative zu den Foren der globalen Elite.[14]

Heute ist weithin anerkannt, dass eine der wichtigsten Leistungen des WSF darin bestand, die praktisch unangefochtene Dominanz der TINA-Logik zu durchbrechen, der Idee also, die Geschichte sei an ihr Ende gelangt und es gäbe keine Alternative zur neoliberalen Globalisierung. Für viele Jahre war das WSF das wichtigste Forum zur internationalen Koordination sozialer Kämpfe, zumal es bald Ableger auf den unterschiedlichsten Ebenen gab: regionale Treffen wie das Asiatische und das Europäische Sozialforum, nationale, etwa in Indien oder Italien, und sogar lokale, beispielsweise in Boston oder Liverpool.

Das WSF war zwar ein bedeutendes Gegengewicht zur diskursiven Hegemonie des Neoliberalismus und spielte eine wichtige Rolle bei der Weiterentwicklung der Forderungen und Strategien der Bewegung für globale Gerechtigkeit, im Vergleich zu den Foren der Elite sprang jedoch ein Punkt ins Auge: Es hatte keine Macht. Wo das WSF eine offene Arena für Debatten bot und verschiedene Bewegungen mehr oder weniger effizient koordinierte, herrschte auf den Zusammenkünften der Eliten ein loser Konsens, der dafür direkt in die formelle und informelle Steuerung der Globalisierung einfloss.

Darin steckt eine wichtige Lektion: *Die Welt verändern, ohne die Macht zu übernehmen*, mag insofern eine heilsame Idee sein, als der Satz unterstreicht, dass Politik aus viel mehr besteht als aus Regierungen und formellen Institutionen, aber es ist auch ein Slogan für Handlungsunfähigkeit.[15] Was wir heimatlosen Weltbürger stattdessen brauchen, ist eine Strategie, um die Macht zu *erobern* und politisch handlungsfähig zu werden. (Das wissen auch die rechten Aktivisten, über deren Aktionen wir im Verlauf dieses Buches immer wieder gesprochen haben: Ihre Versuche, die europäische Politik aus einer randständigen Position heraus zu beeinflussen, sind Teil einer übergeordneten Strategie, die letztendlich rechtsradikale Parteien an die Macht bringen soll.) Damit nicht genug: Die ergriffene Macht muss ausreichen, um einen systemischen Wandel herbeizuführen. Das bedeutet zugleich, dass auch das Wesen der politischen Macht selbst transformiert werden muss, ohne im Vorhinein anzunehmen, diese könne einfach abgeschafft oder ignoriert werden.

In all diesen Punkten versagte das WSF. Die Weigerung, zu einem Vehikel des politischen Handelns zu werden, ging so weit, dass Artikel 6 seiner Charta es ausdrücklich untersagte, formelle Erklärungen abzugeben, die den Anspruch erhoben, die Position des Forums zu einem Thema zu »repräsentieren«. Für diese Entscheidung gab es viele gute Gründe, vor allem die Unmöglichkeit, einen Konsens zu erzielen, und die inhärent entzweiende Natur aller repräsentativen und Abstimmungsverfahren. Zugleich wurde somit jedoch verhindert, dass aus dem Netzwerk der Sozialforen heraus ein durchsetzungsfähiger transnationaler Akteur entstand, der sowohl die Richtung der Debatte als auch die daraus resultierende Politik verändern konnte.

Besonders gut lässt sich das an der widersprüchlichen Position des Europäischen Sozialforums veranschaulichen. Seine Treffen fanden in einer Europäischen Union statt, in der bereits eine gemeinsame Währung, ein gemeinsamer Markt sowie Ansätze der politischen Integration und einer internationalen Proto-Regierung existierten. Europa rief geradezu nach einer koordinierten basisdemokratischen Alternative zu dieser Form der politischen Steuerung, nach einem Aufstand, der die Bürgerinnen und Bürger des Kontinents ermächtigen würde, nach einer Instanz, die die Mächtigen nicht nur zur Rechenschaft ziehen, sondern die »Teile und herrsche«-Strategie der transnationalen Eliten und Bürokratien hätte überwinden können. Dies widersprach jedoch dem »offenen«, »dialogischen« Wesen des WSF-Prozesses. Also verblieb die progressive Politik, abgesehen von einigen traditionellen Elementen der internationalen Koordination, in ihren isolierten lokalen und nationalen Containern, während die von den Institutionen ausgehende europäische Politik auch weiterhin auf der Prämisse beruhte, eine transnationale demokratische Politik sei weder möglich noch wünschenswert.

Am Ende steht ein so bedauerliches wie paradoxes Ergebnis: Als das globale System und die ideologische Hegemonie, die das Weltsozialforum ursprünglich herausfordern wollte, im Zuge der Finanzkrise der Jahre 2008ff. zu implodieren schien und Europa in eine Phase der politischen und ökonomischen Turbulenzen eintrat, war von der Bewegung auf der globalen und auf der europäischen Ebene praktisch nichts mehr übrig.

Die Kolonie der Welt

Der Anbruch des neuen Jahrtausends markierte zugleich den Zenit der vom Westen angeführten Globalisierung. Diese Zeit war von der Überzeugung geprägt, die Geschichte sei mit dem Zusammenbruch des Sowjetkommunismus an ihr

Ende gelangt und es gäbe ein ökonomisches Modell von der Stange, das allen Staaten und Gesellschaften perfekt passe. Dieses Bild hat mittlerweile tiefe Risse bekommen. Globale Gipfeltreffen vermitteln den Eindruck von internationalem Chaos, ein dominantes Paradigma oder ein eindeutiger Hegemon ist nicht in Sicht. Mit dem Aufstieg des staatlich gelenkten autoritären Kapitalismus in China gibt es zum ersten Mal seit dem Kollaps der UdSSR eine mächtige Alternative zum liberalen Kapitalismus westlicher Prägung. (In China ist man sich dessen sehr wohl bewusst: »Die Werte, auf denen unser Land basiert«, sagte Präsident Xi Jinping zu Beginn seiner zweiten Amtszeit im Oktober 2017, »sind heute attraktiver als jemals zuvor.«[16]) Parallel dazu regt sich von Russland bis Brasilien, von Ungarn bis in die Türkei machtvoll eine unheimliche Mischung aus »illiberaler« Demokratie und Vetternwirtschaft. Die TINA-Logik hat sich auf deprimierende Weise verwandelt: Wo es einst hieß, es gäbe keine Alternative, gibt es nun zwar Alternativen, allerdings nur schlechte. Dieses Durcheinander vervielfacht die Räume, die der Neoliberalismus als globales System in Besitz nehmen kann. Falls es gelingt, eine hinreichend ambitionierte und innovative Antwort zu formulieren, bietet es aber auch die große Chance, für die Vision einer neuen, Grenzen überschreitenden Politik zu werben.

Um eine Vorstellung davon zu bekommen, welche Form dieser Prozess annehmen könnte, ist es hilfreich, das Weltsozialforum mit ähnlichen Kongressen zu vergleichen, die die globale Politik wirklich transformiert haben. Sowohl der Indische als auch der Afrikanische Nationalkongress begannen als Foren, in denen eine Vielzahl von Repräsentanten der indischen bzw. südafrikanischen Bevölkerung über eine gemeinsame Strategie gegen die koloniale Herrschaft debattierten. Während der ersten Jahrzehnte ihrer Existenz durchliefen beide Organisationen im Hinblick auf ihre Strategie und Zusammensetzung eine tief greifende Transformation: Langsam, aber sicher verwandelten sie sich von Foren der Diskussion und Koordination in revolutionäre politische Akteure, die sich der Aufgabe verschrieben, die nationale Unabhängigkeit von den Kolonialherren bzw. die völlige Gleichstellung der schwarzen Bevölkerung zu erstreiten.

Der entscheidende Wendepunkt in der Geschichte beider Kongresse kam in dem Moment, als ihre Mitglieder realisierten, dass Subjekte ohne politische Handlungsmacht wenig zu gewinnen haben, solange sie lediglich gemeinsame Positionspapiere formulieren und darauf hoffen, dass die etablierten Mächte auf sie hören. Auch Proteste und politische Kampagnen sind in diesem Fall nicht genug. Stattdessen war es notwendig, Gegenmacht aufzubauen, um ein System, das seinen kolonialen Subjekten staatsbürgerliche Rechte vorenthielt, von Grund auf zu verändern. Es galt, das politische, rechtliche und institutionelle System insgesamt zu revolutionieren, anstatt lediglich Einfluss auf einzelne politische Maßnahmen zu nehmen. Dies wiederum setzte eine Bewegung voraus, die im gemeinsamen Kampf zunächst ihre Mitglieder *politisch* ermächtigte, um anschließend die Mehrheit der Bevölkerung, der man bis dahin jegliche Mitspracherechte verwehrt hatte, juristisch und institutionell zu ermächtigen.

Bei allen nötigen Unterscheidungen können wir doch davon ausgehen, dass die heutigen heimatlosen Weltbürger – insbesondere, aber nicht ausschließlich in der Europäischen Union – vor einer ähnlichen Herausforderung stehen. In einer Situation, in der uns Autonomie und Handlungsfähigkeit systematisch verwehrt werden, reicht es nicht länger aus, lediglich Konsens herzustellen und Alternativen zu formulieren, wie auch wir und viele andere Initiativen, die wir in diesem Buch vorgestellt haben, dies bislang getan haben. Wir können zudem nicht länger darauf hoffen, dass sich Handlungsmacht auf dem Rechtsweg erreichen lässt. Bürgerrechte werden nicht von oben gewährt, sondern müssen von unten erstritten werden. Wir brauchen eine aktive zivilgesellschaftliche Kraft, die sich für eine Transformation des Systems insgesamt einsetzt.

Wie wir in diesem Buch dargelegt haben, geht es bei dieser Transformation einerseits darum, den Neoliberalismus zurückzudrängen und so für das Wohlergehen und die Würde der Menschen sowie für soziale Gerechtigkeit einzutreten; andererseits gilt es, der transnationalen Dimension unserer Leben und Horizonte Rechnung zu tragen. Das sind die zwei Beine unseres Kampfes, und wir werden nicht von der Stelle kommen, solange wir sie nicht beide benutzen. Wer kolonisiert ist, ist nicht nur entmachtet, sondern auch eingesperrt, und der Kampf um Emanzipation, Freiheit und Gleichheit muss heute notwendigerweise Grenzen überschreiten.

Am Anfang dieses Buches stand der chinesische KP-Funktionär Zhang Ying, der die Demokratie für ihre Widerstandsfähigkeit in Zeiten der Krise lobte. Wir haben argumentiert, diese Widerstandsfähigkeit liege an der Elastizität der Demokratie bzw. an ihrer Fähigkeit, demokratischen politischen Kampf in echten politischen Wandel zu übersetzen. Außerdem haben wir die Ansicht vertreten, diese Elastizität gehe derzeit verloren, und zwar nicht zuletzt deshalb, weil sich unsere politischen Systeme zunehmend als unfähig erweisen, jenseits der Begrenzungen und der Beengtheit, die aus dem intergouvernementalen Regime resultieren, demokratisch zu operieren. Nationale Demokratien erstarren zusehends: Sie sind immer stärker entpolitisiert und nicht länger in der Lage,

Forderungen nach Wandel auch tatsächlich umzusetzen. Das hat unter anderem damit zu tun, dass die Bürgerinnen und Bürger jenseits der engen Grenzen des Nationalstaats keine echten demokratischen Teilhaberechte haben, was die Verwirklichung alternativer Visionen massiv behindert. Wenn es uns nicht gelingt, neue Formen der transnationalen Politik zu entwickeln, und wenn wir es nicht schaffen, mithilfe dieser Formen die existierenden Institutionen der globalen Steuerung (zu der auch die nationalen Regierungen zählen) herauszufordern, zu besetzen und zu transformieren, wenn wir – mit anderen Worten – an der Aufgabe scheitern, eine transnationale Demokratie zu erfinden und zu praktizieren, werden die Bevölkerungen nicht in der Lage sein, gemeinsam ihre politische Zukunft zu gestalten. Stattdessen werden wir lediglich Teile des hart gewordenen Gummis abbrechen, der bislang die Flexibilität unserer Demokratien garantiert hat, und feststellen, dass wir vor einer kaputten Maschine sitzen.

Um die Verfahren und Institutionen einer solchen transnationalen Politik zu gestalten, brauchen wir keine Föderation von Staaten, keine Weltregierung und auch keine Vereinten Nationen. Wir glauben, dass solche Ideen sich auf die falschen historischen Akteure konzentrieren: Staaten, Regierungen und Nationen. Entsprechende Vorschläge sind selbst in einer überkommenen »inter-nationalen« Weltsicht gefangen, gemäß der Bürger in territorial abgegrenzten Nationalstaaten politisch agieren, während diese Nationalstaaten die eigentlichen »Weltbürger« sind. Heute fordern die Bürger jedoch das Recht, *direkt in den Bereich der internationalen Strategien einzugreifen*, wie Foucault es formulierte. Oder wie wir es ausdrücken würden: *Die Bürger von heute sind in ihren politischen Horizonten transnational geworden*. Gleichzeitig wird eine systemische Transformation aber nur dann möglich sein, wenn wir uns in die politischen Institutionen des Staates und der Regierung hineinwagen, wenn wir dort den Kampf aufnehmen und wenn es uns gelingt, die politische Macht umzuformen und neu zu organisieren. Um die neokolonialen Untertanen also in volle Staatsbürger zu verwandeln, schlagen wir vor, dass wir eine neue Art von politischer Partei benötigen, in der Bürgerinnen und Bürger länderübergreifend handeln und dabei aktiv die Institutionen des Regierens transformieren.

Eine Partei mit einer neuen Weltsicht

In der gegenwärtigen, auf Wahlen und Regierungsinstitutionen fokussierten Politik wurde die Form Partei derart ausgehöhlt, dass man leicht vergisst, was eine politische Partei in ihrem Kern ausmacht. Parteien im modernen Sinn des Wortes wurden aus den politischen Faktionen geboren, die während der Exklusionskrise und der Glorreichen Revolution in England entstanden, als (grob gesagt) die Whigs für eine konstitutionelle Monarchie eintraten, während die Tories die absolute Monarchie verteidigten. Der Begriff »Faktion« leitet sich vom lateinischen *factio* ab, was so viel bedeutet wie das Handeln, Tun oder Machen; in der Antike wurde der Ausdruck unter anderem für die Mannschaften verwendet, die bei Wagenrennen gegeneinander antraten. Politische Faktionen sind demnach Gruppen von Menschen, die sich für eine geteilte Idee einsetzen und dabei mit anderen solchen Gruppen konkurrieren. Genau das ist eine politische Partei: ein *Teil* eines größeren Ganzen, wobei die einzelnen Parteien ganz unterschiedliche Vorstellungen davon haben können, was dieses Ganze ausmacht. Das Ganze im Blick zu haben, statt nur eine partikulare Sichtweise zu verteidigen, ist das, was eine Partei von einer Clique oder einer Interessengruppe unterscheidet. Der Standpunkt ist unzweifelhaft partiell, *parteiisch*, aber der Blick richtet sich auf die gesamte Gemeinschaft, und das Versprechen – oder die Drohung – einer Transformation betrifft all ihre Mitglieder.

Wir sind daran gewöhnt, dass politische Parteien innerhalb von Nationen operieren: Nationen sind in der Regel jenes »Ganze«, das Parteien im Blick haben. Die Whigs hatten eine bestimmte Vorstellung davon, wie England aussehen sollte, die Tories eine andere. Aber selbst innerhalb dieses nationalen Kontexts können sich die Ansichten darüber, *welche* Gebiete ein Land umfasst und *wer* als Bürger dieses Landes zählt – also darüber, was das Ganze ausmacht –, zwischen den Parteien stark unterscheiden. Heute benötigen wir transnationale politische Parteien, um eine Politik zu betreiben, die alternative Vorstellungen davon artikuliert, wie das europäische und das globale Ganze aussehen sollte – man könnte auch sagen, Parteien mit unterschiedlichen *Weltsichten*. Allerdings würde die Weltsicht dieser transnationalen Parteien sich nicht länger auf die Nation als vorrangigen Akteur in der Weltpolitik konzentrieren. Eine solche transnationale Partei würde durch eine andere Optik auf die Welt blicken.[17]

An dieser Stelle hilft vielleicht ein Blick auf die Kunst: Der »Droste-Effekt« wurde nach einem holländischen Unternehmen benannt, das unter anderem Kakaopulver herstellt. 1904 entwarf der Künstler Jan Misset ein ganz spezielles Design für die Dosen der Firma. Darauf hält ein Dienstmädchen genau diese Kakaodose in der Hand, auf der dasselbe Dienstmädchen mit derselben Dose abgebildet ist, auf der ebenfalls das Dienstmädchen mit der Dose abgebildet ist usw., theoretisch bis in alle Ewigkeit (aber praktisch, so weit es die Auflösung des Bildes erlaubt). Die Idee eines Bildes in einem Bild ist nichts Neues: Sie reicht mindestens zurück bis zu dem italienischen Maler Giotto, der im 14. Jahrhundert ein Triptychon anfertigte, das ein Bild des Kardinals Stefaneschi beinhaltet, der dem heiligen Petrus genau dieses Triptychon überreicht. In der Literatur entstand daraus das »Stück im Stück«, das Shakespeare so liebte.

Ein ähnlicher Effekt bestimmt heute unser Verständnis von politischer Interdependenz. Je mehr die Globalisierung außerhalb unserer Kontrolle zu liegen scheint, Mächten unterworfen, die wir nicht beeinflussen können, und die Europäische Union sich in eine Herrschaft von allen gegen alle verwandelt, in der sich stets die Interessen der Stärksten durchsetzen, desto eher neigen wir dazu, zurückzuweichen und eine Rückkehr zu kleineren Einheiten anzustreben, in denen wir – so zumindest der Eindruck – mit unseren Sorgen noch Gehör finden. Einfacher ausgedrückt: zu abgegrenzten Nationen, von denen wir hoffen, wir könnten dort »die Kontrolle zurückerlangen«. Gefangen in dieser unordentlichen internationalen Ordnung, sind unsere Nationen selbst allerdings immer weniger in der Lage, eine solche Kontrolle zu garantieren. Wenn der Mangel an Handlungsfähigkeit auf der transnationalen Ebene offenkundig ist, gilt dasselbe auf der Ebene der Nation: Unsere demokratischen Wahlmöglichkeiten sind auch hier deutlich eingeschränkt, ein Umstand, den wir im ersten Kapitel anhand der Metapher der kaputten Uhr der westlichen Demokratie erläutert haben. Manche reagieren auf diese Lage, indem sie nach »mehr Nation« rufen, was normalerweise auf ein Wettrennen um höhere Grenzmauern und eine Haltung hinausläuft, die immer mehr Menschen von dieser Nation ausschließt. Andere antworten auf die Unfähigkeit der Nationalstaaten, die Menschen zu schützen –

also das zu tun, was wir als Polanyis zweite Bewegung beschrieben haben –, indem sie sich für mehr regionale Autonomie einsetzen oder die Bildung kleinerer unabhängiger Nationen fordern, weil sie hoffen, ein reduzierter Maßstab (und, für manche, eine ethnisch homogenere Nation) erleichtere die »Kontrolle« über die staatliche Politik. Einige erkennen schließlich auf der Ebene der Städte Möglichkeiten für mehr demokratische Kontrolle; man denke an die neuen emanzipatorischen kommunalen Bewegungen in Spanien. Man kann die Forderung nach kleineren Einheiten sogar noch weiter treiben: Inspiriert unter anderem von dem konföderativen Modell, das in der vor allem von Kurden bewohnten Region Rojava in Syrien praktiziert wird, plädieren manche für eine stärkere Ermächtigung von Nachbarschaftsversammlungen und Konföderationen solcher Versammlungen.

Um keine Missverständnisse aufkommen zu lassen: Das Bestreben, die Demokratie so nah wie möglich an die Bürger heranzubringen, ist lohnenswert und notwendig. *Allein* wird das Reduzieren auf einen kleineren Maßstab jedoch keine signifikante Ermächtigung oder mehr Mitspracherechte bringen, da all diese politischen Einheiten auch weiterhin voneinander abhängig wären. Nehmen wir zum Beispiel die Wirtschaftspolitik, die in der Eurozone als Erstes ins Auge springt. Der dysfunktionale Aufbau des derzeitigen gemeinsamen Währungsraums – etwa das Fehlen einer gemeinsamen Investitions- oder Fiskalunion – schränkt den Bewegungsspielraum der Nationalstaaten drastisch ein. Das Fehlen einer transnationalen Demokratie, die die Eurozone im Interesse der Mehrheit ihrer Bürger steuern könnte, hat zur Folge, dass die nationalen Bürgerinnen ihre Möglichkeiten schwinden sehen, da ihre Länder sich vor allem darum bemühen, innerhalb eines stumpfsinnigen wirtschaftlichen Systems, das ihnen kaum Handlungsmöglichkeiten lässt, nicht gegen Budgetvorgaben zu verstoßen. Dies wiederum hat Einfluss auf die Kommunen, deren finanzielle Ausstattung gekürzt wird und die etwaige Überschüsse an den Zentralstaat überweisen müssen, damit dieser sein Defizit reduzieren kann, so dass ihre Kapazität für Investitionen ebenfalls reduziert wird. Damit wird schließlich auch die Reichweite jeder Innovation beschränkt, die eine Nachbarschaftsversammlung in einem bestimmten Gebiet anstoßen möchte.

Man könnte noch weitere Beispiele anführen, vom Klimawandel bis zur Steuerung der Migrationsströme. Der Punkt ist, dass Demokratie und Handlungsmacht auf dem gesamten Kontinuum von der globalen bis zur ganz lokalen Ebene wachsen oder geringer werden. Die Kontrolle über die transnationale Politik zurückzugewinnen bedeutet zugleich, den Handlungsspielraum auf regionaler, kommunaler oder nachbarschaftlicher Ebene zu vergrößern. Es handelt sich schließlich nicht um separate wasserdichte Behälter, sondern um unterschiedliche Instanzen einer einzigen Bewegung: der Politik.[18] Unser Ziel sollte daher darin bestehen, die politische Handlungsmacht über das gesamte Kontinuum zurückzugewinnen, eine Vision für das Ganze und eine politische Praxis zu entwickeln, die seine Grenzen überschreitet. In dieser fragmentierten und fraktalen Situation der Weltordnungspolitik, in dem der Neoliberalismus die Brüche des Systems zu seinen Gunsten ausnutzt, muss politisches Handeln auf einer Vielzahl von Bühnen stattfinden und vielfältigen Autoritäten entgegentreten, in ganz unterschiedlichen Ländern und Kontexten, wenn es eine Chance haben soll, echten Wandel herbeizuführen.

Zu Beginn dieses Buches haben wir anhand des Europa-Mythos daran erinnert, dass Europa sich in seiner ursprünglichen Konzeption nicht abstecken und begrenzen ließ. Es fand sich in den Übergängen in der Bewegung selbst. Dies entspricht auch unserem Verständnis von Politik. Wir stehen vor der Herausforderung, neue politische Institutionen und Praktiken zu erschaffen, die im Rahmen einer solchen ununterbrochenen Bewegung funktionieren. Da es die unterschiedlichen Ebenen des Regierens umfasst, die im hierarchischen Weltbild der Nationalstaaten voneinander getrennt bleiben sollen, stellt Europa als Idee Landesgrenzen infrage und zugleich die Spiegel anders ein, über die wir die Politik betrachten. Das wiederum zwingt uns dazu, jede Gruppe gleichzeitig sowohl von innen als auch von außen zu sehen.[19] Wo sich die nationale Welt aus lauter Matroschkas zusammensetzt (Nationen enthalten Regionen, diese wiederum Städte und diese Individuen) und die Optik der internationalen Welt vom Droste-Effekt bestimmt wird (auf allen Ebenen stoßen wir auf die gleichen begrenzten Räume, die ein Gefängnis darstellen, aus dem es kein Entkommen gibt), ist die transnationale Vision der Welt die eines *Möbiusbands*: ein Kontinuum, in dem das Außen nach innen gefaltet ist und andersherum. Transnationale politische Parteien würden einen Schritt aus dem Rahmen der nationalisierten Politik heraustreten und die transnationalen Bürgerinnen in den Fokus rücken, die ihrerseits über die Macht, die Ressourcen und die Freiheit verfügen sollten, sich als Gleiche gemeinsam zu bewegen und zu engagieren. Solche Bürger wären dann nicht länger Bürger von nirgendwo in einem negativen Sinne, sondern Weltbürgerinnen mit der Fähigkeit, eine Utopie zu erschaffen, wiederherzustellen und anzustreben.

Aufgrund der Besonderheiten ihrer bereits existierenden transnationalen institutionellen Struktur, ihres zentralen Prinzips der Freizügigkeit und der »globalen« Auswirkungen, die wesentliche Veränderungen in einem der wichtigsten Wirtschaftsräume der Welt notwendigerweise hätten, bietet die Europäische Union einen guten Ausgangspunkt, um eine neue Vorstellung von grenzüberschreitender Politik einzuüben. Aber welche Besonderheiten der europäische Raum auch haben mag und wie auch immer wir diese in eine speziell *europäische* Antwort übersetzen mögen, wird eine solche Strategie doch nur insofern sinnvoll sein, als sie sich als Teil einer breiteren Bewegung versteht, die jegliche Begrenzung des politischen Raums infrage stellt.

Wem gehört die Partei?

Oftmals wird eingewendet, es könne keine Demokratie in Europa geben, weil es kein europäisches *Volk*, keinen europäischen *Demos* gibt. Dieser Einwand lässt sich selbstverständlich auf andere geografische Einheiten ausdehnen. Er kann verschiedene Dinge meinen, aber unsere einfache Antwort auf all diese Dinge lautet: Für eine Demokratie braucht man kein Volk, man braucht Parteien!

Die Vorstellung, man benötige ein »Volk«, um eine Demokratie zu schaffen, ist häufig verbunden mit der Vorstellung, Demokratie sei nur in einem einheitlichen Raum möglich, in dem eine souveräne Autorität die (mehr oder weniger) vollständige Kontrolle über alle Gesetze hat, die diesen Raum betreffen – und dann lautet die Frage, in welchem Ausmaß dieser Souverän die Bürgerinnen und Bürger vertritt. Diese Vorstellung von Politik ist heute falscher denn je: Unsere Leben werden von mehreren, häufig miteinander konkurrierenden Autoritäten bestimmt, und die Räume, die wir bewohnen, sind auf eine Weise ineinander verschlungen, dass sehr weit entfernte Ereignisse unmittelbar Auswirkungen in unserer direkten Umgebung haben können.

Doch was würde eine solche Partei zusammenhalten, wenn es nicht die gemeinsame Zugehörigkeit ist? Die Beispiele des Indischen und des Afrikanischen Nationalkongresses sind hilfreich, um zwei Formen der Solidarität zu unterscheiden, die in kolonialen Situationen oftmals vermischt werden. Es gibt zwei Möglichkeiten, den antikolonialen Kampf zu artikulieren: In der einen Sichtweise handelte es sich um Parteien für den Kampf der Schwarzen und der (ethnischen) Inder in Südafrika bzw. im kolonialen Indien, in der anderen ging es um den Kampf all jener, die durch die Kolonialmächte unterdrückt wurden. Natürlich sind die entsprechenden Gruppen in diesen beiden Fällen weitgehend deckungsgleich, aber das muss nicht immer der Fall sein. Eine Partei kann auf der Solidarität aller Unterdrückten basieren und sich der Mission verschreiben, den Unterdrückten die Gemeinsamkeit ihrer Lage und die Notwendigkeit, zu ihrer Überwindung gemeinsam zu kämpfen, vor Augen zu führen. In diesem Sinne ist »Intersektionalität« zu einem Leitprinzip für die sich überschneidenden Kämpfe für die Gleichstellung der Geschlechter, für LGBTQ-Rechte, gegen Rassismus und andere Formen der Diskriminierung geworden. Wir brauchen eine sowohl intersektionale als auch transnationale Partei, die das globale Regime des Neoliberalismus als wichtigste Instanz der Unterdrückung identifiziert und die Entrechtung aller Bürgerinnen und Bürger anprangert, die von ihm ausgeht.

Wenn wir eine Partei einfach als eine Gruppe von Menschen verstehen, die Politik machen und von ähnlichen Ideen angetrieben werden, dann hat diese Partei bereits eine beträchtliche Kraft. Schließlich existiert heute schon ein großes weltweites Ökosystem aus Organisationen und Individuen, die den Neoliberalismus bekämpfen und sich für Bewegungsfreiheit und eine progressive globale Politik einsetzen. In diesem Buch haben wir immer wieder Beispiele dieses »anderen Europa« angeführt, das vom Engagement der Bürgerinnen und Bürger lebt und den formellen Institutionen weit voraus ist. Allerdings versteht und artikuliert sich diese Gruppe nicht als eine *Partei* mit einer gemeinsamen Weltsicht sowie dem Willen und der organisatorischen Kapazität, diese auch durchzusetzen. Sie existiert als *Potenzial*, handelt aber nur selten dementsprechend – und praktisch nie über längere Zeiträume hinweg.

Doch während man die Zahl der Anhänger, die eine solche neue Partei potenziell hätte, und die Dringlichkeit des Problems, auf das sie reagiert, nicht unterschätzen darf, kommt man nicht um die Tatsache herum, dass derzeit nur eine kleine Minderheit der Bürgerinnen so denkt. Außerdem würde eine solche Partei ihre Mitglieder und Unterstützer kurzfristig wohl vor allem aus den mehr oder weniger privilegierten Teilen der jüngeren Generationen sowie aus den gebildeten Mittelschichten rekrutieren, die sich zwar ebenfalls mit Prekarität, dem Mangel an bezahlbarem Wohnraum und einer ganzen Reihe anderer Probleme herumschlagen müssen, aber wohl kaum als die »Arbeiterklasse« gelten können. Hier stellt sich legitimerweise die Frage, wie eine zu gründende Partei sich selbst als progressiv verstehen kann, wenn sie sich nicht um die Anliegen der Arbeiterklasse, der ländlichen Bevölkerung oder allgemein der Ärmsten in der Gesellschaft kümmert. Diese Einwände sind gerade deshalb triftig, weil zuletzt – die rumänischen Antikorruptionsproteste im Februar 2017 sind hier ein gutes Beispiel – seitens der »Reichen und Schönen« die alarmierende Tendenz zu beobachten war, die »rückständigen« Klassen dafür zu kritisieren, dass diese die aktuellen Regierungen ins Amt gewählt haben.[20] Die Verachtung, die aus der Mittelschicht heraus bisweilen Menschen entgegenschlägt, die vermeintlich aus »Dummheit« oder »mangelnder Bildung« für den Brexit oder für Trump gestimmt haben, ist ein ähnliches Phänomen.

Auf diese Kritik haben wir zwei Antworten: Erstens ist es eine herablassende und beleidigende Verallgemeinerung, anzunehmen, weniger gebildete oder weniger wohlhabende Menschen seien *automatisch* nationalistisch, reaktionär, rassistisch oder rückständig, oder pauschal zu behaupten, die *gesamte* Arbeiterklasse hätte für den Brexit, für Trump oder was auch immer gestimmt. Dies ist nachweislich falsch und stellt den Versuch dar, die Arbeiterklasse sozusagen rückwärts zu definieren: Zu ihr gehören dann alle, die für Trump usw. gestimmt haben (anstatt zunächst einmal zu identifizieren, wer zur Arbeiterklasse gehört, und dann zu analysieren, wen diese Personen gewählt haben). Zweitens, und wichtiger noch, muss eine politische Partei es als ihre Aufgabe begreifen, andere von ihren Ansichten zu überzeugen, weil sie an eine Vision einer guten Welt, einer guten Gesellschaft und einer guten Politik glaubt. Die Gründung politischer Parteien sollte nicht auf Meinungsumfragen basieren, sondern auf substanziellen Ideen und dem Wunsch, die öffentliche Meinung zu beeinflussen. Es gibt sehr starke Argumente dafür, dass Neoliberalismus und Nationalismus gerade für Menschen mit niedrigen Einkommen und geringerer Bildung besonders schlimme Folgen haben und dass die Bewohner ländlicher Gebiete außergewöhnlich stark unter ihren Auswirkungen leiden, weshalb diese Argumente öffentlich mit all jenen diskutiert werden müssen, die sie vielleicht gegenwärtig noch nicht bedenken – und zwar selbstverständlich ohne Herablassung, die jeden Überzeugungsversuch zum Scheitern verurteilt. Anzunehmen, es gäbe eine festgelegte Gruppe namens »Arbeiterklasse«, die von den progressiven Parteien vertreten würde, ist eine stark vereinfachende politische Soziologie. Der Zweck progressiver Parteien bestand stattdessen schon immer darin, Menschen davon zu überzeugen, dass sie Teil einer Gruppe sind, weil sie gemeinsam kämpfen müssen, um mithilfe koordinierter Strategien ihre Lage zu verbessern. Während es also stimmt, dass progressive Parteien die Schwächsten der Gesellschaft nicht vergessen oder ignorieren dürfen, ist es kein Argument gegen die Gründung oder Existenz solcher Parteien, dass die Schwächsten oder am stärksten Entmachteten in der Gesellschaft *noch nicht* mit ihnen übereinstimmen. Politische Bildung, ideologische Kritik, Debatte und Diskussion sind seit je lebenswichtige Elemente in der Strategie progressiver Parteien gewesen. Diese Punkte sind eigentlich selbstverständlich, aber wir glauben, dass die Rolle politischer Parteien in den letzten Jahren dermaßen entwertet wurde, dass es wichtig ist, an sie zu erinnern.

Ebenso sollte es sich von selbst verstehen, dass eine Partei der transnationalen Interdependenz die Mitgliedschaft nicht auf eine oder bestimmte Nationalitäten beschränken würde. Auch wenn wir glauben – und unten ausführlicher erörtern –, dass die Europäische Union besonders günstige Bedingungen für die Gründung einer transnationalen Partei bietet, würde sich eine solche Partei nicht als »europäisch« begreifen, was ihre Mitgliederschaft oder ihre Identität anbelangt. Sie wäre keine Partei, die den Europäern »gehört«, als wären die Europäer ein eigenes »Volk«. Stattdessen stünde die Mitgliedschaft allen offen, egal woher sie kommen. Das gilt auch für andere organisierte Kräfte wie beispielsweise Gewerkschaften, zivilgesellschaftliche Plattformen und soziale Bewegungen, die sich an einem innovativen Experiment der transnationalen politischen Koordinierung beteiligen wollen. Eine solche Partei müsste zudem unterschiedliche Strategien für die unterschiedlichen Autoritäten und staatlichen Institutionen haben, die sie adressieren und beeinflussen möchte. Zu diesen Autoritäten zählen die Organe der EU mit ihrer ganz eigenen institutionellen Geografie, aber auch der Europarat, nationale Regierungen und kommunale Behörden, die Vereinten Nationen, internationale Gerichtshöfe usw. Die Partei würde freilich nicht über die Institutionen definiert, die sie beeinflussen oder infiltrieren möchte, und ebenso wenig über Staatsgrenzen. In diesem Sinne würde sie niemand Bestimmtem »gehören« – oder aber allen heimatlosen Weltbürgern zusammen.

Eine Partei jenseits und zwischen den Institutionen

Eine Partei, die den Fokus auf transnationale Bürgerinnen und Bürger richtet, wäre somit zugleich jenseits und zwischen den formellen Institutionen aktiv. Eine solche Partei würde sich all der Formen annehmen, in denen man außerhalb der Institutionen Politik machen kann, und würde außerdem anerkennen, dass eine einzelne formelle Institution nie alle Bürger »vertreten« kann. Da es kein globales Parlament geben kann, in dem alle Menschen zusammenkommen (und da dies auch gar nicht wünschenswert wäre), werden einzelne Institutionen notwendigerweise stets begrenzt sein und zu Ausschlüssen führen. Deshalb wird die Partei konsequent in und zwischen mehreren Institutionen agieren. Politik jenseits des Nationalstaats ist folglich immer auch Politik jenseits der repräsentativen Demokratie. Sehen wir uns genauer an, wie so eine Partei vorgehen könnte.

Wir haben in diesem Buch mehrfach betont, dass Parteien aktive Kräfte sein müssen, die Debatten lenken und den Raum dessen aufwirbeln, was als möglich und vorstellbar gilt. Derzeit sind rechte Parteien dabei deutlich erfolgreicher, doch das progressive Spektrum liefert durchaus inspirierende Beispiele. Nehmen wir die Ereignisse in Spanien seit der Protestwelle des Movimiento 15-M bzw. der Indignados ab Mai 2011. Im Zuge der außergewöhnlichen gesellschaftlichen Mobilisierung wurden plötzlich Positionen populär, die zuvor ein randständiges Dasein gefristet hatten: von Forderungen nach mehr partizipativer Demokratie und einer stärkeren Regulierung der Gig Economy und von Plattformen wie Airbnb über Feminismus bis hin zur Debatte über die Commons. Seit die Protestwelle abgeebbt ist, haben die politischen Kräfte, die aus dieser Bewegung heraus entstanden sind – Podemos, die *mareas*, die sich gegen Kürzungen im öffentlichen Sektor engagieren, oder Barcelona en Comú –, eine bedeutende Rolle dabei gespielt, diese Themen auf der Tagesordnung zu halten und den Common Sense entsprechend zu verwandeln.

Eine transnationale politische Partei müsste noch ambitionierter sein, vor allem wo es darum geht, ein Bewusstsein für die Auswirkungen zu schaffen, die »lokale« Entscheidungen auf weiter entfernte Bevölkerungen haben können. In ökologischen Fragen hat sich diese Einsicht schon weitgehend durchgesetzt, weil grüne Gruppierungen und Parteien es geschafft haben, den Zusammenhang zwischen Umweltverschmutzung oder Ressourcenabbau an einem Ort und den potenziell katastrophalen Nebenfolgen in anderen Teilen der Welt zu erklären. Gerade wo es um begrenzte natürliche Ressourcen geht, leuchtet die Logik der externen Effekte immer mehr Menschen ein: Die Anzahl der Fische in einem Meer ist begrenzt, so dass eine Gruppe, die diese Bestände übermäßig dezimiert, allen anderen Gruppen schadet (letztendlich natürlich auch sich selbst, weshalb Nationalismus in der Fischereipolitik absurd ist). In anderen Bereichen sind solche externen Effekte weniger offensichtlich, allerdings wurden sie in den letzten Jahren insbesondere in der Wirtschaftspolitik immer deutlicher spürbar. Die zerstörerischen Folgen, die eine merkantilistische, zu hohen Handelsbilanzüberschüssen führende Politik in benachbarten Staaten haben kann, mögen für Ökonomen offensichtlich sein, im öffentlichen Diskurs übersetzt sich das leider allzu oft in Aussagen auf dem Niveau von »*Wir* sind tugendhaft und sparsam, *die* werfen das Geld aus dem Fenster, ergo sind unsere Vorteile gerechtfertigt«. Eine transnationale Partei würde dieser moralisierenden Politik entgegenwirken, indem sie die Unterscheidung zwischen »uns« und »denen« mithilfe struktureller Argumente untergräbt. Sie würde beispielsweise in Deutschland nachdrücklich dafür werben, dass fiskalische Solidarität und eine Demokratisierung der europäischen Wirtschaftspolitik nicht auf wohltätige Gaben hinausliefen, die der Norden dem Süden gewährt, sondern dass es sich dabei um Bausteine für eine gerechtere Gesellschaft in ganz Europa handelt, von der auch Deutschland profitieren würde.

Die Zivilgesellschaft ermächtigen

Eine transnationale Partei, wie wir sie uns vorstellen, wäre ein neuer Typ von politischer Organisation, die den Bürgerinnen und Bürgern eine Stimme gibt und soziale Dynamiken verstärkt, anstatt lediglich Wählerstimmen und Sitze einzusammeln. Die meisten Parteien, die erfolgreich in politische Institutionen vordringen, werden rasch von ihren parlamentarischen Flügeln oder ihrem institutionellen Apparat dominiert. Wenn die transnationale Partei in das (oder die) Parlament(e) einzieht, sollte sie weiterhin der breiteren transnationalen Bewegung außerhalb der Institutionen dienen, und nicht umgekehrt. Auch wenn keine Partei vor dieser Gefahr gefeit ist, wäre eine transnationale Partei dagegen insofern strukturell besser geschützt, als es ihr nicht in erster Linie darum geht, in einem einzelnen Land an die Macht zu kommen oder eine einzelne Institution zu übernehmen, so dass es sich, aus der Perspektive der Partei insgesamt, immer nur um Teilerfolge handeln würde. Eine nationale Partei, die nationale Macht gewinnt, riskiert hingegen, von den nationalen Regierungsgeschäften vollkommen absorbiert zu werden.

Wir haben in diesem Buch immer wieder darauf hingewiesen, dass bereits ein lebendiges Ökosystem von Bürgerinnen und zivilgesellschaftlichen Organisationen existiert, die sich für ein neues System einsetzen – die »Überholspur der Bürger« haben wir das oben genannt. Doch diese teils (kurzlebigen) Bewegungen, Bürgerplattformen, NGOs und Aktivistengruppen verfügen – jenseits ihrer spezifischen Themenfelder – bislang über keine nennenswerte organisatorische Struktur oder politische Repräsentation. Und damit meinen wir nicht allein institutionelle Repräsentation, also den viel zitierten Stuhl am Tisch der Mächtigen. Was fehlt ist eine Organisation, die die Wirkkraft der verstreuten Initiativen für einen systemischen Wandel maximiert: indem sie beispielsweise Ressourcen verwaltet und verteilt (insbesondere von den Zentren an die Peripherie) oder gemeinsame Botschaften und Strategien formuliert, die alle auf das eine Ziel ausgerichtet sind, die Macht zu übernehmen, zu nutzen und zu reformieren. Zivilgesellschaftliche Energien dauerhaft zu managen und zu kanalisieren ist umso wichtiger, wenn man die Größe der Aufgabe bedenkt, die in nichts weniger besteht als im Aufbau von Akteuren und Verfahren, mit denen man grenzüberschreitende Politik machen kann. *More of the same* – effektivere zivilgesellschaftliche Aktionen mit besseren Strukturen und besserer Organisation – wird daher nicht reichen. Vielmehr gilt es, die Reichweite und Schlagkraft individueller Initiativen, aktivistischer Praktiken und zivilgesellschaftlicher Partizipation so zu fördern, dass eine transnationale Perspektive und ein transnationaler Handlungshorizont entstehen.

Um es deutlich zu sagen: Wir müssen den naiven Glauben an Schwärme und Multitudes überwinden, die Vorstellung also, die spontane Aktivierung der Bürgerinnen und Bürger reiche aus, um die Politik voranzubringen. Die Naivität dieser Position liegt in der Annahme, Lernprozesse, Koordinierung und die Verwaltung von Ressourcen würden auch ohne strukturierte Organisationen automatisch passieren. Solange Aktivistinnen und Aktivisten nicht über eine gemeinsame Organisation verfügen, bleibt außerdem unklar, wie sich ihre individuellen Aktionsstrategien zu denen der Bewegung insgesamt verhalten. Darüber nachzudenken, wie man selbst die Welt gerechter machen könnte, ist eine Sache; zu überlegen, was eine Organisation als Ganze tun sollte und welche Rolle man selbst dabei einnehmen kann, eine ganz andere. Und wo es eine Organisation gibt, entstehen notwendigerweise auch Hierarchien, etwa weil Leute mehr Verantwortung für bestimmte Aufgaben oder Anliegen übernehmen als andere. Statt so zu tun, als würden solche Hierarchien nicht existieren, sollten wir Organisationen demokratisch gestalten, damit Personen in verantwortlichen Positionen rechenschaftspflichtig sind und gegebenenfalls ausgetauscht werden können. Nur dann werden wir Parteien bekommen, die unabhängig von ihren Anführern sind und nicht Gefahr laufen, sich in einen Personenkult zu verwandeln.

Eine Avantgarde wäre eine solche Partei nur in dem Sinn, dass sie ein Vehikel für die Transformation bereitstellen würde, nicht weil in ihr eine Handvoll »erleuchteter« Anführer den Ton angeben und ihre Anhänger ins Reich der Freiheit führen würde. Die Partei wäre schlicht ein Ort der Koordination und Kollaboration, und ihr Hauptzweck bestünde darin, die zivilgesellschaftliche Energie zu vervielfachen, indem sie Verbindungen herstellt und aufrechterhält und dabei stets die Aufgabe im Auge behält, Macht aufzubauen, zu erobern und zu transformieren. Wie alle wissen, die schon einmal an kollektiven kreativen Prozessen beteiligt gewesen sind, ist die Zusammenarbeit in der Regel dann besonders produktiv, wenn es zwischen den Beteiligten eine gewisse Spannung gibt, wenn nicht alle dieselbe Herangehensweise haben, es aber gelingt, diese Spannung im Prozess selbst und in seinem Ergebnis erfolgreich zu kanalisieren. In unserer Vorstellung ist die transnationale Interdependenz-Partei ein Raum, in dem Akteure mit unterschiedlichen Hintergründen und Ansätzen, aber einer ähnlichen Vision einer wünschenswerten Welt in einem fruchtbaren Prozess zusammenkommen.

Historische Kontinuität

Die Arbeit einer transnationalen Partei wäre langfristig angelegt. Es geht nicht um die Organisation eines einzelnen Protests oder Streiks, sondern um kontinuierliches politisches

Handeln. Dies ist umso wichtiger, wenn die Parteiarbeit sich auf verschiedene geografische sowie thematische Kontexte erstreckt und vielfältige Aktionsformen umfasst. Zu Letzteren kann das aktivistische Beschreiten des Rechtsweges ebenso gehören wie Organizing in der Nachbarschaft, Mobilisierung auf der Straße, Medienaktivismus, parlamentarisches Handeln oder künstlerischer Aktivismus, um aus den neoliberalen Gefängnissen in unseren Köpfen auszubrechen. Diese Beispiele zeigen, dass sich ganz unterschiedliche Akteure an dieser neuen Politik beteiligen können: Anwältinnen, normale Bürger, Künstlerinnen, Geflüchtete, Politikerinnen, Journalisten usw. Eine Partei der transnationalen Interdependenz würde versuchen, diese Aktivitäten zu koordinieren, gemeinsame Ziele und Handlungshorizonte zu formulieren sowie durch Bildungsarbeit, Wissenstransfer und die Artikulation einer Geschichte des gemeinsamen Kampfes die zeitliche und räumliche Kontinuität der Arbeit zu gewährleisten. Obwohl sie auch in formellen politischen Arenen wie Parlamenten aktiv wäre (potenziell extrem einflussreichen Orten, die sich in schwer zu überwindende Hindernisse verwandeln können, wenn man sie den Rechten überlässt), würde die Partei diese Form der Regierungsmacht von oben nicht fetischisieren, stellt sie doch nur eine von vielen Praktiken und Instanzen dar, in denen Politik produziert wird.

Wenn wir in Bezug auf die transnationale Partei die Bedeutung von Zeit und Kontinuität betonen, so hat das nicht allein mit der Notwendigkeit zu tun, vielfältige Aktionen zu koordinieren, Zusammenhalt sicherzustellen und Lernprozesse zu ermöglichen, sondern es gibt dafür noch einen tieferen Grund: Am Anfang dieses Buchs standen Erinnerungen an die Utopien, die Bellamy, Morris und andere im 19. Jahrhundert erdachten. An diesen Utopien fällt auf, dass in ihnen die politische Zeit an ihr Ende gelangt ist: Ist die beste und gerechteste Organisation des menschlichen Zusammenlebens einmal gefunden und realisiert, sind alle politischen Probleme gelöst. Unsere heutigen Utopien sollten nicht so tun, als sei die Geschichte irgendwann vorbei oder Politik ab einem bestimmten Punkt nicht länger notwendig. Wir sind vielmehr überzeugt, dass sich immer wieder Menschen zu ausgrenzenden Gruppen zusammenschließen, dass Ungleichheiten entstehen und Akteure sie ausnutzen werden, dass Ereignisse die historischen Umstände auf unerwartete Weise verändern können. Geschichte ist ein offener Prozess, und dasselbe muss für die Politik gelten. Die transnationale Partei verschreibt sich daher der niemals endenden Aufgabe, geschlossene Gruppen aufzubrechen, für Gleichberechtigung und Würde zu kämpfen und neue Formen des Politischen zu erfinden. Dieser offene historische Prozess erlaubt es der transnationalen Partei zugleich, die bereits vergangene Geschichte zu interpretieren, ihre historischen Wurzeln und Vorläufer zu finden, wiederzufinden und neu zu deuten und aus dieser Geschichte ihren Anspruch auf Radikalität abzuleiten.

Die Unvollständigkeit aller Institutionen

Da jede politische Institution, die Entscheidungen treffen muss – ob es sich nun um ein Parlament, einen Gerichtshof oder ein Finanzministerium handelt –, notwendigerweise nur eine partielle Sicht auf das globale Gemeinwohl haben wird, kann keine Institution vollkommen repräsentativ sein. Im Bewusstsein dieser Tatsache wird die transnationale Partei in ganz unterschiedlichen Institutionen arbeiten müssen.

Es geht nicht darum, einen (ohnehin unmöglichen) globalen Monsterstaat zu errichten; wir müssen uns vielmehr an einer Vielzahl von Orten für Gleichberechtigung und Fortschritt engagieren und die Vielfalt der Institutionen auf vorteilhafte Weise als System der Gegenmächte und Gleichgewichte nutzen, anstatt zuzulassen, dass diese ausgenutzt werden, um die Bürger zu spalten und ihrer Macht zu berauben.

Es gibt sehr gute Argumente dafür, die Zahl der Institutionen zu vervielfachen und neue transnationale Kammern ins Leben zu rufen. Benjamin Barber hat dafür plädiert, ein Parlament der Bürgermeisterinnen und Bürgermeister einzurichten, weil Städte heute bei der Bewältigung des Klimawandels und der sozialen Segregation, bei der Aufnahme von Migranten und auf anderen Gebieten eine entscheidende Rolle spielen.[21] Zusammen mit Initiativen, die von Städten wie Barcelona angeführt werden, hat European Alternatives solche kommunalen Praktiken in ganz Europa kartografiert und die Menschen dahinter miteinander vernetzt.[22] Dabei zeigt sich, dass Städte großen Erfindungsreichtum an den Tag legen, wo es um die Einbeziehung der Bürger in politische und administrative Prozesse geht, dass ihre Möglichkeiten jedoch begrenzt sind, solange sie sich nicht zusammenschließen, um mit nationalen Regierungen auf Augenhöhe verhandeln zu können. Ein Parlament der Bürgermeisterinnen oder ein radikal reformierter Ausschuss der Europäischen Regionen, wie es ihn im institutionellen Gefüge der EU heute bereits gibt, könnten daher belebende und innovative neue Gremien sein, die in der Lage wären, auf derzeit noch vernachlässigten geografischen Ebenen etwas zu bewegen und die Bürger auf neuen Wegen einzubinden.

Gleichzeitig würde der Marsch der transnationalen Partei die existierenden Institutionen nicht unverändert lassen, im

Gegenteil: Sie würde politische Institutionen, die auf Abgeschlossenheit und Grenzen basieren, radikal infrage stellen und zu untergraben versuchen, indem sie den Blick von außen in sie hineinträgt. Im November 2017 lud der Theaterregisseur Milo Rau Vertreter der Zivilgesellschaft und von politischen Bewegungen aus der ganzen Welt zu einer globalen Generalversammlung nach Berlin ein, die auch ein Mitspracherecht im deutschen Bundestag für sich reklamierte. Das Argument war einfach: Deutsche Politik hat Folgen überall auf der Welt, aber die Welt hat keinen Einfluss auf die deutsche Politik.

Stellen wir uns einmal eine transnationale Partei vor, die bei nationalen Wahlen um Stimmen kämpft, aber auch Menschen aus anderen Ländern die Möglichkeit bietet, an ihrem Programm mitzuarbeiten: Auf diese Weise würde sie den Ausgeschlossenen im nationalen Parlament Gehör verschaffen und die Grenzen dieser Institution einreißen. Stellen wir uns für einen Moment vor, im Europäischen Parlament säße eine Partei, die bei ihren Beratungen über die Vor- und Nachteile eines Handelsabkommens zwischen der EU und Indien auch auf die Expertise indischer Mitglieder zurückgreifen könnte, seien es Einzelpersonen oder zivilgesellschaftliche Organisationen, die der Partei beigetreten sind. Anstatt lediglich *gegen* von oben vorbereitete Abkommen zu trommeln, würde sie über die Ressourcen verfügen, alternative Vorschläge zu machen, die die Standpunkte beider Seiten berücksichtigen. Oder eine Partei, die ihre afrikanischen und europäischen Mitglieder an einen Tisch bringen könnte, um ein gemeinsames Programm für die Steuerung von Migrationsströmen zu entwickeln. Oder, letztes Beispiel, eine Partei, die nach einem Austritt Großbritanniens aus der EU Mitglieder von beiden Seiten des Ärmelkanals zurate ziehen könnte, wo es um die zukünftigen Beziehungen oder Fragen geht, die indirekt sowohl die Europäische Union als auch Großbritannien betreffen.

Eine ungehorsame Partei

Die Einsicht, dass der Status quo ohne Konflikt und konstante Aufmüpfigkeit stets zum Nachteil der Mehrheit ausfällt, zählt zu den historischen Grundpfeilern der Demokratie. Laut Machiavelli galt Konflikt in den Institutionen der antiken Römischen Republik nicht als vorübergehende Störung der Ordnung, sondern als genuine, aus dem Geist der Freiheit entspringende und diesen erhaltende Matrix des Staatswesens und der politischen Dynamik.

Ab dem Jahr 494 v.u.Z. brachten die unteren Klassen Roms politischen Verdruss auf eine ganz spezielle Weise zum Ausdruck: Von Zeit zu Zeit verließen sie die Stadt und kampierten auf einem nahe gelegenen Berg. »Hier schlugen sie, ohne alle Anführer, ein festes Lager [...] auf, und hielten sich [...] mehrere Tage ruhig, wurden von niemand angegriffen und vergriffen sich an niemand.«[23] Diese Sezession war nichts anderes als ein Aufruf zur Neugründung der politischen Gemeinschaft. Wie Livius berichtet, erklärten sich die Plebejer nur unter der Bedingung zur Rückkehr bereit, dass es den Senatoren gelang, ein neues Narrativ zu formulieren, das ihre Bedeutung für die Gesellschaft anerkannte. Aus diesen Sezessionen entstand das Amt der Volkstribune, die über ein Vetorecht gegen die Entscheidungen des Senats verfügten.

Zugespitzte politische Konflikte sind in diesem Sinne oftmals notwendigerweise insofern *unrechtmäßig*, als es dabei nicht nur um die Verteilung von Gütern innerhalb einer gegebenen Ordnung geht, sondern um die Institutionen dieser Ordnung selbst und den Versuch, sie zu verändern. Die Geschichte der modernen Kämpfe um Demokratie und Freiheit ist daher häufig auch die Geschichte *illegaler* Handlungen, die jedoch zutiefst gerecht sind. Das gilt für die bereits erwähnte Ausweitung des Wahlrechts auf breitere (männliche) Bevölkerungsschichten ebenso wie für die Einführung des Frauenwahlrechts, die Befreiung kolonialer Subjekte sowie die volle rechtliche Gleichstellung der Schwarzen in den USA oder in Südafrika. Aus diesem Grund muss jeder Status quo als ungerecht und ausbeuterisch erscheinen, wenn man ihn vom Standpunkt der Zukunft aus betrachtet. Die moderne Demokratie basiert auf historischem Wandel, der die rechtliche und institutionelle Ordnung bisweilen überholt und so wichtige Veränderungen anstößt.

Ein bedeutender Aspekt der jüngsten Versuche, die Demokratie zu entpolitisieren, besteht darin, sie auf ein System der Bestrafung und Umverteilung zu reduzieren, in dem lediglich unterschiedliche Akteure um den Zugang zu knappen Ressourcen konkurrieren. Was wir heute benötigen, sind jedoch Parteien, die sich die Transformation unserer politischen Institutionen und Verfassungen auf die Fahnen schreiben und eine Weltsicht vertreten, die eine Veränderung des globalen Systems umfasst. Das mag auch eine Reihe unbotmäßiger Aktionen erforderlich machen, zivilen Ungehorsam auf der Straße und institutionellen Ungehorsam in den Parlamenten. Stellen wir uns beispielsweise vor, es hätte Anfang 2016 eine Partei gegeben, die in der Lage gewesen wäre, europaweit Störungen der Abläufe in nationalen Parlamenten zu orchestrieren, um den skandalösen Flüchtlingsdeal mit der Türkei zu torpedieren, und zugleich zusammen mit zivilgesellschaftlichen Aktivisten Abschiebungen zu verhindern.

In den oben geschilderten Fällen von Cédric Herrou und Pierre-Alain Mannoni hätten wir eine Partei brauchen können, deren Mitglieder morgens mit langen Reden das französische und italienische Parlament lahmlegen und nachmittags Migranten über die Grenze helfen, selbst wenn das bedeutet, dass sie dafür in Polizeigewahrsam landen.

Ähnliches Beispiel: Die Stadt Barcelona befand sich nach der Migrationskrise von 2015 in einer paradoxen Situation. An ihrem Rathaus hing ein großes »Refugees welcome«-Banner, und man hatte alles für die Aufnahme von aus anderen EU-Staaten umzuverteilenden Geflüchteten vorbereitet, doch die spanische Zentralregierung blockierte die meisten dieser Umsiedlungen. Eine transnationale Partei hätte in diesem Fall mit Stadtverwaltungen und sozialen Bewegungen zusammenarbeiten können, um selbstständig die Überführung von, sagen wir, Palermo nach Barcelona zu organisieren. Damit hätte man möglicherweise spanisches Recht verletzt, während die Aktion interessanterweise im Einklang mit der EU-Richtlinie zum vorübergehenden Schutz gestanden hätte. Die Demokratie – und die Menschheit – schreitet nicht zuletzt durch das Auslösen solcher institutionellen Krisen voran.

In Europa beginnen

In diesem Buch haben wir das intergouvernementale und zwischenstaatliche Europa attackiert, weil dieses System die Nationen in einem Prozess gegeneinander ausspielt, in dem sich am Ende die mächtigsten nationalen Oligarchien durchsetzen, während die gemeinsamen Interessen der Mehrzahl der Bürger unter die Räder kommen. Dass die europäischen Entscheidungsprozesse nicht demokratisch sind, ist mittlerweile eine Binsenweisheit. Es gibt aber mindestens ein weiteres demokratisches Defizit, mit dem wir uns auseinandersetzen müssen: mit dem Umstand nämlich, dass es für die Zivilgesellschaft sehr schwierig ist, sich transnational zu organisieren. Während wir demokratische *Institutionen* fordern, fehlen Europa noch immer wirksame demokratische *Praktiken*. Ob sich das ändert, hängt vor allem von uns selbst ab.

Was die Entwicklung neuer transnationaler politischer Kräfte und Praktiken anbelangt, ist die Europäische Union dafür ein sehr guter Rahmen, sie bietet hier vermutlich ein besseres Umfeld als viele andere Teile der Welt. Dies hat zunächst einmal damit zu tun, dass die europäischen Institutionen eine offensichtliche transnationale Dimension besitzen und daher bereits heute politische Energien bündeln können, die über den Nationalstaat hinausgehen. Genauso wichtig ist der Umstand, dass die Personenfreizügigkeit und die Niederlassungsfreiheit im Schengenraum und im Binnenmarkt beträchtliche, bislang aber größtenteils ungenutzte Gelegenheiten dazu bieten, grenzüberschreitende politische Bewegungen zu gründen. In den zehn Jahren, in denen wir nun schon am Aufbau von European Alternatives arbeiten, waren wir immer wieder überrascht, wie wenig andere zivilgesellschaftliche Organisationen die Möglichkeiten nutzen, die sich daraus ergeben, dass eine *einzelne Organisation* in der gesamten Europäischen Union aktiv sein und Mitarbeiter beschäftigten kann. Wenn NGOs außerhalb ihres »Heimatlandes« eine Kampagne starten, tun sie sich in der Regel mit lokalen Partnern vor Ort zusammen – ein Modell der »internationalen Kooperation«, das unserer Ansicht nach veraltet ist.

Das Europäische Parlament sollte eine führende Rolle bei der Demokratisierung globaler Steuerungsprozesse und der

Entwicklung einer Politik jenseits der Nationalstaaten spielen. Seit dem Vertrag von Lissabon hat das Europäische Parlament im Verfahren der Mitentscheidung – zusammen mit dem Rat – in vielen Bereichen bedeutende Macht über die europäische Gesetzgebung. Im Rahmen des Zustimmungsverfahrens verfügt es über ein Vetorecht bei völkerrechtlichen Verträgen mit Drittstaaten, bei Handelsabkommen etwa. Und dennoch erscheint es vielen lediglich als Krone auf dem Kopf einer undemokratischen intergouvernementalen Föderation. Wenn das Europäische Parlament bei wichtigen Entscheidungen häufig umgangen wird (man denke an den Fiskalpakt, der nicht im Rahmen der üblichen Verfahren verabschiedet wurde) oder nicht in der Lage ist, Entscheidungen bereits in einem frühen Stadium wesentlich zu beeinflussen (so konnte das Parlament beispielsweise keinen substanziellen Einfluss auf die Handelsabkommen TTIP und CETA nehmen, ehe Letzteres an einem Veto des Regionalparlaments von Wallonien scheiterte), dann hat dies zum Teil mit der Dominanz der konservativen Kräfte im Parlament und deren stillschweigendem Einverständnis mit Regierungschefs aus dem Mitte-rechts-Lager zu tun. Vor allem liegt es jedoch daran, dass im Europäischen Parlament Politiker sitzen, die höchstens indirekt in parteipolitische Strukturen eingebunden sind und keine Wurzeln jenseits der Institution selbst haben. Ohne echte europäische Parteien finden die Beratungen des Europäischen Parlaments im luftleeren Raum statt. Ohne echte Verbindungen zu Bürgern und Bewegungen können die existierenden Parteien nicht an Bürgerinnen und Bürger appellieren, sie beim Widerstand gegen ein Handelsabkommen oder einer Blockade des EU-Haushalts zu unterstützen. Die Politiker selbst geben häufig den Medien die Schuld, und in Brüssel werden endlose (und größtenteils fruchtlose) Konferenzen dazu abgehalten, wie man mehr mediales Interesse für die Aktivitäten des Europäischen Parlaments wecken kann – als ließe sich öffentliches Interesse von oben verordnen! Das Problem sind nicht die Medien: Es ist die Form der Politik im Parlament.

Europäische Parteien existieren nur dem Namen nach, in Wirklichkeit sind sie weder *europäisch* noch *Parteien*. Die Abgeordneten des Europäischen Parlaments gehören Fraktionen an, zu denen sich nationale Parteien mit gewissen programmatischen Übereinstimmungen zusammengeschlossen haben. Die Mitglieder dieser Dachgruppierungen mögen Pi mal Daumen entlang der »Parteilinie« abstimmen, im Wesentlichen läuft es aber wie im Europäischen Rat: Die Abgeordneten der nationalen Parteien einigen sich auf eine Position. Auch die Fraktionen funktionieren insofern international, nicht transnational. Die Europawahlen wiederum sind nicht europäisch, sondern parallel stattfindende nationale Wahlen. Es geht um Repräsentanten nationaler Parteien; ob sie ihre europäische Fraktion zum Thema machen, liegt allein in ihrem Ermessen. Kürzlich wurde eine Rechtsform für europäische Parteien und Stiftungen geschaffen, hier sind jedoch weiterhin Föderationen nationaler Parteien vorgesehen, keine wirklich transnationalen europäischen Parteien. Genutzt wird diese Rechtsform bislang lediglich von den europäischen Parteifamilien, die wir bereits von den Fraktionen im Parlament kennen, weil sie so Zugang zu Geldern aus EU-Töpfen bekommen. Wir haben es mit einem gemäß dem internationalen Modell von oben gestalteten Europäismus zu tun, nicht mit dem Ergebnis europäischer Kräfte, die von Bürgerinnen und Bürgern aufgebaut wurden. Die »Parteien«, die aus solchen Verwaltungsakten entstehen, haben keinerlei Verankerung in gesellschaftlichen Kämpfen und sind von den Bürgern genauso unüberbrückbar weit entfernt wie von der politischen Realität.

Zu glauben, aus den Planungen der etablierten internationalen Kräfte würde so etwas wie europäische Demokratie entstehen, ist ein Wunschtraum. Gleichzeitig gibt es den Raum für und das überwältigende Bedürfnis nach einer europäischen Demokratie, die von Bürgerinnen und Bürgern ausgeht, die sich in neuen Parteien organisieren, um das Europäische Parlament zu infiltrieren und den Gebrauch zu transformieren, der von dessen formellen Kompetenzen gemacht wird. Falls es uns gelingt, innerhalb der Europäischen Union erfolgreich transnationale Politik zu betreiben, wäre das für eine neue transnationale Partei eine Art Brückenkopf, von dem aus man die neoliberale Kontrolle auch in anderen Arenen angreifen könnte.

Oben haben wir argumentiert, dass die transnationale Partei Regierungsmacht oder formellen Institutionen zwar keine Priorität vor anderen Formen der politischen Macht einräumen würde, dass sie aber alle Möglichkeiten nutzen sollte, um Macht zu gewinnen und die Richtung der Politik zu ändern. In diesem Sinne stellen die Europawahlen eine wichtige Gelegenheit dar, das europäische Projekt mithilfe der Bürgerinnen und Bürger zu revitalisieren und politischen Einfallsreichtum zu zeigen, dem es um mehr geht als um Stimmen und Mandate. Die Wahlen sind eine Chance, eine neue Kraft und einen politischen Aufstand zu entfachen, der uns heimatlose Weltbürgerinnen und Weltbürger ermächtigt. Wenn wir uns politisch organisieren und es entsprechend nutzen, erweist sich das Europäische Parlament, das in der öffentlichen Wahrnehmung und im Rahmen der nationalisierten Weltsicht bislang lediglich eine untergeordnete Rolle spielt, womöglich als der Angelpunkt, über den wir unser Verständnis von Bürgerschaft und politischer Handlungsfähigkeit transformieren können.

Eine verfassunggebende Versammlung für Europa: ein Vorschlag

Auf Reformen zu warten, die Europa demokratischer machen, ist frustrierender als das Warten auf Godot. In Becketts Stück ist klar, dass Godot niemals kommen wird, und während des endlosen Wartens können wir zumindest über die Absurdität der menschlichen Existenz nachsinnen (außerdem ist das Stück ja auch irgendwann vorbei). In der Europäischen Union werden die demokratischen Reformen schon irgendwann kommen, einstweilen werden sie allerdings schier endlos vertagt – und wenn sie dann da sind, werden sie aufgrund von Kompromissen und nationaler Obstruktionspolitik höchstwahrscheinlich nicht das bringen, was wir eigentlich dringend brauchen. In Ermangelung einer ambitionierten europäischen Demokratie werden unterdessen die Kräfte der Reaktion und des Nationalismus immer stärker, was demokratische Reformen einerseits weniger wahrscheinlich macht und andererseits die Wahrscheinlichkeit sinken lässt, dass diese Reformen befriedigend oder ambitioniert ausfallen. Ein perfekter Teufelskreis.

Es wird Zeit, dass wir aufhören, auf andere zu warten. Godot wird nicht kommen. Wir haben gesagt, dass die Europawahlen ein wichtiger Moment sein könnten, um die Bürger mit der Forderung nach demokratischem Wandel zu mobilisieren, aber der Wandel lässt sich nicht allein über die offiziellen Wahlurnen bewerkstelligen. Anstatt sich also lediglich in den offiziellen Wahlkämpfen zu engagieren, müssen die Bürgerinnen ihre eigenen Wahlen organisieren und ihre eigenen Wahlurnen aufstellen.

Die transnationale Partei könnte die Wahlen in einem Akt des zivilen Ungehorsams »hacken«, um neue politische Alternativen zu eröffnen. Wir könnten die Gelegenheit nutzen, um eine verfassunggebende Versammlung für Europa nicht nur zu *fordern*, sondern sie gleich zu *wählen*, damit sie anschließend eine demokratische Verfassung für die EU entwerfen kann. Dieser politische und performative Akt könnte folgendermaßen ablaufen: Alle Kandidatinnen und Kandidaten, die bei den offiziellen Europawahlen antreten, sowie alle Bürgerinnen und Bürger, NGOs, sozialen Bewegungen und jedes Individuum, das sein Interesse an der Zukunft Europas erklärt, hätten die Möglichkeit, sich für die verfassunggebende Versammlung zu bewerben. Sie könnten sich über transnationale Listen organisieren, während die europäischen Parteien explizit aufgefordert würden, eigene Kandidatinnen ins Rennen zu schicken, um eine unmittelbare Verbindung zwischen der neuen Versammlung und dem Europäischen Parlament zu schaffen. Am Wahltag gäbe es dann vor möglichst vielen offiziellen Wahllokalen die Möglichkeit, darüber abzustimmen, wer in die verfassunggebende Versammlung einziehen soll. Parallel dazu würden die Wahlen auch online abgehalten werden. Am Ende dieses Prozesses, der hoffentlich maximal viel mediale Aufmerksamkeit auf sich ziehen würde, stünde dann eine Gruppe von mehreren hundert gewählten Repräsentanten.

Nach den Wahlen würden sich in der Versammlung die gewählten Vertreterinnen und Vertreter gemeinsam mit zufällig (per Losentscheid) ausgewählten Bürgerinnen und Bürgern und interessierten Gruppen treffen, um Ideen für die Werte und Inhalte einer demokratischen europäischen Verfassung auszuarbeiten. Gleichzeitig würde online eine Wiki-Verfassung diskutiert und gemeinsam entworfen. Die Versammlung könnte überdies die Initialzündung für eine breitere Bewegung von Bürgerversammlungen sein, die in Rathäusern, Schulen, Universitäten, Kulturzentren oder anderen lokalen Treffpunkten zusammenkommen und sich untereinander koordinieren und austauschen.

Natürlich könnte dieser Prozess auch unabhängig von den Europawahlen stattfinden. Tatsächlich wurde etwas Ähnliches schon einmal versucht: Zwischen 1955 und 1962 organisierte Altiero Spinelli, einer der in diesem Kapitel vorgestellten heimatlosen Weltbürger, transnationale Wahlen in sieben Ländern (in Deutschland, Italien, Frankreich, Belgien, Niederlande, Österreich und der Schweiz), aus denen ein »Kongress der europäischen Völker« hervorgehen sollte (wie der Name verrät, war der Indische Nationalkongress eine Inspirationsquelle). Die Wahlen fanden in vielen Städten statt,[24] und insgesamt kamen beachtliche 692 114 Stimmen zusammen (von denen, zugegeben, 455 214 in Italien abgegeben wurden). Heute, da wir viel einfacher reisen können und außerdem das Internet zur Verfügung haben, könnten wir sicherlich noch etwas Bedeutenderes auf die Beine stellen. Dabei ist die Idee nicht, dass die verfassunggebende Versammlung selbst die Befugnis haben soll, eine neue Verfassung zu verabschieden. Sie wäre vielmehr eine neue Kraft, die Impulse der demokratischen Erneuerung in die europäischen Institutionen einspeist und sicherstellt, dass diese Ideen bei zukünftigen Konventen oder Vertragsänderungen – die bislang den nationalen Eliten und deren Bürokratien vorbehalten sind – nicht ignoriert oder ins Abseits gedrängt werden. Die Versammlung könnte um ein Sekretariat ergänzt werden und wäre damit ein neuer Typ von politischer Organisation: ein Hybrid aus zivilgesellschaftlicher NGO und demokratisch gewähltem Kongress. Sie könnte dabei auch auf die Erfahrungen der Nationalkongresse zurückgreifen, die wir oben beschrieben haben. Solche kreativen Akte des Ungehorsams, davon sind wir überzeugt, bieten den Bürgerinnen und Bürgern eine Chance, Einfluss auf internationale Prozesse zu nehmen und transnationale Räume für Alternativen zu eröffnen.

Schluss

Transnationalismus oder Barbarei

Der Titel dieses Buches ist unter anderem von dem Theresa-May-Zitat inspiriert, das wir unseren Ausführungen vorangestellt haben: »Wer glaubt, er sei ein Weltbürger, ist in Wahrheit ein Bürger von nirgendwo.« Wir haben diese Aussage umgedreht, indem wir behauptet haben, wir alle seien Bürger von nirgendwo und gerade deshalb Weltbürgerinnen. Und solange es uns nicht gelingt, Formen einer Grenzen überschreitenden Politik zu erfinden, werden wir in politischer Hinsicht heimatlos bleiben. Die Hauptfiguren der Utopie, die wir auf diesen Seiten präsentiert haben, sind transnationale Bürgerinnen und Bürger, die über Grenzen hinweg leben und handeln, die die Möglichkeit und die Ressourcen haben, sich frei zu bewegen und als Gleiche zusammenzuarbeiten, die permanent neue Strategien entwickeln, die sicherstellen, dass sie gemeinsam ein autonomes, reiches, bedeutungsvolles Leben leben können, und die unablässig für eine bessere Zukunft kämpfen. Wir glauben, dass dies eine realistische Vision darstellt – und zwar für alle Bürgerinnen, nicht nur für die Angehörigen einer kleinen Elite. Es ist an uns, neue Formen des politischen Kampfes, neue Parteien, Organisationen und Bewegungen zu erfinden, um diese Vision Wirklichkeit werden zu lassen.

In diesem Buch wurden die Geschichten vieler heimatloser Weltbürgerinnen und Weltbürger lebendig: frühe Feministinnen und Gewerkschaftsführer, die historischen Figuren der Ersten Internationale, unbekannt Migrantinnen, streikende

Amazon-Arbeiter, Menschen, die Widerstand gegen den Faschismus geleistet haben. Sie alle hatten die Fähigkeit, Utopien in eine ferne Zukunft zu projizieren – und zu handeln, um sie, gegen alle Widerstände, zu realisieren. Dank solcher Anstrengungen haben wir im Lauf der Geschichte von sozialen und politischen Fortschritten profitiert, die den Bürgerinnen und Bürgern vergangener Zeiten – mit Ausnahme der allerhellsichtigsten – als *unvorstellbar* erschienen wären. Doch genau diese kollektive Fähigkeit gilt es wiederzuentdecken: Anstatt zu erwarten oder uns zu wünschen, dass die Geschichte an ein Ende gelangt (oder dass sie gar den Rückwärtsgang einlegt), müssen wir wieder in der Lage sein, die Geschichte voranzutreiben, genau darin besteht schließlich die vornehmste Aufgabe der Politik. Die Dinge sind stets in Bewegung, und auch in den dreißig Jahren, seit die These vom »Ende der Geschichte« wiederaufgetaucht ist, hat sich jede Menge Geschichte ereignet. Man könnte sogar argumentieren, dass sich so viel verändert hat, dass unsere politischen Institutionen mittlerweile weitgehend überholt sind. Oder grundsätzlicher formuliert: Unsere Fähigkeit zu kreativer politischer Gestaltung wurde von einem globalen ökonomischen System gefesselt. Wir erleben einen Angriff auf die Staatsbürgerschaft und die Politik selbst, den wir nur erfolgreich parieren können, wenn wir Formen der Politik erfinden, die den nationalstaatlichen Rahmen hinter sich lassen. In dieser Welt ist Nationalismus das Gegenteil von Emanzipation: Er führt nur zu noch größerer Ohnmacht in einem globalen System, das dadurch immer unantastbarer, undurchschaubarer und verantwortungsloser wird.

Wir haben oben die zwei unterschiedlichen Geschichten rekonstruiert, die Europa in den letzten Jahren durchlaufen hat: die der Bürgerinnen und Bürger auf der Überholspur, die neue politische, soziale und kulturelle Formen erfinden, um die Probleme der Gegenwart zu lösen; und die eines institutionalisierten Europa, das auf der rechten Spur nicht wirklich vorankommt und sich verzweifelt bemüht, den Anschein von Souveränität und Kontrolle aufrechtzuerhalten, als ob die Geschichte wirklich vorbei wäre und wir, als die letzten Menschen, nun bis ans Ende unserer Tage den Status quo verwalten könnten. Nicht nur in diesem Sinne ist Europa, wir haben das mehrfach betont, eine Metapher für die Welt insgesamt: Wenn es uns nicht gelingt, hier, im am stärksten integrierten und privilegiertesten Teil der Welt, transnationale Kooperation und Innovation auf die Beine zu stellen, senden wir damit eine düstere Botschaft an alle Menschen in weniger glücklichen Umständen.

Wir haben von den Erfahrungen berichtet, die wir mit European Alternatives in den letzten Jahren bei dem Versuch gemacht haben, zivilgesellschaftliche Energie zu entfachen und diese grenzüberschreitenden Kräfte auf blockierte Institutionen zu lenken, um diese zu transformieren. Unser Buch ist auch als Ansporn für andere heimatlose Weltbürger gedacht, die Ärmel hochzukrempeln, sich unserem Projekt anzuschließen oder eigene transnationale Initiativen zu starten. Wir brauchen dafür von niemandem eine Erlaubnis und auch keine Unterstützung. Wir sind dafür zuständig, dass diese Dinge passieren.

Wir leben in einem historischen Moment, in dem unsere Denk- und Handlungskategorien infrage gestellt werden und das Gefühl der Verwirrung und Unsicherheit oft so überwältigend ist, dass sowohl das Festhalten an alten Gewissheiten als auch der totale Rückzug wie ein Ausweg aussehen kann. Doch es gibt keinen Ausweg, und wir wissen nur zu gut, dass unsere Welt immer unwirtlicher werden wird, wenn sie ihren derzeitigen Kurs beibehält. Wir müssen dafür sorgen, dass Europa und unsere Welt anderen Menschen und neuen Ideen mit Gastfreundschaft begegnen. Und wir müssen unsere Zuversicht bewahren und weiter experimentieren, um neue Wege in eine bessere Zukunft zu finden. Es ist definitiv möglich, diese Aufgabe zu bewältigen. Dafür gibt es, wir haben in diesem Buch immer wieder darauf hingewiesen, viele historische Vorbilder und eine große Vielfalt zeitgenössischer Initiativen, mit denen man gemeinsam arbeiten kann. Und dennoch wird es zweifellos ein harter Kampf voller Niederlagen, aber auch voller Siege sein – doch das war in der Geschichte der Emanzipation immer so. Es ist nicht die Zeit, um eine Pause einzulegen oder zurückzublicken. Wir leben in einer Epoche historischer Veränderungen von globalen Ausmaßen. Es liegt an uns, dafür zu sorgen, dass dieser Wandel zu einer Stärkung der politischen Staatsbürgerschaft und zu mehr kollektiver Handlungsmacht führt und nicht zu Unterwerfung und Isolation.

Anmerkungen

Anmerkungen zur Einleitung

1 Vgl. dazu etwa den Global Citizenship Survey der Varkey Foundation: Emma Broadbent/John Gougoulis/Nicole Lui/Vikas Pota/Jonathan Simons, *Generation Z: Global Citizenship Survey*, London: Varkey Foundation 2017, online verfügbar unter: {www.varkeyfoundation.org/media/4487/global-young-people-report-single-pages-new.pdf} (Stand Dezember 2018). Interessanterweise stellte die im Auftrag von BBC World Services durchgeführte Globescan-Umfrage zu weltweiten Einstellungen 2016 zum ersten Mal in 15 Jahren fest, dass beinahe die Hälfte der Menschen sich eher als Weltbürger denn als Bürger bestimmter Staaten begriffen und dass dieser Anstieg von Menschen außerhalb der OECD-Staaten angetrieben wurde, darunter Nigeria (73 Prozent), China (71 Prozent), Peru (70 Prozent) und Indien (67 Prozent), während zugleich in den entwickelten OECD-Staaten, insbesondere in Deutschland, der Anteil der Personen, die sich selbst als Weltbürger verstehen, gesunken ist (in Deutschland seit 2009 um 13 Punkte auf 30 Prozent), online verfügbar unter: {www.globescan.com/news-and-analysis/press-releases/press-releases-2016/103-press-releases-2016/383-global-citizenship-a-growing-sentiment-among-citizens-of-emerging-economies-global-poll.html} (Stand Dezember 2018).

2 Vgl. etwa die spezielle Eurobarometer-Umfrage des Europäischen Parlaments zu den Einstellungen junger Menschen 2016, online verfügbar unter: {www.europarl.europa.eu/pdf/eurobarometre/2016/eye2016/eb85_1_eye_2016_analytical_overview_en.pdf} (Stand Dezember 2018).

3 Vgl. Christopher Clark, *Die Schlafwandler: Wie Europa in den Ersten Weltkrieg zog*, aus dem Englischen von Norbert Juraschitz, München: DVA 2013; laut Medienberichten las Angela Merkel Clarks Buch, als sie mit einer Verletzung, die sie sich in den Weihnachtsferien 2013/14 beim Langlauf zugezogen hatte, für einige Wochen ans Bett gefesselt war; die Lektüre soll ihre Politik im Hinblick auf die Ukrainekrise beeinflusst haben.

4 William Morris, *Kunde von Nirgendwo*, aus dem Englischen von Natalie Liebknecht und Clara Steinitz, Hamburg: Nautilus 2016.

5 Edward Bellamy, *Ein Rückblick aus dem Jahre 2000 auf 1887*, aus dem Englischen von Georg von Gizycki, Stuttgart: Reclam 1983 [1890].

6 Max Weber, »Politik als Beruf«, in: *Max Weber: Gesammelte politische Schriften*, herausgegeben von Johannes Winckelmann, 5. Auflage, Tübingen: Mohr-Siebeck 1988 [1921].

Anmerkungen zu Kapitel 1

1 Vgl. u.a. Amartya Sen, »It isn't just the Euro: Europe's democracy itself is at stake«, in: *The Guardian* (22. Juni 2011), online verfügbar unter: {www.theguardian.com/commentisfree/2011/jun/22/euro-europes-democracy-rating-agencies} (Stand Dezember 2018).

2 Beachtenswert erscheint, dass Martin Schulz während seiner Präsidentschaft im Europäischen Parlament die deutsche Austeritätspolitik gegenüber Griechenland kritisierte, so sagte er etwa 2012, es sei eine bizarre Situation, wenn sich 26 von 27 Staaten dafür aussprechen, Athen mehr Hilfe zu gewähren, und nur einer dagegen (Deutschland); als er dann 2017 Spitzenkandidat der SPD wurde, änderte er seine Haltung und erklärte nun seine Zustimmung zu einer Fortsetzung der Merkel/Schäuble-Politik. Hier erkennen wir die schändlichen Auswirkungen der nationalen Politik.

3 Zitiert nach Peter Spiegel, »Donald Tusk interview: The annotated transcript«, in: *Financial Times* (17. Juli 2015), online verfügbar unter: {www.ft.com/content/ff50e5a9-7b15-3998-a9f1-c11359dc01b8} (Stand Dezember 2018).

4 Persönliches Gespräch mit »Zhang Ying«. Der Name ist ein Pseudonym.

5 So berichtet es der ehemalige Leiter des Pekinger Büros der *Financial Times*, Richard McGregor, in seinem Artikel »Could Trump's blundering lead to war between China and Japan?«, in: *The Guardian* (17. August 2017), online verfügbar unter: {www.theguardian.com/world/2017/aug/17/could-trumps-blundering-lead-to-war-between-china-and-japan} (Stand Dezember 2018).

6 Man denke nur an die Niederschlagung des Aufstandes auf dem Tiananmen-Platz 1989 und an die Beschleunigung der kapitalistischen Transformation Chinas als Reaktion darauf.

7 Auf der anderen Seite stellten wir fest (Antonio Gramsci hatte das bereits Anfang des 20. Jahrhunderts erkannt), dass die unmittelbaren

materiellen Interessen von Individuen und ihr politischer Ausdruck bei parlamentarischen Wahlen nicht eins zu eins übereinstimmen. Stattdessen bewahren sich die Eliten die Fähigkeit, die Grenzen der Debatte und des Common Sense zu verschieben, oft gegen die materiellen Interessen der breiten Masse, indem sie eine soziale, kulturelle und diskursive Hegemonie ausüben. Ein klassisches Beispiel ist die mehrheitliche Unterstützung von Frauen für patriarchalische katholische Parteien.

8 2018 jährte sich die Verabschiedung des britischen Representation of the People Act zum hundertsten Mal; das Gesetz verlieh besitzenden Frauen über 30 und allen Männern über 21 das Wahlrecht. Außerdem konnten seit 1918 auch Einzelpersonen in die Labour-Partei eintreten, die zuvor eine Koalition von sozialistischen, progressiven und Arbeiterorganisationen war.

9 Das Zitat stammt aus Émile Zolas Roman *Germinal* aus dem Jahr 1885 (hier in der Übersetzung von Armin Schwarz), der die Geschichte eines Bergarbeiterstreiks im Nordfrankreich der sechziger Jahre des 19. Jahrhunderts zum Gegenstand hat.

10 David Graeber, *Bullshit Jobs*, aus dem Englischen von Sebastian Vogel, Stuttgart: Klett-Cotta 2018.

11 Die Zahlen sind atemberaubend: US-amerikanische Gerichtsunterlagen zeigen, dass nominell selbstständige Uber-Fahrer allein in Kalifornien und Massachusetts Unkosten (für Benzin usw.) in Höhe von ca. 800 Millionen US-Dollar tragen mussten, für die das Unternehmen hätte aufkommen müssen, wenn die Fahrer als Angestellte gegolten hätten; vgl. Dan Levine/Heather Somerville, »Uber drivers, if employees, owed $ 730 million more: US court papers«, Reuters (9. Mai 2016), online verfügbar unter: {www.reuters.com/article/us-uber-tech-drivers-lawsuit/uber-drivers-if-employees-owed-730-million-more-u-s-court-papers-idUSKCN0Y02E8} (Stand Dezember 2018).

12 Über die Ungleichheit auf dem deutschen Arbeitsmarkt, insbesondere nach den drakonischen Hartz-IV-Reformen, gibt es viele Studien; einen guten Überblick bietet Olivier Cyran, »Germany's working poor«, in: *The Nation* (6. September 2017), online verfügbar unter: {www.thenation.com/article/germanys-working-poor}; vgl. für eine vergleichende Analyse der Erwerbstätigenarmut in den EU-Ländern Eurofound, *In-Work Poverty in the EU*, Luxemburg: Amt für Veröffentlichungen der Europäischen Union 2017, online verfügbar unter: {www.eurofound.europa.eu/sites/default/files/ef_publication/field

_ef_document/ef1725en.pdf} (beide Stand Dezember 2018). Laut diesem Bericht ist das Risiko der Erwerbsarmut nur in Rumänien höher als in Deutschland.

13 Vgl. zur Mangelernährung in Großbritannien Unicef, »Building the future: Children and the sustainable development goals in rich countries«, Innocenti Report Card 14, Florenz: Unicef 2017, online verfügbar unter: {www.unicef.org/media/media_96452.html} (Stand Dezember 2018); vgl. zur Kinderarmut Andrew Hood/Tom Waters, »Living standards, poverty, and inequality in the UK«, London: Institute for Fiscal Studies, 2017, online verfügbar unter: {www.ifs.org.uk/publications/10028} (Stand Dezember 2018).

14 Vgl. F. Q., »Giovane e lavoro, Confindustria: ›La fuga dei cervelli ci costa 14 miliardi l'anno. Doppio spreco per il Paese«, in: *Il Fatto Quotidiano* (14. September 2017), online verfügbar unter: {https://www.ilfattoquotidiano.it/2017/09/14/giovani-e-lavoro-confindustria-la-fuga-dei-cervelli-ci-costa-14-miliardi-lanno-doppio-spreco-per-il-paese/3856185/} (Stand Januar 2018).

15 Zit. n. Branka Trivić, »Michael Kirby Srbiji: Izvozite robu, a ne mlade ljude« (Bericht vom Kopaonik Business Forum), auf: *Radio Slobodna Evropa* (5. März 2015), online verfügbar unter: {www.slobodnaevropa.org/a/michael-kirby-srbiji-izvozite-robu-a-ne-mlade-ljude/26883811.html} (Stand Dezember 2018).

16 Aamna Mohdin, »The fastest shrinking countries on earth are in Eastern Europe«, auf: qz.com (24. Januar 2018), online verfügbar unter: {https://qz.com/1187819/country-ranking-worlds-fastest-shrinking-countries-are-in-eastern-europe/} (Stand Dezember 2018).

17 Vgl. zum Beispiel Pankaj Mishra, *Das Zeitalter des Zorns*, aus dem Englischen von Laura Su Bischoff und Michael Bischoff, Frankfurt am Main: Fischer 2017.

18 Vgl. für einen guten Überblick über den »nationalen Neoliberalismus« der neuen österreichischen Regierung Raphaela Tiefenbacher, »Welcome to Austria: The neoliberal nationalism of Kurz & Co.«, in: *Eurozine* (4. April 2018), online verfügbar unter: {https://www.eurozine.com/welcome-austria-neoliberal-nationalism-kurz-co/} (Stand Dezember 2018).

19 Michael Hirsh, »Can Obama save capitalism?«, in: *Newsweek* (12. November 2008), online verfügbar unter: {https://www.newsweek.com/hirsh-can-obama-save-capitalism-84683} (Stand Dezember 2018).

20 Vgl. »Obama's TARP team helped banks, betrayed homeowners«, in:

Washington Examiner (23. Juli 2012), online verfügbar unter: {www.washingtonexaminer.com/examiner-editorial-obamas-tarp-team-helped-banks-betrayed-homeowners/article/2502917} (Stand Dezember 2018).

21 Naomi Klein, *Gegen Trump*, aus dem Englischen von Gabriele Gockel, Sonja Schuhmacher und Claudia Varrelmann, Frankfurt am Main: Fischer 2017.

22 2016 befragte die Harvard University junge Erwachsene zwischen 18 und 29 und fand heraus, dass 51 Prozent den Kapitalismus ablehnten, während 42 Prozent ihn befürworteten.

23 CNN »Town Hall« mit Nancy Pelosi (31. Januar 2017). Pelosis Antwort ist in einem Clip auf YouTube zu sehen: {https://www.youtube.com/watch?v=MR65ZhO6LGA} (Stand Dezember 2018).

24 Étienne Balibar hat den Begriff »Revolution von oben« in Bezug auf die europäische Reaktion auf die Eurokrise verwendet; vgl. Étienne Balibar, »Die Revolution von oben«, in: *VoxEurop* (23. November 2011), online verfügbar unter: {https://voxeurop.eu/de/content/article/1205461-die-revolution-von-oben} (Stand Januar 2019). Geprägt wurde er ursprünglich im Spanien der Wende vom 19. zum 20. Jahrhundert, als konservative Eliten angesichts militärischer Niederlagen, die zum Verlust von Kolonien führten, sowie zunehmender anarchistischer Aktivitäten darangingen, das Land umzugestalten, um eine »Revolution von unten« zu verhindern.

25 Zit. n. Peter Müller/René Pfister/Christoph Schult, »Erloschene Leidenschaft«, in: *Der Spiegel* 29/2011 (18. Juli 2011), online verfügbar unter: {http://www.spiegel.de/spiegel/print/d-79572300.html} (Stand Dezember 2018).

26 Vgl. zu diesen Punkten Stuart Holland, »Not an abdication by the left«, in: *Social Europe* (11. Juli 2018), online verfügbar unter: {https://www.socialeurope.eu/not-an-abdication-by-the-left-a-response-to-sheri-berman-and-dani-rodrik} (Stand Dezember 2018).

27 Mit dem Vertrag von Lissabon (2007) wurde in der EU das direktdemokratische Instrument der Europäischen Bürgerinitiative (EBI) eingeführt. Damit haben die Bürgerinnen und Bürger die Möglichkeit, in Bereichen, in denen die EU-Kommission befugt ist, Rechtsakte vorzuschlagen, konkrete Änderungen anzuregen. Sobald eine Initiative eine Million Unterschriften gesammelt hat, muss die Kommission sich damit befassen. Wir starteten unsere EBI zum Medienpluralismus im Oktober 2012. Sie zielte darauf ab, dass die Kommission anerkennen sollte, dass Medienvielfalt in ihren Zuständigkeitsbe-

reich fällt. Bis August 2014 hatten wir 200 000 Unterschriften beisammen. Die Verordnung über die Bürgerinitiative wird seit 2017 überprüft, um das Funktionieren des Instruments zu verbessern.

28 Das Manifest ist online verfügbar unter: {https://citizenspact.eu/} (Stand Dezember 2018).

29 Zit. n. Christine Wang, »Michael Moore says Trump is a ›human Molotov cocktail‹ supporters get to throw«, auf: CNBC (4. November 2016), online verfügbar unter: {https://www.cnbc.com/2016/11/04/michael-moore-says-trump-is-a-human-molotov-cocktail-supporters-get-to-throw.html} (Stand Dezember 2018).

30 Siehe Beppe Grillo, »Il vaffanculo di Trump«, auf: Il Blog delle Stelle (9. November 2016), online verfügbar unter: {https://www.ilblogdellestelle.it/2016/11/il_vaffanculo_di_trump.html} (Stand Dezember 2018).

31 Bereits Hannah Arendt schrieb über die perverse Einsamkeit in totalitären Systemen, in denen jeder jeden verdächtigt und somit alle vom Staat terrorisiert werden. Ähnliche Symptome zeigen sich in den autoritären Regimen der Gegenwart. Eine künstlerische Auseinandersetzung damit bietet der Film *Underdog* (2014) des ungarischen Regisseurs Kornél Mundruczó.

32 Antonio Gramsci, *Gefängnishefte*, 2. und 3. Heft, *Kritische Gesamtausgabe*, Bd. 2, herausgegeben von Wolfgang Fritz Haug, aus dem Italienischen von Klaus Bochmann et al., Hamburg: Argument 1991, S. 354f.

33 W. B. Yeats, »Das Zweite Kommen«, aus dem Englischen von Mirko Bonné, in: *Die Gedichte*, München: Luchterhand 2005, S. 212.

34 Siehe Edmund S. Higgins, »Is mental health declining in the US?«, in: *Scientific American* (1. Januar 2017), online verfügbar unter: {www.scientificamerican.com/article/is-mental-health-declining-in-the-u-s/} (Stand Dezember 2018).

35 Siehe European College of Neuropsychopharmacology, »The size and burden of mental disorders in Europe«, in: *Science Daily* (6. September 2011), online verfügbar unter: {www.sciencedaily.com/releases/2011/09/110905074609.htm} (Stand Dezember 2018).

36 Europäische Kommission, *EU Youth Report 2015*, Luxemburg: Amt für Veröffentlichungen der Europäischen Union 2016, online verfügbar unter: {ec.europa.eu/assets/eac/youth/library/reports/youth-report-2015_en.pdf} (Stand Dezember 2018), S. 239ff.

37 Politische Institutionen können auf ganz unterschiedliche Weisen verfallen. Gerade eine supranationale Konstruktion wie die Europä-

ische Union, die nicht über klare Mechanismen verfügt, um »die Regierung« zu verändern, läuft schnell Gefahr, sich einfach aufzulösen. Nationale Demokratien können in eine Existenzkrise geraten, wenn separatistische Kräfte auftauchen, wenn extreme Parteien oder Anführer an die Macht kommen oder wenn schlicht ein dauerhafter Keil zwischen die Vertreter und die Vertretenen getrieben wird.

38 Herbert A. Simon, *Die Wissenschaften vom Künstlichen*, aus dem Englischen von Oswald Wiener unter Mitwirkung von Una Wiener, Berlin: Kammerer und Unverzagt 1990 [1981], S. 5-8.

Anmerkungen zu Kapitel 2

1 Karl Polanyi, *The Great Transformation. Politische und ökonomische Ursprünge von Gesellschaften und Wirtschaftssystemen*, aus dem Englischen von Heinrich Jelinek, Frankfurt am Main: Suhrkamp 1978 [1944], S. 192f.

2 Friedrich August von Hayek, »The principles of liberal social order«, in: *Il Politico* 31/4 (Dezember 1966), S. 601-618; eine deutsche Übersetzung dieser Rede findet sich unter dem Titel »Grundsätze einer liberalen Gesellschaftsordnung« in: Friedrich August von Hayek, *Grundsätze einer liberalen Gesellschaftsordnung. Aufsätze zur Politischen Philosophie und Theorie*, herausgegeben von Viktor Vanberg, Tübingen: Mohr-Siebeck 2002, S. 69-87. Die Bemerkung zu Lao-Tsu ist darin nicht enthalten.

3 Der Ordoliberalismus (so etwas wie die deutsche Variante des Neoliberalismus) stellt eine umfassende Theorie dieser neuen Rolle des Staates dar. Eine Marktordnung (*ordo*) entsteht nicht spontan, sondern sie bedarf konstanter politischer Aktivitäten, um einen Regulierungsrahmen aufrechtzuerhalten, der die Freiheiten des Marktes garantiert. Der Markt wird befreit, indem allen (und allem) anderen bestimmte Regeln auferlegt werden. In den Worten von Walter Eucken, einem der Begründer des ordoliberalen Denkens, ist nicht weniger vonnöten als eine »Wirtschaftsverfassung«, in der die Vorrechte des Kapitals und die Pflichten des Staates festgeschrieben werden. Weit davon entfernt – und das ist der springende Punkt –, ausgehöhlt zu werden, wird der Staat also transformiert und in den Dienst des Marktes gestellt. Zudem ist der Staat permanent damit beschäftigt, zu definieren und zu kontrollieren, was in der Gesellschaft als wertvoll angesehen wird, und diesen Bereich dadurch für noch mehr

Wettbewerb und Konsumismus zu öffnen. All dies erfordert eine politische Klasse, die wie der Kleinwüchsige in unserer Geschichte gewillt ist, sich in der Maschine zu verstecken, um deren Funktionieren zu sichern.

4 Alexander Rüstow, *Die Religion der Marktwirtschaft*, Berlin: LIT Verlag 2009.

5 Robert Owen, *Observations on the Effect of the Manufacturing System: With Hints for the Improvement of Those Parts of it which Are Most Injurious to Health and Morals*, London/Edinburgh/Glasgow: Longman, Hurst, Rees, Orme and Brown 1817, S. 5, online verfügbar unter: {www.marxists.org/reference/subject/economics/owen/observations.htm} (Stand Dezember 2018).

6 Gunther Teubner, der an die Arbeiten Niklas Luhmanns anknüpft, hat bahnbrechende Studien zu diesem Prozess vorgelegt, den er als »konstitutionelle Fragmentierung« bezeichnet; vgl. insbesondere Gunther Teubner, *Verfassungsfragmente*, Berlin: Suhrkamp 2012; siehe auch Catherine Colliot-Thélène, *Demokratie ohne Volk*, aus dem Französischen von Ilse Utz, Hamburg: Hamburger Edition 2011.

7 Vgl. u.a. John Darwin, *Der imperiale Traum: Die Globalgeschichte großer Reiche 1400-2000*, aus dem Englischen von Michael Bayer und Norbert Juraschitz, Frankfurt am Main: Campus 2010.

8 Vgl. Jeffry A. Frieden, *Global Capitalism: Its Fall and Rise in the 20th Century*, New York: Norton 2007.

9 Jacob Viner, »Conflicts of principle in drafting a trade charter«, in: *Foreign Affairs* 25/4 (Juli 1947), S. 612-628, S. 613.

10 Keynes hatte zudem eine internationale Clearing-Union und eine Weltwährung ins Spiel gebracht, den Bancor. Seine internationalistische Sichtweise wurde dann aber zugunsten des Modells des US-amerikanischen Wirtschaftswissenschaftlers Harry Dexter White fallen gelassen, der ein Leitwährungssystem auf Basis des goldgedeckten US-Dollars vorgeschlagen hatte.

11 Nancy Fraser, »A triple movement?«, in: *New Left Review* 81 (Mai/Juni 2013), S. 119-132.

12 Das war eine der leitenden Überlegungen, als die US-Außenpolitik in der Nachkriegszeit neu ausgerichtet und der Isolationismus über Bord geworfen wurde. Das Protokoll einer Sitzung des Nationalen Sicherheitsrats im Jahr 1950 unter Vorsitz von Präsident Harry Truman ist vielsagend: »Unsere gegenwärtige Politik kann insgesamt vielleicht als eine beschrieben werden, die weltweite Rahmenbedingungen schafft, unter denen das amerikanische System überleben

und gedeihen kann. Daher lehnt sie das Konzept der Isolation ab und bekräftigt die Notwendigkeit unserer positiven Partizipation in der Weltgemeinschaft.« Der englische Text des Protokolls ist online verfügbar unter: {https://history.state.gov/milestones/1945-1952/NSC68} (Stand Dezember 2018).

13 James Kynge/Michael Peel, »Brussels rattled as China reaches out to Eastern Europe«, in: *Financial Times* (27. November 2017), online verfügbar unter: {https://www.ft.com/content/16abbf2a-cf9b-11e7-9dbb-291a884dd8c6} (Stand Dezember 2018).

14 Eine lesenswerte Analyse dazu, wie Chinas gegenwärtige Haltung zur Globalisierung von seiner Geschichte beeinflusst wird, bietet Howard French, *Everything Under the Heavens: How the Past Helps Shape China's Push for Global Power*, New York: Knopf 2017.

15 Philippe Van Parijs hat im Rahmen seiner Max Weber Lecture am European University Institute in Florenz im November 2016 auf die Bedeutung dieses Texts hingewiesen.

16 Friedrich August von Hayek, »Die wirtschaftlichen Voraussetzungen föderativer Zusammenschlüsse« (1939), in: Friedrich August von Hayek, *Individualismus und wirtschaftliche Ordnung*, Zürich: Eugen Rentsch 1952, S. 324-344.

17 Ebd., S. 328-320.

18 Genau diesen Punkt macht auch Wolfgang Streeck, wenn er die Europäische Union als eine inhärent neoliberale Konstruktion kritisiert; vgl. Wolfgang Streeck, *Gekaufte Zeit. Die vertagte Krise des demokratischen Kapitalismus*, Berlin: Suhrkamp 2015 [2012].

19 Friedrich August von Hayek, »The economic conditions of interstate federalism« (1939), in Friedrich August von Hayek, *Individualism and Economic Order*, University of Chicago Press 1948, S. 255-272, S. 261 (diese Stelle ist in der zitierten deutschen Fassung des Textes nicht enthalten, Anm. d. Ü.).

20 Ebd., »Die wirtschaftlichen Voraussetzungen föderativer Zusammenschlüsse«, a. a. O., S. 332.

21 Ebd., S. 335 f.

22 Die Konditionen, die einigen Investoren angeboten werden, stellen mittlerweile oft eher eine Kapitulation dar als das Ergebnis ernsthafter Verhandlungen auf Augenhöhe – und das gilt selbst in relativ wohlhabenden Teilen der Welt. Als Amazon auf der Suche nach einem »zweiten Hauptsitz« in den USA war (es ging um bis zu 50000 Jobs), holte es Angebote von Städten ein. Über 230 Städte beteiligten sich. Chicago bot Amazon beispielsweise an, es könne von

seinen eigenen Arbeiternehmern entrichtete Lohnsteuern in Höhe von 1,32 Milliarden Dollar behalten (womit die Arbeiter Steuern an ihre eigenen Bosse bezahlt hätten). Boston offerierte eine »Amazon Task Force« aus städtischen Angestellten, die für das Unternehmen arbeiten sollten. Das kalifornische Fresno schlug vor, Amazon könne gemeinsam mit der Stadtverwaltung darüber entscheiden, wie die vom Unternehmen entrichteten Steuern verwendet werden sollten. Danny Westneat, der diese Vorgänge in der *Seattle Times* enthüllte, bemerkt dazu: »Mittlerweile wird ein einzelnes Unternehmen als so wertvoll angesehen, dass einige bereit zu sein scheinen, das ganze ›For the people, by the people‹-Experiment [eine Anspielung auf eine Umschreibung des Prinzips der Volkssouveränität in der »Gettysburg Address« von Abraham Lincoln, Anmerkung der Übersetzerin] zu beerdigen.« Vgl. Danny Westneat, »This City Hall, brought to you by Amazon«, in: *The Seattle Times* (24. November 2017), online verfügbar unter: {https://www.seattletimes.com/business/amazon/this-city-hall-brought-to-you-by-amazon/} (Stand Dezember 2018).

Schließlich bekam New York den Zuschlag. Die Stadt hatte ein Paket im Wert von drei Milliarden US-Dollar angeboten, die gemeinsam von der Stadt und vom Bundesstaat New York aufgebracht werden.

23 William Morris, »Review of Bellamy's *Looking Backward*«, in: *Commonwealth* (21. Juni 1889).

24 Dass das »Nation Branding« sich in den letzten Jahren zu einem blühenden Geschäftsfeld entwickelt hat, ist dafür ebenso ein Symptom wie der scheinbar unstillbare Hunger der Leserschaft bestimmter Zeitschriften und Websites nach Ranglisten der lebenswertesten Städte, der »besten Länder, in denen man geboren werden«, oder der »besten Pässe, die man besitzen kann«. Wir kommen in Kapitel 3 ausführlich auf die Kommodifizierung insbesondere der Staatsbürgerschaft zurück.

25 Als Jayaben Desai, die später zum Gesicht des Streiks werden sollte, aus Protest ihren Arbeitsplatz verließ, entgegnete sie auf die beleidigende Aussage eines Vorgesetzten, sie und ihre Kolleginnen seien nur ein paar »plappernde Affen«: »Was Sie hier leiten, ist keine Fabrik, sondern ein Zoo. Aber in einem Zoo gibt es viele Arten von Tieren. Einige sind Affen, die Ihnen auf den Fingerspitzen tanzen, andere sind Löwen, die Ihnen den Kopf abbeißen können. Wir sind die Löwen, Mr. Manager.« Zit. n. Izzy Lyons, »Jayaben Desai: The striker in a sari«, in: *The Telegraph* (19. März 2018), online verfügbar un-

ter: https://www.telegraph.co.uk/women/politics/jayaben-desai-striker-sari/} (Stand Dezember 2018). Desai verstarb im Dezember 2010 im Alter von 77 Jahren.

26 Eine ausführliche Analyse sowie Interviews mit Fahrern von Lieferdiensten, die sich über Grenzen hinweg organisieren, bietet Lorenzo Zamponi in seiner Fallstudie: »Gig economy platforms and transnational labour activism« in: TransSOL, European Paths to Transnational Solidarity at Times of Crisis: Conditions, Forms, Role Models and Policy Responses, Göttingen 2018, S. 9-25, online verfügbar unter: {https://transsol.eu/files/2018/05/TransSOL-WP6-Report.pdf} (Stand Januar 2019).

27 Callum Cant, »Precarious couriers are leading the struggle against platform capitalism«, in: *Political Critique* (3. August 2017), online verfügbar unter: {http://politicalcritique.org/world/2017/precarious-couriers-are-leading-the-struggle-against-platform-capitalism/} (Stand Dezember 2018).

28 Nähere Informationen finden sich dazu auf der Website www.transnational-strike.info, wo auch Details zu internationalen Treffen und zur länderübergreifenden Organisierung von Arbeiterinnen und Arbeitern aufgeführt sind.

29 Ralf Ruckus, »Confronting Amazon«, in: *Jacobin* (31. März 2016), online verfügbar unter: {www.jacobinmag.com/2016/03/amazon-poland-poznan-strikes-workers} (Stand Dezember 2018).

30 2018 wurde die Richtlinie dahingehend reformiert, dass nun zumindest manche Arbeiter von Tarifverträgen in den Ländern profitieren, in die sie entsandt werden. Allgemein privilegiert der rechtliche Rahmen des EU-Binnenmarkts jedoch weiterhin das Recht der Unternehmen, in anderen Ländern aktiv zu sein, gegenüber dem Vereinigungsrecht der Arbeitnehmerinnen und Arbeitnehmer.

31 Von 2011 bis 2016 haben wir »Transnational Dialogue« organisiert, ein Austauschprogramm für Künstlerinnen und Aktivisten aus Europa, China und Brasilien (www.transnationaldialogues.eu).

32 »Minijob« ist der in Deutschland übliche Begriff für bestimmte Formen geringfügig entlohnter Beschäftigung mit einem Entgelt von maximal 450 Euro im Monat; die Arbeitnehmerinnen sind aufgrund ihrer Beschäftigung weder kranken- noch arbeitslosenversichert. Es wird kritisiert, dass durch dieses Modell die Arbeitslosenstatistik geschönt wird und dass es zu Erwerbsarmut sowie einem allgemein niedrigeren Lohnniveau führt.

33 Yanis Varoufakis, *Die ganze Geschichte: Meine Auseinandersetzung*

mit Europas Establishment, aus dem Englischen von Anne Emmert, Ursel Schäfer und Claus Varrelmann, München: Kunstmann 2017, S. 289.

34 Edmund Burke, Rede an die Wähler von Bristol (1774), zit. n. Winfried Steffani, »Zur Vereinbarkeit von freiem Mandat und Fraktionsdisziplin«, in: *Zeitschrift für Parlamentsfragen* 12/1 (April 1981), S. 109-122, S. 113f.

35 Jean Monnet, Rede vor dem National Press Club, Washington, D.C. (30. April 1952).

36 Eine aktuelle Studie des Centre for Economics and Business Research ergab, dass herkömmliche Buchhändler elfmal höhere Steuern zahlen als Amazon; vgl. Alison Flood, »Amazon ›pays 11 times less corporation tax than traditional booksellers‹«, in: *The Guardian* (12. September 2017), online verfügbar unter: {https://www.theguardian.com/books/2017/sep/12/amazon-pays-11-times-less-corporation-tax-than-traditional-booksellers} (Stand Dezember 2018).

37 Laut einer Studie von Oxfam International zählen die Niederlande, Irland, Luxemburg und Zypern zu den 15 schlimmsten Steueroasen weltweit. Das Vereinigte Königreich taucht in dieser Liste nicht auf, wohl aber die unter britischer Souveränität stehenden Überseegebiete Cayman Islands, Bermuda und Virgin Islands sowie die im Besitz der britischen Krone befindliche Kanalinsel Jersey. Zu diesem Thema gibt es eine Vielzahl von Berichten, vgl. etwa »Tax battles: The dangerous race to the bottom on corporate tax« (12. Dezember 2016), online verfügbar unter: {www.oxfam.org/en/research/tax-battles-dangerous-global-race-bottom-corporate-tax} (Stand Dezember 2018). Eine fesselnde Übersicht bietet Nicholas Shaxson, *Schatzinseln: Wie Steueroasen die Demokratie untergraben*, aus dem Englischen von Peter Stäuber, Zürich: Rotpunkt 2011.

38 Vgl. dazu Marc Auerbach, »Ikea: Flat pack tax avoidance. A study commissioned by the Greens/EFA Group in the European Parliament« (Februar 2016), online verfügbar unter: {www.greens-efa.eu/en/article/corporate-tax-avoidance-5963/} (Stand Januar 2019).

39 Vgl. Jeppe Kofod/Michael Theurer, »Bericht über Steuervorbescheide und andere Maßnahmen ähnlicher Art oder Wirkung (2016/2038 (INI))«, Brüssel: Europäisches Parlament 2016, online verfügbar unter: {http://www.europarl.europa.eu/sides/getDoc.do?pubRef=-//EP//NONSGML+REPORT+A8-2016-0223+0+DOC+PDF+V0//DE} (Stand Dezember 2018).

40 Whistleblower haben in den letzten Jahren zunehmend Licht in diese

Praktiken gebracht, man denke etwa an den durch die sogenannten »Luxemburg Leaks« ausgelösten Finanzskandal Ende 2014. Die geleakten Dokumente zeigen, wie der kleine EU-Mitgliedstaat über die Jahrzehnte ein Netz aus Begünstigungen für Unternehmen gewoben hat. Bedauerlicherweise mussten die Whistleblower langjährige Gerichtsverfahren über sich ergehen lassen, an deren Ende Geldbußen und eine zur Bewährung ausgesetzte Haftstrafe standen. Ein langjähriger luxemburgischer Finanzminister, der diese Steuervermeidungsstrukturen mit ausgeklügelt hatte, wurde hingegen 2014 zum Präsidenten der Europäischen Kommission ernannt.

41 Dabei handelt es sich nicht lediglich um eine verzögerte Entwicklung in einer bestimmten Branche, es ist vielmehr so, dass diese Branche in Europa vollkommen fehlt. Man übertriebe nur leicht, behauptete man, dass Europa hier in einer ähnlichen Lage ist wie Indien, als im 19. Jahrhundert die Dampfkraft aufkam, die damals ähnlich revolutionäre Auswirkungen hatte wie heute das Internet. Damals wurde die Abhängigkeit weiter Teile der Welt von den industriellen Machtzentren in Europa besiegelt, was zu einer frühen Form der Deindustrialisierung in der globalen Peripherie führte und die europäischen Staaten in eine Position der weltweiten ökonomischen und politischen Dominanz katapultierte; vgl. dazu Stephen D. King, *Grave New World: The End of Globalization, the Return of History*, New Haven: Yale University Press 2017, S. 176.

42 Evgeny Morozov, »Data populists must seize our information – for the benefit of us all«, in: *The Guardian* (4. Dezember 2016), online verfügbar unter: {www.theguardian.com/commentisfree/2016/dec/04/data-populists-must-seize-information-for-benefit-of-all-evgeny-morozov} (Stand Dezember 2018).

43 Die derzeitige Überprüfung des Schemas der Allgemeinen Zollpräferenzen (APS) der EU bietet die Gelegenheit für eine entsprechende Reform. Das APS ist ein Präferenzsystem für Zölle, das Ausnahmen vom Meistbegünstigungsprinzip der Welthandelsorganisation (WTO) erlaubt, laut dem Bedingungen, die ein WTO-Mitglied einem Vertragspartner gewährt, auch allen anderen Mitgliedern gewährt werden müssen. So können WTO-Mitglieder beispielsweise die Zölle für wirtschaftlich besonders gering entwickelte Länder senken. Im Jahr 2014 trat eine überarbeitete APS-Verordnung in Kraft, laut der die EU gewissen Ländern zusätzliche Präferenzen (APS+) gewähren kann, wenn diese sich dazu verpflichten, Abkommen der UN und der Internationalen Arbeitsorganisation zu ratifizieren und umzusetzen.

Damit wurde eine Grundlage geschaffen, um mit diesen Ländern über Themen wie Menschenrechte, öffentlichen Raum und Arbeitnehmerinnenrechte zu diskutieren. Zivilgesellschaftliche Akteure haben diesen Prozess bereits effektiv genutzt. Im Augenblick ist diese Praxis jedoch noch nicht sonderlich gut etabliert, es fehlen Richtlinien, Verfahren, Anreize und Sanktionen, aber sie könnte zu einem machtvollen Instrument zur Förderung der Menschenrechte werden. NGOs wie ACT Alliance EU, die Kampagne für Saubere Kleidung, die Fédération internationale des ligues des droits de l'Homme und der Internationale Gewerkschaftsbund haben zu diesem Zweck Vorschläge für eine Reform des APS entwickelt.

Anmerkungen zu Kapitel 3

1 Der Wortlaut des Urteils vom 6. Juli 2018 ist in französischer Sprache online verfügbar unter: {https://www.conseil-constitutionnel.fr/decision/2018/2018717_718QPC.htm} (Stand Dezember 2018).
2 Mehr Informationen über das Hotel sind online verfügbar unter: {https://best-hotel-in-europe.eu} (Stand Dezember 2018).
3 Eleonora Camilli, »One year at City Plaza in Athens«, in: *Political Critique* (28. Juni 2017), online verfügbar unter: {http://politicalcritique.org/world/eu/2017/camilli-city-plaza-athens-refugees/} (Stand Dezember 2018).
4 Siehe die vollständigen Vorschläge auf der Website der Initiative: www.lacartadilampedusa.org.
5 Migreurop schätzt die Kapazität dieser Lager auf mindestens 47000 Personen, während das Global Detention Project von noch deutlich höheren Zahlen ausgeht; mehr Informationen dazu sind online verfügbar unter: {http://www.migreurop.org/article2747.html?lang=fr} und {www.globaldetentionproject.org} (Stand Dezember 2018).
6 Vgl. dazu die Angaben der NGO Migreurop, online verfügbar unter: {www.migreurop.org/article2488.html?lang=fr} (Stand Dezember 2018).
7 Siehe Jessica Elgot, »Number of EU citizens detained in UK up by 27%, figures show«, in: *The Guardian* (23. August 2017), online verfügbar unter: {www.theguardian.com/uk-news/2017/aug/23/number-of-eu-citizens-detained-in-uk-up-by-27-figures-show} (Stand Dezember 2018).

8 Laut der Association of Visitors to Immigration Detainees verließen in Großbritannien 2016 28661 Personen die Internierungslager: 47 Prozent wurden abgeschoben, 53 Prozent wurden entlassen. Die längste 2016 aufgezeichnete Internierungsdauer betrug 1333 Tage: über dreieinhalb Jahre. 2017 stellte der italienische Senat fest, dass in den ersten neun Monaten 2016 nur 44 Prozent der internierten Personen abgeschoben wurden, 2015 waren es etwa 50 Prozent. Trotz dieser begrenzten »Effektivität« plant die italienische Regierung, in Zukunft deutlich mehr Menschen zu internieren; vgl. Commissione Straordinaria per la Tutela e la Promozione dei Diritti Umani, »Rapporto sui Centri di Identificazione ed Espulsione in Italia«, Rom: Senat der Republik 2017, online verfügbar unter: {www.senato.it/application/xmanager/projects/leg17/file/repository/commissioni/dirittiumaniXVII/allegati/Cie_rapporto_aggiornato_2_gennaio_2017.pdf} (Stand Dezember 2018).
Selbst ob die Internierungslager zur Schaffung der von Theresa May geforderten »feindlichen Umgebung« beitragen, ist umstritten, sofern damit gemeint ist, dass sie dazu beitragen, Migration zu verhindern. Der »Global Roundtable on Alternatives to Detention of Asylum-Seekers, Migrants and Stateless Persons« des Hohen Flüchtlingskommissars der Vereinten Nationen (UNHCR) stellte im Juli 2011 fest: »Es gibt keine empirischen Belege dafür, dass Internierung Migration verhindert oder Menschen davon abbringt, Asyl zu suchen.« Das Fazit des Roundtable ist online verfügbar unter: {www.unhcr.org/uk/protection/expert/536a00576/global-roundtable-alternatives-detention-asylum-seekers-refugees-migrants.html} (Stand Dezember 2018). Die »feindliche Umgebung« ist meist nur eine Show für das inländische Publikum.

9 Vgl. dazu die Informationen auf der Website www.closethecamps.org sowie Mary Bosworth, »The impact of immigration detention on mental health: A literature review«, in: *Review into the Welfare in Detention of Vulnerable Persons. A Report to the Home Office*, herausgegeben von Stephen Shaw, London: HMSO 2016, online verfügbar unter: {www.gov.uk/government/uploads/system/uploads/attachment_data/file/490782/52532_Shaw_Review_Accessible.pdf} (Dezember 2018).

10 Vgl. dazu ausführlicher Étienne Balibar, *Gleichfreiheit. Politische Essays*, aus dem Französischen von Christine Pries, Berlin: Suhrkamp 2012.

11 Die Inschrift auf der Statue von Thomas Paine im Parc Montsouris in

Paris lautet: »Intellektueller, Pamphletist und Revolutionär, Thomas Paine, Weltbürger (1737-1809). Engländer durch Geburt, Franzose per Dekret und Amerikaner auf Wunsch«.

12 Vgl. Patrick Weil, *Qu'est-ce qu'un français?*, Paris: Grasset 2002.

13 In ihrer Zeit als Innenministerin entzog Theresa May Menschen für gewöhnlich die britische Staatsbürgerschaft, wenn sie sich gerade im Ausland aufhielten. Sie hatten somit keine Chance, Einspruch einzulegen oder auch nur zu erfahren, was die Gründe für diese Maßnahme waren. Das war Mays frühe Vision der Bürger von nirgendwo, ehe diese durch das Brexit-Referendum neu verpackt und verallgemeinert wurde. Mindestens zwei Briten, die auf diese Weise ihre Staatsbürgerschaft verloren hatten, wurden anschließend bei US-amerikanischen Drohnenangriffen getötet. Ausbürgerung kann also eine Form der Todesstrafe darstellen, wobei die Betroffenen hier weniger Einspruchsmöglichkeiten haben.

14 Vgl. John Ganz, »Citizenship is Trump's latest target«, in: *New York Times* (23. Juli 2018), online verfügbar unter: {https://www.nytimes.com/2018/07/23/opinion/trump-birthright-citizenship-mccarthy.html} (Stand Dezember 2018). Ganz entwickelt hier das überzeugende Argument, angesichts der rechtlichen Barrieren für den tatsächlichen Entzug der Staatsbürgerschaft ziele Trumps Taktik eher darauf ab, verletzlichen Bürgern, insbesondere eingebürgerten, Angst vor der *Möglichkeit* einzujagen, sie könnten ihre Staatsbürgerschaft verlieren, und so ihre politische Partizipation zu verringern. Der Richter am Obersten Gerichtshof Hugo Black erklärte 1967 in einem Urteil, das es den Vereinigten Staaten unmöglich machte, Bürgern die Staatsbürgerschaft zu entziehen: »In unserem Land ist das Volk der Souverän, und die Regierung kann ihre Beziehung zum Volk nicht trennen, indem es ihm die Staatsbürgerschaft fortnimmt.« Dieses Urteil legte den Konflikt zwischen Volkssouveränität und Staatssouveränität offen, mit dem wir es in Fragen der Staatsbürgerschaft zu tun haben, und entschied zugunsten der Volkssouveränität; vgl. Patrick Weil, »Can a citizen be sovereign?«, in: *Humanity Journal* (2. Januar 2016), online verfügbar unter: {http://humanityjournal.org/blog/can-a-citizen-be-sovereign/} (Dezember 2018).

15 Siehe Balakrishnan Prabhu, »35+ Best countries for buying citizenship or residency«, in: *Corpocrat Magazine* (22. Dezember 2016), online verfügbar unter: {https://corpocrat.com/2016/12/22/30-countries-for-buying-citizenship-through-investment/} (Stand Dezember 2018).

16 Vgl. Sara Farolfi/David Pegg/Stelios Orphanides, »Cyprus ›selling‹ EU citizenship to super rich of Russia and Ukraine«, in: *The Guardian* (17. September 2017), online verfügbar unter: {www.theguardian.com/world/2017/sep/17/cyprus-selling-eu-citizenship-to-super-rich-of-russia-and-ukraine} (Stand Dezember 2018).

17 Vgl. Joe Myers, »Countries where you can buy citizenship« (28. Juli 2016); auf der Website des World Economic Forum online verfügbar unter: {www.weforum.org/agenda/2016/07/countries-selling-citizenship/} (Stand Dezember 2018).

18 Siehe Kim Gittleson, »Where is the cheapest place to buy citizenship?« (4. Juni 2014), online verfügbar unter: {www.bbc.com/news/business-27674135} (Stand Dezember 2018).

19 Zit. nach N. N., »Innenminister hält Zuwanderung für ›auf Dauer zu viel‹«, in: *Zeit online* (30. August 2015), online verfügbar unter: {https://www.zeit.de/politik/deutschland/2015-08/thomas-de-maiziere-fluechtlinge-deutschland-asyl-balkan-cdu} (Stand Dezember 2018).

20 Der Satz »Wir können nicht das Elend der ganzen Welt auf uns nehmen« stammt von dem französischen Sozialisten Michel Rocard, der ihn 1989 in einer Rede in der Nationalversammlung äußerte. Seitdem haben extreme Rechte diese Aussage wieder und wieder zitiert, um gegen Migration zu agitieren und nahezulegen, dass es in Frankreich selbst schon genug Elend gibt und dass das Land mit dem Elend der ganzen Welt schlicht überfordert wäre (als ob die ganze Welt allein nach Frankreich ziehen würde). Einmal abgesehen von seiner Absurdität übersieht dieser Satz natürlich auch die Tatsache, dass Migranten nicht nur Elend bringen … Wir könnten noch unendlich viele weitere Beispiele für diese Art von ethnozentrischer und rassistischer Demagogie anführen.

21 Michel Foucault, »Den Regierungen gegenüber: die Rechte des Menschen (Wortmeldung)« (1984), aus dem Französischen von Hans-Dieter Gondek, in: *Michel Foucault. Schriften in vier Bänden: Dits et Ecrits. Vierter Band: 1980-1988*, herausgegeben von Daniel Defert und François Ewald, Frankfurt am Main: Suhrkamp 2005, S. 873-875, S. 874. Der Text entspricht einer mündlichen Stellungnahme Foucaults bei einer Pressekonferenz im Jahre 1981, wurde aber erst nach Foucaults Tod in schriftlicher Fassung veröffentlicht (*Libération* vom 30. Juni/1. Juli 1984).

1 Michel Foucault, »Den Regierungen gegenüber: die Rechte des Menschen«, a.a.O., S. 873f.

2 Vgl. Jeremy Bentham, *An Introduction to the Principles of Morals and Legislation*, London: T. Payne and Son 1789. Interessanterweise verwendet Bentham den Begriff nur für die Beziehungen zwischen souveränen Staaten, während die Beziehungen zwischen privaten Individuen aus unterschiedlichen Staaten seiner Ansicht nach durch das innerstaatliche Recht abgedeckt werden.

3 Giuseppe Mazzini, »Towards a holy alliance of the peoples« (1849), in: *A Cosmopolitanism of Nations. Giuseppe Mazzini's Writings on Democracy, Nation Building, and International Relations*, aus dem Italienischen von Stefano Recchia, herausgegeben von Stefano Recchia und Nadia Urbinati, Princeton: Princeton University Press 2009, S. 117-131, S. 126.

4 Marcel Mauss, »La nation et l'internationalisme« (1920), in: *Cohésion sociale et division de la sociologie. Œuvres III*, Paris: Éditions de Minuit 1969, S. 626-634, S. 630. Mauss' Studie *La nation* wurde 2013 posthum von Marcel Fournier und Jean Terrier herausgegeben; in deutscher Übersetzung erschien das Buch unter dem Titel *Die Nation oder Der Sinn fürs Soziale* (aus dem Französischen von Christine Pries, herausgegeben und mit einer Einleitung von Marcel Fournier und Jean Terrier, Frankfurt am Main: Campus 2017).

5 Zit. n. Daniel Guérin, *Anarchismus. Begriff und Praxis*, aus dem Französischen von H.H. Hildebrandt und Eva Demski, Frankfurt am Main: Suhrkamp 1967, S. 28.

6 Michail Bakunin, »Sozialrevolutionäres Programm«, in: *Michail Bakunin. Philosophie der Tat. Auswahl aus seinem Werk*, eingeleitet und herausgegeben von Rainer Beer, Köln: Hegner 1968, S. 320-365, S. 337.

7 In »Die deutsche Ideologie« schreiben Marx und Engels: »Der Kommunismus ist empirisch nur als die Tat der herrschenden Völker ›auf einmal‹ und gleichzeitig möglich, was die universelle Entwicklung der Produktivkraft und den mit ihm zusammenhängenden Weltverkehr voraussetzt.« (Karl Marx und Friedrich Engels, »Die deutsche Ideologie. Kritik der neuesten deutschen Philosophie in ihren Repräsentanten Feuerbach, B. Bauer und Stirner und des deutschen Sozialismus in seinen verschiedenen Propheten« [1845-46], in: *Karl Marx/Friedrich Engels. Werke*, Bd. 3, herausgegeben vom Institut für Mar-

xismus-Leninismus beim ZK der SED, Ost-Berlin: Dietz 1978, S. 5-530, S. 35.)

8 Karl Kautsky, *Das Erfurter Programm in seinem grundsätzlichen Teil erläutert*, Ost-Berlin: Dietz 1965 [1892].

9 Ursula Hirschmann, *Noi senza patria*, Bologna: Il Mulino 1993. Hier zitiert in unserer Übersetzung der französischen Ausgabe *Nous sans patrie*, aus dem Italienischen von Marie Gaille, Paris: Les Belles Lettres 2009.

10 Ebd., S. 121.

11 Später kämpfte Albert O. Hirschman aufseiten der französischen und dann der US-amerikanischen Armee gegen das nationalsozialistische Deutschland. Nach dem Zweiten Weltkrieg ging er u. a. für die Weltbank nach Kolumbien, bevor er endgültig eine akademische Karriere einschlug und u. a. in Yale, Harvard und Princeton lehrte. Sein Buch *Exit, Voice, and Loyalty* aus dem Jahr 1970 (*Abwanderung und Widerspruch. Reaktionen auf Leistungsabfall bei Unternehmungen, Organisationen und Staaten*, aus dem Englischen von Leonhard Walentik, Tübingen: Mohr 1974) ist ein sozialwissenschaftlicher Klassiker (Anm. d. Ü.).

12 Ursula Hirschmann, *Nous sans patrie*, a. a. O., S. 20.

13 Der Titel von Ursula Hirschmanns Autobiografie verweist auf ein berühmtes Zitat aus Nietzsches *Die fröhliche Wissenschaft*: »Wir Heimatlosen, wir sind der Rasse und Abkunft nach zu vielfach und gemischt, als ›moderne Menschen‹, und folglich wenig versucht, an jener verlognen Rassen-Selbstbewunderung und Unzucht theilzunehmen, welche sich heute in Deutschland als Zeichen deutscher Gesinnung zur Schau trägt und die bei dem Volke des ›historischen Sinns‹ zwiefach falsch und unanständig anmuthet. Wir sind, mit Einem Worte – und es soll unser Ehrenwort sein! – gute Europäer, die Erben Europa's, die reichen, überhäuften, aber auch überreich verpflichteten Erben von Jahrtausenden des europäischen Geistes« (Friedrich Nietzsche, *Die fröhliche Wissenschaft*, in: *Sämtliche Werke*, Bd. 3, herausgegeben von Giorgio Colli und Mazzino Montinari, München: Deutscher Taschenbuch Verlag 1980, S. 630f.).

14 Eine ausführliche Analyse des Weltsozialforums, seiner Errungenschaften und Defizite bietet Boaventura de Sousa Santos, *The Rise of the Global Left: The World Social Forum and Beyond*, Chicago: University of Chicago Press 2006.

15 John Holloway, *Die Welt verändern, ohne die Macht zu übernehmen*,

aus dem Englischen von Lars Stubbe, Münster: Westfälisches Dampfboot 2002.

16 Tom Mitchell, »China softens tone in drive for Asia influence«, in: *Financial Times* (4. Januar 2018), online verfügbar unter: {www.ft.com/content/4e96e20c-e742-11e7-97e2-916d4fbacoda} (Stand Januar 2019).

17 In gewisser Weise würde die Partei über den »Blick von nirgendwo« verfügen, allerdings nicht in dem Sinne, dass sie vorgäbe, einen wissenschaftlichen, objektiven, abstrakten oder unbeteiligten Blick von oben einzunehmen, sondern im Sinne eines stark verorteten Blickwinkels, wie er derzeit angeblich nicht existiert. In *Der Blick von nirgendwo* (aus dem Englischen von Michael Gebauer, Frankfurt am Main: Suhrkamp 1992) vergleicht Thomas Nagel den objektiven Blickwinkel mit subjektiven Blickwinkeln in Ethik und Wissenschaft, befasst sich jedoch nicht mit der Politik; vgl. für eine Kritik jener Spielart des Aufklärungskosmopolitismus, die wir nicht vertreten, Stephen Toulmin, *Kosmopolis: Die unerkannten Aufgaben der Moderne*, aus dem Englischen von Hermann Vetter, Frankfurt am Main: Suhrkamp 1991.

18 Ein Team von Mathematikern hat neue Verfahren der mathematischen Modellierung auf sozialwissenschaftliche Fragestellungen angewandt, um zu zeigen, dass die Wahrscheinlichkeit von Kooperation auf einer höheren Ebene (wie sie beispielsweise notwendig ist, um globalen Herausforderungen wie dem Klimawandel zu begegnen) desto höher ausfällt, je stärker lokale Bindungen und die Kooperation auf der niedrigsten Ebene (etwa dem Stadtviertel) sind; vgl. Benjamin Allen et al., »Evolutionary dynamics on any population structure«, in: *Nature* 544 (April 2017), S. 227-230.

19 Ein weitsichtiger Versuch, das Verhältnis von innen und außen, Inland und Ausland im Kontext der Globalisierung neu zu denken, findet sich in R. B. J. Walkers bedeutendem Buch *Inside/Outside: International Relations as Political Theory* (Cambridge: Cambridge University Press 1992).

20 Vgl. für einen historisch reichhaltigen und soziologisch hellwachen Überblick über die Antikorruptionsproteste in Rumänien vom Februar 2017 Ovidiu Tichindeleanu, »Romania's protests: From social justice to class politics«, in: *CriticAtac* (27. Februar 2017), online verfügbar unter: {www.criticatac.ro/romanias-protests-from-social-justice-to-class-politics/} (Stand Januar 2019).

21 Benjamin Barber, *If Mayors Ruled the World*, New Haven: Yale University Press 2013.

22 Vgl. für einen guten Überblick und Hinweise auf weiterführende Literatur Beppe Caccia, »From citizen platforms to fearless cities: Europe's new municipalism«, in: *Political Critique* (Juni 2017), online verfügbar unter: {http://politicalcritique.org/world/2017/from-citizen-platforms-to-fearless-cities-europes-new-municipalism/} (Stand Januar 2019).

23 Titus Livius, *Römische Geschichte*, Bd. 2, übersetzt von Konrad Heusinger, Braunschweig: Vieweg 1921, S. 149, online verfügbar unter: {http://gutenberg.spiegel.de/buch/romische-geschichte-2504/12} (Stand Januar 2019).

24 In folgenden Städten und Ballungsgebieten fanden Abstimmungen statt: Antwerpen-Maastricht, Bologna-Ferrara-Rovigo, Brüssel-St. Josse, Capua-Neapel, Darmstadt, Düsseldorf, Feldbach-Neumarkt-Hartberg, Florenz-Massa, Frankfurt am Main-Groß-Gerau, Fürstenfeld, Genf, Genua-La Spezia, Lyon-Annecy, Mailand-Ticino, Mons-St. Ghislain, Mühlhausen, Nancy, Ostende, Rom, Straßburg, Turin-Cueno, Udine, Vernon, Vicenza.

Bibliografie und weiterführende Literatur

Arendt, Hannah, *Wir Flüchtlinge*, Stuttgart: Reclam 2016 [1943], 64 Seiten.

Auerbach, Marc, »Ikea: Flat pack tax avoidance. A study commissioned by the Greens/EFA Group in the European Parliament« (Februar 2016), online verfügbar unter: {www.greens-efa.eu/en/article/corporate-tax-avoidance-5963/} (Stand Januar 2019).

Bakunin, Michail, »Sozialrevolutionäres Programm«, in: *Michail Bakunin. Philosophie der Tat. Auswahl aus seinem Werk*, eingeleitet und herausgegeben von Rainer Beer, Köln: Hegner 1968, S. 320-365.

Balibar, Étienne, *Europa: Krise und Ende?*, aus dem Französischen von Frieder Otto Wolf, Münster: Westfälisches Dampfboot 2016.

Ders., *Gleichfreiheit*, aus dem Französischen von Christine Pries, Berlin: Suhrkamp 2012 [2010].

Ders., »Die Revolution von oben«, auf: VoxEurop (23. November 2011), online verfügbar unter: {https://voxeurop.eu/de/content/article/1205461-die-revolution-von-oben} (Stand Januar 2019).

Barber, Benjamin, *If Mayors Ruled the World*, New Haven: Yale University Press 2013.

Bellamy, Edward, *Ein Rückblick aus dem Jahre 2000 auf 1887*, aus dem Englischen von Georg von Gizycki, Stuttgart: Reclam 1983 [1888].

Bentham, Jeremy, *An Introduction to the Principles of Morals and Legislation*, London: Printed for T. Payne and Son 1789.

Bosworth, Mary, »The impact of immigration detention on mental health: A literature review«, in: *Review into the Welfare in Detention of Vulnerable Persons. A Report to the Home Office*, herausgegeben von Stephen Shaw, London: HMSO 2016, online verfügbar unter: {www.gov.uk/government/uploads/system/uploads/attachment_data/file/490782/52532_Shaw_Review_Accessible.pdf} (Stand Dezember 2018).

Broadbent, Emma/John Gougoulis/Nicole Lui/Vikas Pota/Jonathan Simons, *Generation Z: Global Citizenship Survey*, London: Varkey Foundation 2017, online verfügbar unter: {www.varkeyfoundation.org/media/4487/global-young-people-report-single-pages-new.pdf} (Stand Dezember 2018).

Clark, Christopher, *Die Schlafwandler: Wie Europa in den Ersten Weltkrieg zog*, aus dem Englischen von Norbert Juraschitz, München: DVA 2013.

Colliot-Thélène, Catherine, *Demokratie ohne Volk*, aus dem Französischen von Ilse Utz, Hamburg: Hamburger Edition 2011.

Commissione Straordinaria per la Tutela e la Promozione dei Diritti Umani, »Rapporto sui centri di identificazione ed espulsione in Italia«, Rom: Senat der Republik 2017, online verfügbar unter: {www.senato.it/application/xmanager/projects/leg17/file/repository/commissioni/dirittiumaniXVII/allegati/Cie_rapporto_aggiornato_2_gennaio_2017.pdf} (Stand Januar 2019).

Darwin, John, *Der imperiale Traum: Die Globalgeschichte großer Reiche 1400-2000*, aus dem Englischen von Michael Bayer und Norbert Juraschitz, Frankfurt am Main: Campus 2010.

Delmas-Marty, Mireille, *Aux quatre vents du monde*, Paris: Seuil 2016.

De Sousa Santos, Boaventura, *The Rise of the Global Left: The World Social Forum and Beyond*, Chicago: Chicago University Press 2006.

Eribon, Didier, *Rückkehr nach Reims*, aus dem Französischen von Tobias Haberkorn, Berlin: Suhrkamp 2016 [2010].

Eurofound, *In-Work Poverty in the EU*, Luxemburg: Amt für Veröffentlichungen der Europäischen Union 2017, online verfügbar unter: {www.eurofound.europa.eu/sites/default/files/ef_publication/field_ef_document/ef1725en.pdf} (Stand Dezember 2018).

Europäische Kommission, *EU Youth Report 2015*, Luxemburg: Amt für Veröffentlichungen der Europäischen Union 2016, online verfügbar unter: {ec.europa.eu/assets/eac/youth/library/reports/youth-report-2015_en.pdf} (Stand Dezember 2018).

Foucault, Michel, »Den Regierungen gegenüber: die Rechte des Menschen (Wortmeldung)« (1984), aus dem Französischen von Hans-Dieter Gondek, in: *Michel Foucault. Schriften in vier Bänden: Dits et Ecrits. Vierter Band: 1980-1988*, herausgegeben von Daniel Defert und François Ewald, Frankfurt am Main: Suhrkamp 2005, S. 873-875.

Fraser, Nancy, »A triple movement?«, in: *New Left Review* 81 (Mai/Juni 2013), S. 119-132.

French, Howard, *Everything Under the Heavens: How the Past Helps Shape China's Push for Global Power*, New York: Knopf 2017.

Frieden, Jeffry A., *Global Capitalism: Its Fall and Rise in the 20th Century*, New York: W.W. Norton & Company 2007.

Graeber, David, *Bullshit Jobs: Vom wahren Sinn der Arbeit*, aus dem Englischen von Sebastian Vogel, Stuttgart: Klett-Cotta 2018.

Gramsci, Antonio, *Gefängnishefte*, 2. und 3. Heft, *Kritische Gesamtausgabe*, Bd. 2, herausgegeben von Wolfgang Fritz Haug, aus dem Italienischen von Klaus Bochmann et al., Hamburg: Argument 1991.

Hardt, Michael/Antonio Negri, *Assembly: Die neue demokratische Ordnung*, aus dem Englischen von Thomas Atzert und Andreas Wirthensohn, Frankfurt am Main: Campus 2018.

Hayek, Friedrich August, »Grundsätze einer liberalen Gesellschaftsordnung« (1966), in: ders., *Grundsätze einer liberalen Gesellschaftsordnung. Aufsätze zur Politischen Philosophie und Theorie*, herausgegeben von Viktor Vanberg, Tübingen: Mohr-Siebeck 2002, S. 69-87.

Ders., »Die wirtschaftlichen Voraussetzungen föderativer Zusammenschlüsse« (1939), in: ders., *Individualismus und wirtschaftliche Ordnung*, Zürich: Eugen Rentsch 1952, S. 324-344.

Hirschmann, Ursula, *Nous sans patrie*, aus dem Italienischen von Marie Gaille, Paris: Les Belles Lettres 2009.

Hobsbawm, Eric, *Das Zeitalter der Extreme. Weltgeschichte des 20. Jahrhunderts*, aus dem Englischen von Yvonne Badal, München: Hanser 1995.

Holland, Stuart, »Not an abdication by the left«, in: *Social Europe* (11. Juli 2018), online verfügbar unter: {https://www.socialeurope.eu/not-an-abdication-by-the-left-a-response-to-sheri-berman-and-dani-rodrik} (Stand Dezember 2018).

Holloway, John, *Die Welt verändern, ohne die Macht zu übernehmen*, aus dem Englischen von Lars Stubbe, Münster: Westfälisches Dampfboot 2002.

Hood, Andrew/Tom Waters, »Living standards, poverty, and inequality in the UK«, London: Institute for Fiscal Studies 2017, online verfügbar unter: {www.ifs.org.uk/publications/10028} (Stand Dezember 2018).

Judis, John, *The Populist Explosion: How the Great Recession Transformed American and European Politics*, New York: Columbia Global Reports 2016.

Kautsky, Karl, *Das Erfurter Programm in seinem grundsätzlichen Teil erläutert*, Ost-Berlin: Dietz 1965 [1892].
King, Stephen D., *Grave New World: The End of Globalization, the Return of History*, New Haven: Yale University Press 2017.
Klein, Naomi, *Gegen Trump: Wie es dazu kam und was wir jetzt tun müssen*, aus dem Englischen von Gabriele Gockel, Sonja Schuhmacher und Claudia Varrelmann, Frankfurt am Main: Fischer 2017.
Kofod, Jeppe/Michael Theurer, »Bericht über Steuervorbescheide und andere Maßnahmen ähnlicher Art oder Wirkung (2016/2038 (INI))«, Brüssel: Europäisches Parlament 2016, online verfügbar unter: {http://www.europarl.europa.eu/sides/getDoc.do?pubRef=-//EP//TEXT+REPORT+A8-2016-0223+0+DOC+XML+V0//DE} (Stand Januar 2019).

Luce, Edward, *The Retreat of Western Liberalism*, London: Little, Brown 2017.

Mahbubani, Kishore, *The Great Convergence: Asia, the West, and the Logic of One World*, New York: Public Affairs 2014.
Marx, Karl/Friedrich Engels, »Die deutsche Ideologie. Kritik der neuesten deutschen Philosophie in ihren Repräsentanten Feuerbach, B. Bauer und Stirner und des deutschen Sozialismus in seinen verschiedenen Propheten« [1845-46], in: *Karl Marx/Friedrich Engels. Werke*, Bd. 3, herausgegeben vom Institut für Marxismus-Leninismus beim ZK der SED, Ost-Berlin: Dietz 1978, S. 5-530.
Mauss, Marcel, *Die Nation oder Der Sinn fürs Soziale*, aus dem Französischen von Christine Pries, herausgegeben und mit einer Einleitung von Marcel Fournier und Jean Terrier, Frankfurt am Main: Campus 2017 [2013].
Ders., »La nation et l'internationalisme« (1920), in: *Cohésion sociale et division de la sociologie. Œuvres III*, Paris: Éditions de Minuit 1969, S. 626-634.
Mazower, Mark, *Die Welt regieren: Eine Idee und ihre Geschichte*, aus dem Englischen von Ulla Höber und Karin Wördemann, München: Beck 2013.
Mazzini, Giuseppe, »Towards a holy alliance of the peoples« (1849), in: *A Cosmopolitanism of Nations. Giuseppe Mazzini's Writings on Democracy, Nation Building, and International Relations*, aus dem Italienischen von Stefano Recchia, herausgegeben von Stefano Recchia und Nadia Urbinati, Princeton: Princeton University Press 2009, S. 117-131.

Morris, William, *Kunde von Nirgendwo*, aus dem Englischen von Natalie Liebknecht und Clara Steinitz, Hamburg: Nautilus 2016 [1890].

Nagel, Thomas, *Der Blick von nirgendwo*, aus dem Englischen von Michael Gebauer, Frankfurt am Main: Suhrkamp 1992.

Nietzsche, Friedrich, *Die fröhliche Wissenschaft*, in: *Sämtliche Werke*, Bd. 3, herausgegeben von Giorgio Colli und Mazzino Montinari, München: Deutscher Taschenbuch Verlag 1980.

Owen, Robert, *Observations on the Effect of the Manufacturing System: With Hints for the Improvement of Those Parts of it which Are Most Injurious to Health and Morals*, London/Edinburgh/Glasgow: Longman, Hurst, Rees, Orme and Brown 1817, online verfügbar unter: {www.marxists.org/reference/subject/economics/owen/observations.htm} (Stand Dezember 2018).

Polanyi, Karl, *The Great Transformation. Politische und ökonomische Ursprünge von Gesellschaften und Wirtschaftssystemen*, aus dem Englischen von Heinrich Jelinek, Frankfurt am Main: Suhrkamp 1978 [1944].

Rüstow, Alfred, *Die Religion der Marktwirtschaft*, Berlin: LIT @ Verlag 2009.

Sen, Amartya, »It isn't just the Euro: Europe's democracy itself is at stake«, in: *The Guardian* (22. Juni 2011), online verfügbar unter: {www.theguardian.com/commentisfree/2011/jun/22/euro-europes-democracy-rating-agencies} (Stand Dezember 2018).

Shaxson, Nicholas, *Schatzinseln: Wie Steueroasen die Demokratie untergraben*, aus dem Englischen von Peter Stäuber, Zürich: Rotpunkt 2011.

Simon, Herbert A., *Die Wissenschaften vom Künstlichen*, aus dem Englischen von Oswald Wiener unter Mitwirkung von Una Wiener, Berlin: Kammerer und Unverzagt 1990 [1981].

Spinelli, Barbara, *La sovranità assente*, Turin: Einaudi 2014.

Srnicek, Nick, *Plattform-Kapitalismus*, aus dem Englischen von Ursel Schäfer, Hamburg: Hamburger Edition 2018.

Streeck, Wolfgang, *Gekaufte Zeit. Die vertagte Krise des demokratischen Kapitalismus*, Berlin: Suhrkamp 2015 [2012].

Subirats, Joan, *El poder de lo proximo*, Barcelona: Los Libros de la Catarata 2016.

Teubner, Gunther, *Verfassungsfragmente: Gesellschaftlicher Konstitutionalismus in der Globalisierung*, Berlin: Suhrkamp 2012.

Titus Livius, *Römische Geschichte*, Bd. 2, übersetzt von Konrad Heusinger, Braunschweig: Vieweg 1921, online verfügbar unter: {http://gutenberg.spiegel.de/buch/romische-geschichte-2504} (Stand Januar 2019).

Toulmin, Stephen, *Kosmopolis: Die unerkannten Aufgaben der Moderne*, aus dem Englischen von Hermann Vetter, Frankfurt am Main: Suhrkamp 1991.

TransSOL, *A Guide to Transnational Activism*, Siegen: TransSOL 2018.

Unicef, »Building the future: Children and the sustainable development goals in rich countries«, Innocenti Report Card 14, Florenz: UNICEF 2017, online verfügbar unter: {www.unicef.org/media/media_96452.html} (Stand Januar 2019).

Varoufakis, Yanis, *Die ganze Geschichte: Meine Auseinandersetzung mit Europas Establishment*, aus dem Englischen von Anne Emmert, Ursel Schäfer und Claus Varrelmann, München: Antje Kunstmann 2017.

Walker, R. B. J., *Inside/Outside: International Relations as Political Theory*, Cambridge: Cambridge University Press 1992.

Weber, Max, »Politik als Beruf«, in: *Max Weber: Gesammelte politische Schriften*, herausgegeben von Johannes Winckelmann, 5. Auflage, Tübingen: Mohr-Siebeck 1988 [1921], S. 560.

Weil, Patrick, »Can a citizen be sovereign?«, in: *Humanity Journal* (2. Januar 2016), online verfügbar unter: {http://humanityjournal.org/blog/can-a-citizen-be-sovereign/} (Dezember 2018).

Ders., *Qu'est-ce qu'un français?*, Paris: Grasset 2002.

Yeats, W. B., *Die Gedichte*, aus dem Englischen von Marcel Beyer, Mirko Bonné, Gerhard Falkner, Norbert Hummelt, Christa Schuenke, München: Luchterhand 2005.

edition suhrkamp
Eine Auswahl

NF 383/1/2.19

NF 383/2/2.19

François Jullien. Es gibt keine kulturelle Identität. es 2718. 95 Seiten

Cornelia Koppetsch / Sarah Speck. Wenn der Mann kein Ernährer mehr ist. Geschlechterkonflikte in Krisenzeiten. es 2701. 296 Seiten

Ivan Krastev. Europadämmerung. Ein Essay. es 2712. 143 Seiten

Benjamin Kunkel. Utopie oder Untergang. Ein Wegweiser für die gegenwärtige Krise. es 2687. 245 Seiten

Bruno Latour. Das terrestrische Manifest. es-Sonderdruck. 136 Seiten

Philipp Lepenies. Die Macht der einen Zahl. Eine politische Geschichte des Bruttoinlandsprodukts. es 2673. 186 Seiten

Enis Maci. Eiscafé Europa. Essays. es 2726. 240 Seiten

Philip Manow
- Im Schatten des Königs. Die politische Anatomie demokratischer Repräsentation. es 2524. 171 Seiten
- Die Politische Ökonomie des Populismus. es 2728. 160 Seiten

Steffen Mau. Das metrische Wir. Über die Quantifizierung des Sozialen. es-Sonderdruck. 307 Seiten

Franco Moretti. Kurven, Karten, Stammbäume. Abstrakte Modelle für die Literaturgeschichte. es 2564. 138 Seiten

Chantal Mouffe. Für einen linken Populismus. es 2729. 111 Seiten

NF 383/3/2.19

Jan-Werner Müller. Was ist Populismus? Ein Essay. es-Sonderdruck. 159 Seiten

Oliver Nachtwey. Die Abstiegsgesellschaft. Über das Aufbegehren in der regressiven Moderne. es 2682. 263 Seiten

Claus Offe. Europa in der Falle. es 2691. 188 Seiten

Miltiadis Oulios. Blackbox Abschiebung. Geschichte, Theorie und Praxis der deutschen Migrationspolitik. es-Sonderdruck. 483 Seiten

Volker Perthes. Das Ende des Nahen Ostens, wie wir ihn kennen. es-Sonderdruck. 143 Seiten

Heribert Prantl. Trotz alledem! Europa muss man einfach lieben. es-Sonderdruck. 93 Seiten

Katharina Raabe / Manfred Sapper (Hg.). Testfall Ukraine. Europa und seine Werte. es-Sonderdruck. 256 Seiten

Hanno Rauterberg
- Die Kunst und das gute Leben. Über die Ethik der Ästhetik. es 2696. 205 Seiten
- Wie frei ist die Kunst? Der neue Kulturkampf und die Krise des Liberalismus. es 2725. 141 Seiten

César Rendueles
- Kanaillen-Kapitalismus. Eine literarische Reise durch die Geschichte der freien Marktwirtschaft. es 2737. 300 Seiten
- Soziophobie. Politischer Wandel im Zeitalter der Utopie. es 2690. 262 Seiten

NF 383/4/2.19

Ulrich Schmid. Technologien der Seele. Vom Verfertigen der Wahrheit in der russischen Gegenwartskultur. es 2702. 386 Seiten

Michel Serres
- Erfindet euch neu! Eine Liebeserklärung an die vernetzte Generation. es-Sonderdruck. 76 Seiten
- Was genau war früher besser? Ein optimistischer Wutanfall. es-Sonderdruck. 80 Seiten

Carlo Strenger
- Abenteuer Freiheit. Ein Wegweiser für unsichere Zeiten. es-Sonderdruck. 122 Seiten
- Diese verdammten liberalen Eliten. Wer sie sind und warum wir sie brauchen. es-Sonderdruck. 172 Seiten
- Zivilisierte Verachtung. Eine Anleitung zur Verteidigung unserer Freiheit. es-Sonderdruck. 103 Seiten

Kate Tempest
- Brand New Ancients/Brandneue Klassiker. Lyrik. es 2733. 103 Seiten
- Let Them Eat Chaos. Sollen sie doch Chaos fressen. es 2754. 154 Seiten

David Van Reybrouck. Zink. es-Sonderdruck. 86 Seiten

Kevin Vennemann. Sunset Boulevard. Vom Filmen, Bauen und Sterben in Los Angeles. es 2646. 184 Seiten

Raul Zelik. Der Eindringling. Roman. es 2658. 288 Seiten

Slavoj Žižek. Auf verlorenem Posten. es 2562. 319 Seiten

Gabriel Zucman. Steueroasen. Wo der Wohlstand der Nationen versteckt wird. es-Sonderdruck. 118 Seiten

NF 383/5/2.19